가난포비아

아델라 코르티나
지음

김유경
옮김

가난혐오
Aporofobia

북하이브
BookHive

일
러
두
기

• 원서 제목은 『Aporofobia(아포로포비아, 가난포비아)』로 가난한 사람에 대한 혐오, 가난 공포의 의미를 가지고 있습니다. 한국어판 제목에서는 가난포비아로 표현하였습니다. 단, 본문 문맥에 따라 '가난포비아'와 '아포로포비아' 단어를 혼용하였습니다.

• 번역가 주의 경우 본문 홀수 쪽에 정리하였고, 이외 저자의 주나 인용구는 뒷장 미주로 정리하였습니다. 미주 형식의 경우 원서를 따랐습니다.

• 참고 문헌의 경우 쪽수 표기는 스페인어 버전 기준으로 하였으며 원서는 스페인어로 통일했고, 이 중 국내에 소개된 책으로 확인된 경우 한국어 제목으로 통일했습니다. 또한, 출판사명이나 국가들은 원어 그대로 하였으며, 도서명, 잡지명 등의 표기는 원문 형식을 그대로 따랐습니다.

• 성서 표기와 인용은 『새번역』(2001)을 따르되, 경우에 따라 『개역개정』(1998)을 따랐습니다.

목
차

들어가며

2016년 한 해 동안 7천 5백만 명이 넘는 외국인 관광객이 스페인을 찾았다. 이곳을 관광지로 선택하는 기존 이유에 다른 나라에서 발생한 심각한 문제까지 더해지는 바람에 방문자 수가 증가했고, 일반적으로 봐도 이미 꽤 높은 수치다. 언론이 매달 수치를 발표해가며 행복감에 도취해 그 소식을 전했고 듣는 사람들도 똑같이 흥분했다. 관광이 오래전부터 스페인의 주요 수입원이긴 했지만 건설업의 극심한 불황과 경제적, 재정적, 정치적 위기 이후 더욱 중요해졌기 때문이다. 관광 산업은 일자리를 창출해 미래 고용의 불안을 줄이고, 식당과 주점 및 많은 종류의 상점을 포함해 호텔 객실 점유율 상승을 보장해왔다.

당연히 그 관광객은 다른 나라에서 오는 외국인이고, 그들의 방문은 좋은 소식이다. 민족과 인종의 의미를 분명히 밝히기는 어렵지만, 때때로 그들은 다른 민족과 인종에 속하기도 한다. 어쨌든 그들을 뜻하는 형용사를 찾자면, 스페인어로는 '엑스트랑헤로Extranjero, 낯선, 외국에서 온', 그리스어로는 '제노스Xenos'다. 불행히도 이 단어는 많이 알려졌는데, 여기서 제노포비아(외국인포비아)Xenophobia라는 단어가 나왔기 때문이다. 이 말은 자국이 아닌 나라 밖, 외지에서 온 외국인에 대한 거부, 혐오 또는 두려움을 뜻한다.

이것이 사실이라면, 신기하게도 그동안 아무도 제기하지 않은 의문이 든다. 불행히도 현재 스페인에서 아주 많이 쓰는 표현인 제노포비아라는 감정이 정말 우리나라에 오는 외국인 관광객 때문에 생긴 걸까? 그들은 우리에게 거절당한다고 느끼고, 우리에게 그리스어로 공포와 혐오라는 뜻인 '포보스fóbos'를 유발할까?

이보다 대답하기 쉬운 질문도 많지 않을 것이다. 아니다. 그들은 우리에게 전혀 거부감을 주지 않고 오히려 그 반대다. 사람들은 호텔이나 상점, 아파트, 해변, 시골 주택에서 그들에게 서로 서비스를 제공하려고 애쓴다. 그리고 그들이 거리에서 길을 물어보면 자세히 설명해 줄 뿐만 아니라, 목적지까지 바래다주기도 한다. 한마디로, 그들이 자기 집에 온 듯 느끼게 혹은 집보다 더 편하게 지낼 수 있게 배려하려고 노력한다. 그리고 많은 사람이 간절히 원하는 것은 그들의 재방문이다.

그러므로 아무리 거리나 언론에서 많이 들리는 말이라고 해도, 여기서는 '제노포비아'라는 단어를 쓸 수가 없다. 오히려 이런 유형의 외국인을 대하는 태도에는 사랑과 우정을 뜻하는 '제노필리아Xenophilia, 외국인 선호'라는 단어가 더 잘 어울린다.

물론 외국인을 잘 대하는 이 모든 일은 기본적인 예의와 나라 밖에서 온 사람을 향한 환대 정신, 그리고 아름다운 해변과 좋은 날씨, 예술적 유산을 함께 나누려는 자연스러운 욕구 때문이다. 결론적으로 동양과 서양 그리고 특히 남유럽 국가들의 환대 전통은 꽤 오래됐다.

그러나 2016년을 비롯해 오래전부터 스페인 밖에서 온 가난한 사람들의 경우를 비교해 보면, 오늘날 외지인을 맞는 태도가 그렇게 기초에 머물러서는 안 된다. 그들은 지중해 다른 나라에서 목숨을 걸고 왔는데, 소위 '약속의 땅'이라는 유럽연합 국가로 넘어오다가 목숨을 잃은 경우도 많다.

그들은 여유롭게 또는 가진 만큼 돈을 쓸 준비가 된 관광객이 아니다. 그들은 정치적 난민과 가난한 이민자다. 이전과 다른 유형의 외국인이다. 이런 식의 집단 이동은 시공간적으로 먼 곳에서 발생한다. 그들은 우리나라의 태양과 해변, 자연과 예술적 아름다움에 끌려 이곳에 온 게 아니기에 우리가 자랑하는 특별한 환대도 거의 받지 못한다. 그들 앞에선 환대가 중단된다. 그들은 전쟁과 기아, 빈곤으로 자기 집을 빼앗기거나 마피아에 착취를 당한 사람들로 우리나라 해안까지 도달하기 위해 작은 보트를 비롯한 온갖 수단을 동원한다. 그들 중 수천 명은 바다에서 죽고, 그나마 이곳에 도착한 사람들은 살기 힘든 땅에서 적대적인 사람들, 끔찍한 수용소, 즉시 추방당할 위험의 고통을 계속 겪는다. 그나마도 작은 위안이 있다면 이 사람들은 성서 속 이스라엘 백성처럼 떠나온 이집트의 끊기지 않던 끼니를 그리워하지 않는다.

2007년부터 유럽에서는 정치적 난민 위기가 고조됐다. 앞서 2001년 이후 수백만 명이 전쟁을 피해 자국에서 도망쳐 나왔고,

2011년 시리아 내전 이후에는 상황이 더 심각해졌다. 그리고 2015년부터 가난한 이민자들의 유입으로 생긴 유럽의 이주 위기는 2차 세계 대전 이후 최대가 됐다. 그 주인공들은 시리아와 리비아, 아프가니스탄, 에리트레아, 나이지리아, 알바니아, 파키스탄, 소말리아, 이라크, 수단, 감비아 및 방글라데시에서 보통 그리스와 이탈리아를 통해 넘어온 절망적인 사람들이다. 그들의 이야기는 소설이 아닌, 엄연한 현실이다.

언론은 매일, 매달, 매년 냉담하고 무관심하게 이 일을 전하는데, 사실과 달리 이 일이 해결될 수 없는 문제라는 식의 담론을 퍼뜨린다.

계속 밀려오는 가난한 외국인들에 대한 냉정한 거부는 외국인 관광객이 받는 열렬한 환호 및 환대와는 정반대다. 그들 앞에는 문이 닫혀 있고, 세워진 철조망과 벽 때문에 국경을 넘을 수가 없다. 독일의 총리 앙겔라 메르켈Angela Merkel은 난민들에게 친절하고 인도적인 태도를 유지한다는 이유로 자국 지지자들에게조차 표를 얻지 못했다. 영국은 난민 수용을 거부했고 브렉시트Brexit를 통해 자국을 보호한다. 프랑스와 오스트리아, 독일, 헝가리, 네덜란드에서도 민족주의 정당의 유권자와 지지자 수가 놀라울 만큼 증가했다. 그리고 미국에서는 도널드 트럼프Donald Trump가 제45대 미국 대통령 선거 당시 멕시코 이민자들을 추방하고 멕시코와의 국경에 장벽을 세우겠다는 공약을 내세워 선거에서 승리했다. 분명 그가 받은 표 일부는 새로운 고향에 정착한 이민자들에서 나온 것이다.

실제로 정치적 난민과 가난한 이민자에게 갖는 느낌을 '제노필리아'라고 부를 수는 없다. 외국인에 대한 사랑과 우정의 태도가 결코 아니기 때문이다. 그러나 그렇다고 '제노포비아'라고 할 수도 없다. 거부와 혐오의 원인이 그들이 다른 민족과 인종이어서가 아니기 때문이다. 외국인은 성가신 존재가 아니다. 그들이 빈곤할 때, 성가시고 귀찮은 존재가 된다. 삶의 이익보다 혼란을 주고, 자원보다 문제를 가지고 올 것 같은 사람들이 거부당한다.

빈곤한 사람은 귀찮은 존재처럼 여겨지는데 돈이 없고, 속수무책이며 도착한 나라 또는 오랫동안 정착할 나라의 국민총생산GDP에 전혀 긍정적인 이바지를 할 수 없고 그저 상황을 복잡하게만 만들 것처럼 보이기 때문이다. 또, 우리는 그들이 공중 보건 비용을 증가시키고, 일자리를 빼앗으며, 테러리스트가 될 수도 있고, 아주 미심쩍은 가치를 들여오고, 분명 사회의 <행복>을 빼앗을 거라는 후안무치한 주장을 한다. 물론 우리 사회에도 빈곤과 불평등이 분명히 존재하지만, 전쟁과 궁핍을 피해 이곳에 온 사람들이 겪는 것과는 비교할 수 없을 정도로 미미하다.

그래서 이것은 제노포비아의 사례라고도 할 수가 없다. 오히려 여기에는 어떤 좋은 것도 나올 것 같지 않은 가난하고 불우한 사람들을 향한 경멸과 무시, 공포, 거부를 뜻하는 '가난포비아(아포로포비아)Aporophobia'가 더 어울린다.

우리 사회에는 제노포비아와 인종차별, 외국인과 타인종, 타민족, 타문화 사람들에 대한 불신, 우리와 다른 사람에 대한 반감이 존재한다. 불행히도 이런 사실은 수많은 자료로 입증된다. 또한, 미소지니Misogyny, 여성혐오증, 크리스티아노포비아Christianophobia, 기독교혐오증, 이슬람포비아Islamophobia, 이슬람혐오증 또는 호모포비아Homophobia, 동성애혐오증도 있다. 물론 어떤 사람들은 일상생활에서 포비아(혐오, 공포증) 이야기를 너무 많이 한다고 생각할 수 있다. 그러나 불행히도 이것들은 엄연히 우리 삶에 존재한다. 더불어 이는 사회 병리이기 때문에 진단과 치료가 필요하다. 이런 포비아들에 종지부를 찍기 위해서는 존중이 필요하기 때문이다. 여기서 말하는 존중은 얼굴 없는 추상적 관념으로서의 인간 존엄성이 아니라, 존엄성을 지닌 구체적인 사람들을 향한 것이다.

하지만 이 책에서 강조하고 싶은 내용은 그런 거부의 태도가 아니다. 더 멀리 나아가 수많은 태도 속에 뿌리박힌 혐오다. 가난한 사람들에 대한 경멸, 아무것도 돌려주지 못하거나 그럴 수 없을 것처럼 보이는 사람들을 거부하는 '가난포비아'를 말한다. 그래서 받는 만큼 돌려줘야 한다는 논리를 바탕으로 사회적, 경제적, 정치적 계약이 맺어진 세상에서 가난한 사람들은 배제된다. 뭔가 되돌려 줄만한 흥미로운 것을 가진 사람만이 그 세상에 들어갈 수 있기 때문이다.

우리는 모든 명시적 또는 암시적인 제안이나 공급 앞에, '이걸로 뭘 얻을 수 있지?'라고 생각한다. 우리는 결핍된 존재이기에 교육뿐만 아니라, 다른 사람들이 우리에게 줄 수 있는 것으로 그 결핍을 채워야 한다. 이런 필요 때문에 법치 국가가 탄생했으며 이 국가는 우리가 의무와 책임을 다하면 보호를 보장한다. 그리고 늘 취약한 사람들을 보호하겠다는 뜻에서 문화계, 경제계, 정치계에 많은 제도와 기관이 탄생했다.

그러나 우리 눈에는 가난한 사람들이 '주고받는' 게임의 규칙을 깨뜨리는 것 같고, 계산적으로 보면 그들에게 뭔가를 줘도 대가는커녕 문제만 일으킬 것만 같다. 그래서 그들을 배제하는 경향이 두드러진다.

이 책에서는 먼저 우리 주변에서 흔하게 벌어지는 부인할 수 없는 현실을 인식하기 위해 '가난포비아'라는 이름을 붙이고 그 원인을 찾으며, 몇 가지 방안을 제안할 것이다. 이 일이 중요한 이유는 아포로포비아가 사람들의 행복과 안위, 존엄성에 맞서 매일 일어나는 눈에 보이지 않는 공격 행위이기 때문이다. 게다가 이런 태도가 우리 사회에 매우 보편적으로 퍼져있기 때문이다. 모든 인간은 아포로포비아를 앓고 있다. 여기에는 인간의 뇌와 관련된 원인과 사회적 원인이 있다. 만일 우리 문화의 두 가지 열쇠를 진지하게 생각한다면 이 상황을 꼭 바꿔내야 한다. 그 열쇠 중 하나는 인간에 대한 동등한 존엄성 존중이고, 다른 하나는 타인의 고통을 알아채고 그것을 막기 위해 노력하고 책임지는 능력으로 볼 수 있는 연민이다.

늘 그렇듯이, 나도 이 책을 내기까지 알게 모르게 많은 사람에게 빚졌다. 그들의 이름이 이 책에도 나오겠지만, 꼭 처음부터 불러보고 싶었다. 에밀리오 마르티네스 나바로는 이론뿐만 아니라 실제로 이 책에 대한 아이디어가 생겼을 때부터 아포로포비아에 대한 도전을 계속 해왔다. 그리고 내 연구팀에서 함께 한 발렌시아 대학, 카스테욘 대학, 무르시아 대학, 발렌시아 폴리텍대학의 연구진 및 교수진들도 있다. 헤수스 코닐, 도밍고 가르시아-마르사, 살바도르 카베도, 후안 카를로스 시우라나, 엘사 곤살레스, 호세 펠릭스 로사노,

아구스틴 도밍고, 프란시스코 아레나스, 소니아 레베르테르, 페드로 헤수스 페레스 사프리야, 하비에르 가르시아, 페드로 헤수스 테루엘, 라몬 펜스트라, 파트리시 칼보, 리디아 데 티엔다, 다니엘 파야레스, 호아킨 길, 세사르 오르테가, 안드레스 리차르트, 마리나 가르시아 그라네로이다. 이 주제에 대한 지속적인 대화와 토론, 논쟁은 더 좋은 책이 나오는 데 밑거름이 됐다.

한편, 이 연구팀은 경제 및 경쟁력 부서의 재정 지원을 받아 과학연구 및 기술 개발 프로젝트들과 발렌시아 자치주정부의 우수 연구 그룹 활동 안에서 연구를 이어갈 수 있었다. 그리고 개인적으로는 발렌시아 대학이 한 학기 안식년을 허락해 준 것이 이 책을 쓰는 데 큰 도움이 됐다.

모두에게 진심으로 감사를 전한다.

2017년 1월, 발렌시아에서

1장

이름 없는 골칫거리

수십 년 후, 총살형 집행 대원들을 앞에 둔 아우렐리아노 부엔디아 대령은 먼 옛날 그 오후에 아버지와 얼음을 찾으러 갔던 일이 떠올랐다. 그때 마콘도는 선사시대 알들처럼 거대하고 표면이 희고 반질반질한 돌들이 깔려 있고 맑은 물이 흐르는 강가에 진흙과 단단한 갈대로 만든 스무 채 집이 있는 작은 마을이었다. 그 세상은 생겨난 지 얼마 안 되었기에, 이름 없는 것들이 많았다. 그래서 그것들을 부르려면 손가락으로 가리켜야 했다.[1]

이방인부터 가난한 사람에 대한
혐오까지

위대한 소설 『백년 동안의 고독Cien años de soledad』의 시작 부분에는 작가인 가브리엘 가르시아 마르케스Gabriel García Márquez가 새로운 창세기를 쓰는 대목이 나온다. 여기서는 티그리스와 유프라테스강 사이의 에덴동산 대신 부엔디아 가문의 이야기가 펼쳐지는 콜롬비아 마을, 마콘도가 등장한다. 그곳에는 성서에서처럼 태초에 이름 없는 것이 많았고, 그래서 그것들을 부르기 위해서는 손가락으로 직접 가리켜야 했다.

분명 인간의 역사는 적어도 어느 정도는 사물에 이름을 붙이는 일로 이루어지는데, 사물들을 대화와 의식, 사고로 이루어지는 인간 세상에 끌어들이기 위해서다. 따라서 말이나 글로 존재하지 않는 것들은 우리의 일부가 아닌 셈이다. 그렇다면 진흙과 아주 단단한 야생 갈대, 강에서 주운 반질반질한 돌로 만든 집은 손으로 가리킬 수 있지만, 사회적이고 개인적 현실들 즉, 눈에 보이는 실체가 없는 것들은 어떻게 언급할 수 있을까?

민주주의나 자유, 양심, 전체주의, 아름다움, 환대 또는 금융 자본주의는 손가락으로는 가리킬 수 없다. 마찬가지로 인종차별, 제노포비아(외국인혐오), 미소지니(여성혐오), 호모포비아(동성애혐오), 크리스티아노포비아(기독교혐오), 이슬람포비아도 손으로 가리킬 수 있는 대상이 아니다. 그래서 이런 사회적 현상을 인식하고 분석하며, 관련된 의견을 내기 위해서는 부를 수 있는 이름이 필요하다. 만일 그것들이 이름 없이 안개 속에만 머물러 있다면, 마르크스 Karl Heinrich Marx가 말한 의미로 볼 때, 그것들은 이데올로기❶로 작용할 수 있다. 지배 계급이나 집단은 지배력을 유지하기 위해 적당한 때와 상황에 이런 현실에 대한 왜곡된 시선을 스며들게 한다. 이 이데올로기는 조용히 말없이 있으면 있을수록 더 효과적인데, 고발조차 할 수 없는 상태가 되기 때문이다.

이데올로기는 보이지 않는 망토 속에 현실을 숨기고 왜곡하며 상황들을 잘 판단하지 못하게 한다. 따라서 역사는 적어도 어느 정도는 이런 것들에 이름을 붙이는 일로 이루어진다. 손으로 가리킬 수 있는 물질뿐만 아니라, 손으로 가리킬 수 없는 사회적 현실이 그 대상이 된다.

그렇게 제노포비아나 인종차별주의도 인류만큼이나 그 역사가 오래됐다. 따라서 이런 현상들은 이미 이름이 있고 비판이 가능하다. 하지만 이런 종류의 포비아의 특이한 점이 있다. 이런 증오는 자신이나 선조들이 특정인에 대해 안 좋은 경험으로 얻은 개인의 역사적 산물이 아니다. 특정한 사람에 대한 반감이긴 한데, 그 대상은 대부분은 모르는 사람들이다. 특정 집단이 가지고 있는 본래 특성 때문에 거부감이 생기는 것이다. 그렇게 그 포비아를 경험하는 사람은 대상이 되는 집단을 두려워하거나 무시하거나, 두 감정을 동시에 갖는다.

모든 경우 경멸하는 사람은 상대방보다 우월감을 느끼고, 자신의 민족성과 인종, 성적 취향, 또는 신앙(유신론이든 무신론이든)이 우월하므로 다른 사람을 거부하는 행위가 정당하다고 여긴다. 이것이 바로 집단 포비아 세계의 핵심이다. 불균형적인 관계가 존재한다고 믿는데, 경멸하는 사람의 인종과 민족성, 성적 지향, 종교 신념이 경멸당하는 사람의 것들보다 우월하다고 여기는 것이다. 따라서 행위와 말로 상대를 공격하는 것이 정당한 행동 방식이라고 믿는다.

이런 치명적인 선택을 정당화하는 일에 우리의 해석자인 뇌가 중요한 역할을 한다. 균형을 유지할 수 있도록 안심시킬 만한 시나리오를 급하게 짜내는 것이다. 실제로는 그 어디에도 이 우월성에 대한 생물학적 또는 문화적 근거가 없지만, 일상생활에서는 우월성에 대한 해석이 가장 많이 쓰인다.

다음 장에서 보겠지만, 민주주의 국가들은 모든 인간에 대한 존엄성을 지지한다고 선언한다. 그리고 이미 제노포비아, 인종차별, 호모포비아, 학대의 사례들을 인정했고 그것들과 맞서 싸우는 것이 법과 경찰의 과제이기도 하다. 이것이 어려운 이유는 범죄나 증오 사건이 거의 보고되지 않고, 그것들을 관리할 충분한 준비도 되어있지 않기 때문이다.

실제로 방법을 떠나서 언제 특정 집단에 표출되는 분노가 증오 범죄를 일으키는 담론이 되고, 이것이 법적으로 유형화되어 증오 표현으로 처벌을 받아야 하는지, 그리고 어떤 경우가 표현의 자유에 해

---

❶ 마르크스의 이데올로기는 구성원의 의식을 지배함으로써 자본주의 사회의 억압을 정당화하고 혁명을 억제하는 기능을 한다.

당하는 지 구별하는 건 매우 어렵다. 최악의 상황은 유권자들의 표를 얻기 위해 미끼와 신원 표시로 제노포비아 담론을 주장하는 정당이 많다는 사실이다. 유감스럽게도 그들은 혐오를 이용해 본인들이 원하는 결과를 얻는다. 특히 위기의 시대에는 긍정적인 대안을 제시하지 못하더라도 희생양을 이용하면 큰 이득을 얻을 수 있다.

제노포비아적이고 인종차별적 태도는 인류의 역사만큼이나 오래됐다. 어떤 역사적 순간에는 그것들이 그대로 인정되었고, 또 어떤 때는 인간의 존엄성을 존중하는 사회적 현실의 관점에서 그 태도에 이름을 붙이고 평가할 수 있었다. 특정 사람들을 존중하는 동시에 단순히 어떤 집단에 속한다는 이유만으로 그들 중 일부를 말이나 행동으로 공격할 수는 없다. 그런 말은 인간의 존엄성을 해치는 행동을 유발할 뿐만 아니라, 이미 그 자체로 공격적인 행동이 되기 때문이다.

유럽 연합 국가들에 위기가 시작되면서 제노포비아의 온도가 많이 올라갔지만, 좀 더 자세히 살펴보면 앞서 말했듯 그 온도의 상승 원인에 제노포비아적 태도만 있는 건 아니다.

이 책 서문에서 말한 내용에 이어 두 번째 사례를 이야기하자면, 2016년 6월 25일, 영국의 국민 투표 결과가 알려지며 브렉시트 Brexit❷가 선언됐다. 물론 아주 조금 공백이 있긴 했지만, 언론은 영국과 스페인 모두에 영향을 미친 흥미로운 뉴스 두 가지를 전했다. 이 소식에 영국 사람들이 걱정을 많이 했다. 의료 분야에 종사하는 스페인 이민자 중에 의사와 간호사가 많았고, 게다가 그들은 우수한 능력이 증명된 사람들이었기 때문이다. 영국인들은 이렇게 잘 교육

받고 능력 있는 이민자들은 국가의 GDP를 높이고 국민 복지를 향상할 수 있다고 생각했다.

그들이 외국인이지만 추방할 생각은 전혀 없었다. 오히려 유럽연합에서 탈퇴하는 과정이 오래 걸린다는 걸 알고, 그런 훌륭한 전문가들이 나라를 떠나야 하는 사실을 미리 걱정할 필요가 없다며 안도하기까지 했다. 이 유명한 '인-인in-in', '아웃-아웃out-out'은 양측의 실용주의가 이 분리 과정을 천천히 해나가라고 조언하자마자 잠시 보류됐다. '브렉시트는 브렉시트Brexit means brexit'라는 이 유명한 문장은 매우 어리석은 행동을 예쁘게 포장한 표제일 뿐이다. 영국이 유럽연합을 탈퇴하는 과정이 어떻게 이루어질지는 아무도 모른다. 겉으로 볼 땐 '찬성' 투표를 하고 지도자들에게 거짓말을 했다고 비난하는 사람들을 포함해 아무도 원하지 않는 것처럼 보인다.

그러나 가장 주목할 점은 스페인 사람들이 해안, 특히 남부와 동부 스페인 해안에 정착한 많은 영국 이민자들의 운명을 궁금해한다는 사실이다. 물론 이 경우 그 영국인들은 스페인의 뜨거운 태양과 사회 보장으로 많은 이익을 얻었고, 스페인도 자국 땅에 그들이 체류하는 것에 관심을 보였다. 신기하게도 이 경우 유명한 유럽연합조약 제50조❸의 모호함을 생각해 브렉시트 이후 혼란한 진행 과정을 오히려 산소통으로 여겼다.

결론적으로 영국은 잘 훈련된 스페인 의료진들에게, 스페인은 이

---

❷ 영국을 뜻하는 Britain과 탈퇴를 뜻하는 exit의 합성어로 영국의 EU 탈퇴를 의미함.
❸ 1항. 모든 회원국은 그 헌법상의 요청에 따라 연합으로부터의 탈퇴를 결정할 수 있다. (이하 2항~5항 생략)

곳 날씨를 즐기러 온 은퇴한 영국인들에게 관심이 있다. 당연히 두 경우 모두 혐오의 분위기는 전혀 없다. 외국인이라서 거절을 당할 일도 없어 보인다. 이 거래에서 굳이 불안한 요소를 꼽는다면, 언어와 관습의 차이로 같은 언어와 관습을 사용하는 사람들 사이의 친숙함을 감소시킬 뿐, 그것 때문에 거부감이나 혐오가 일어나지는 않는다.

그리고 축구 장비를 사들이거나 '오일달러 oil dollar ❹'를 가져오는 동양인들을 혐오하지도 않는다. 또 많은 돈을 받아 가지만 경기에서 이기는 데 결정적인 역할을 하는 축구 선수들이 민족이나 인종이 다르다고 싫어하거나 혐오하는 일도 없다. 플라멩코에서 우승하는 집시들, 국내에 자동차 공장을 설립하고 사람들을 고용하며 레저 센터를 세울 수 있는 외국인 투자자, 구내에서 담배를 피우는 행동에서 드러나듯 충분한 특권을 부여받은 외국인 투자자를 거부하지도 않는다. GDP를 증가시키는 모든 외국인 출자자들도 마찬가지다.

하지만 반대로 정치 난민들, 더는 잃을 것이 없는 가난한 이민자, 빈민가에서 종이를 팔고 컨테이너에서 뭔가를 뒤지는 집시들에게 이 문은 굳게 닫혀 있다. 실제로 우리나라에서 집시들은 시골 토착민들로 주류 문화에 속하지 못한다. 또 양심의 문은 세계적으로 투명인간으로 선고받은 노숙자들에게 닫혀 있다.

문제는 인종, 민족 또는 외국인에 관한 주제가 아니다. 문제는 빈곤이다. 그리고 이 경우 가장 생각해야 할 부분은 인종차별주의자와 외국인 혐오주의자가 많은 건 사실이지만, 대부분이 그 차별과 혐오 안에 가난포비아를 담고 있다는 사실이다.

아포로스^{áporos}는 가난한 사람, 어려운 상황에 있는 골치 아픈 사람들을 뜻한다. 물론 여기에는 가족과 친척도 예외는 아니다. 보통은 가난한 친척을 수치로 여기고 굳이 이런 사실을 다른 사람에게 말하지 않는 게 낫다고 생각하기 때문이다. 반면, 사업과 예술, 정치, 학문 분야에서 성공해 자리를 잡은 친척에 대해서는 남들 앞에서 과시한다. 가난에 대한 포비아는 대개 자원이 없어서 아무것도 줄 게 없거나, 그렇지 못할 것처럼 보이는 개인과 인종 및 민족 집단을 거부하게 만든다.

❹ 산유국이 석유의 소득세와 이권료 그리고 직접 판매에 의한 대금으로 수취한 외화.

용어의 역사

가난한 사람에 대한 거부감은 다른 혐오감보다 더 깊고 널리 퍼져있다. 이것은 일상생활에서 넘칠 정도로 나타나는 분명한 개인적, 사회적 사실이다. 사실 나는 20여 년 전에 스페인 신문에 이런 내용의 칼럼을 기고했다. 그 당시 호세 안토니오 마리나José Antonio Marina ❺와 나는 'ABC Cultural❻'의 한 면을 함께 맡았다. '윤리적 창조Creación Ética'라는 제목으로 일주일에 한 번 광범위한 윤리 분야에 관한 기사와 서평, 칼럼 등을 실었다. 그 당시는 넓은 의미에서 앵글로색슨 및 프랑스 양식을 도덕morals으로 이해했다. 이는 인간 행동에 관한 자성으로 스페인어를 사용하는 사회에서 말하는 도덕뿐만 아니라, 경제와 정치를 포함한다.

도덕철학 교수였던 애덤 스미스Adam Smith가 이해한 도덕으로, 그는 부와 가난의 이유를 찾는 것뿐만 아니라, 도덕 감정❼에도 관심이 있었다. 정치와 경제도 우리의 윤리적 창조의 일부를 형성하는데, 그것들이 없으면 도덕적 세계가 훼손되기 때문이다.

내가 「가난포비아(아포로포비아)」라는 제목의 칼럼을 쓴 날은 1995년 12월 1일이었다. 그 당시 바르셀로나에서는 지중해 지역 국가들의 중요한 주제들을 표면화하는 모임인 '유럽-지중해권 학회'

가 열렸고 그곳에서 이 칼럼 내용이 언급됐다. 모임의 주제는 지중해 주변 국가들 사이에서 오늘날에도 여전히 뜨겁게 다뤄지는 주제인 이민과 테러리즘, 평화 협상 과정들이었다. 나는 거기에 위기와 실업이 추가되었어야 한다고 생각했었다. 전 세계 전문가들이 인종차별과 제노포비아, 종교적 근본주의를 지중해 지역의 가장 큰 문제로 다룰 거란 예상은 어렵지 않았다. 그 당시에는 아직 내가 말한 내용이 어떤 표제로도 채택되지 않았으나 나는 그 모든 현상의 바탕에는 언제나 가난한 사람에 대한 거부감과 혐오, 두려움이 있다는 걸 알았고, 지금도 그렇게 생각한다.

그 현상을 좀 더 정확히 진단하고 원인을 발견하며 효과적인 해결 방안을 제안하기 위해서는 무엇보다도 사회 병리에 이름을 붙이는 게 시급했다. 이 일은 소크라테스 이후 대화에 익숙해진 지중해 문화권에서 분명한 목표가 될 수밖에 없었다. 따라서 20세기 말에 열린 이 학회에서는 가난한 사람이 태어날 때 가지고 있던 권리를 누리고 물질적, 문화적으로 존엄한 삶을 즐길 수 있게 만드는 것이 가장 시급한 주제여야 했다.

나는 외국인이 가난한 사람만큼 많이 거절당하는 게 아니라는 확인 하에, 고등학교 때 썼던 그리스어 사전을 펼쳤다. 거기에서 가난한 사람, 자원을 갖지 못한 사람을 지정하는 용어를 찾다가 '아포로스áporos'라는 단어를 발견했다. 그리고 그 단어를 참고해

---

⑤ 스페인 철학자이자 수필가, 교육자.
⑥ 스페인 유력 신문의 문화 부분.
⑦ 도덕적 행위의 동기로서 작용하는 감정.

서 '제노포비아', '호모포비아'와 유사한 형식의 단어인 '가난포비아 Aporofobia'라는 말을 만들었다.

이 용어의 역사에서 두 번째 중요한 단계는 바로 산티야나 출판사에서 교수들이 모여 책을 만드는 것으로 1996년에 처음으로 출간됐다. 도밍고 가르시아-마르사Domingo García-Marzá와 마리아 베고냐 도메네M.ª Begoña Domené, 에밀리오 마르티네스Emilio Martínez, 후안 마누엘 로스Juan Manuel Ros, 노르베르토 스밀그Norberto Smilg 그리고 나는 이 출판사와 함께 감격스러운 작업을 해냈다.

책의 제목은 『윤리. 도덕 생활과 윤리적 성찰Ética. La vida moral y la reflexión ética』로 중등학교 4학년 필수 과목 교과서가 됐다. 이를 활용한 과목은 스페인에서 보기 드문 두 가지 덕목을 갖추게 됐다. 첫째, 어떤 정치나 사회단체도 이 과목에 대해서는 조금도 이의를 제기하지 않았다. 둘째, 아무도 교육과정에서 이 과목을 다른 과목과 경쟁하도록 요구하지 않았다. 만일 대체불가의 윤리로서 계속 그 과목이 이어졌다면, 지금까지 있었던 수많은 소모적인 분쟁을 피했을 수도 있었을 것이다.

제목에서 분명히 나타나는 것처럼, 그 책은 생각과 언어 두 단계로 접근했다. 첫 번째는 일상생활의 단계다. 우리는 도덕적 행동을 할 때 이상이든 규범이든, 아니면 행복한 삶의 계획이든 다양한 기준을 따른다. 두 번째 단계는 성찰의 단계다. 여기에서는 윤리나 도덕철학이 이상과 규범 또는 계획의 근거를 찾기 위해 일상생활에서 도덕적 과제를 수행했던 일에 대해서 성찰한다.

제6부에서는 부정할 수 없는 사회, 경제적 차별과 민주적 공존을 위해 인간의 존엄성을 지키려는 단호한 도전을 다루었다. 그 차별이 사회적 현실이고 그 안에 무엇이 있는지 설명하고 나서, 두 번째 부분에는 '가난포비아: 가난한 사람과 장애인이 제외되다'라는 제목을 붙였다. 에두아르도 갈레아노Eduardo Galeano❽의 탁월한 책『방랑자들 Los nadies』과 함께 가난포비아의 해악을 분석했고, 이 책에서 간단하게 설명하고자 하는 해결책인 교육과 기관들을 통한 평등 구축을 제시했다.

그 책에서는 인종차별이나 호모포비아 같은 또 다른 사회 차별뿐만 아니라, 신체 또는 고령처럼 크게 드러나지는 않지만 많은 사람이 거부당하는 원인에 대해서도 덧붙였다. 거기서 전하려는 메시지는 분명했다. 모든 인간의 동등한 존엄성에 바탕을 둔 정치와 도덕 문화를 확립해 일상 속 차별을 극복해야 한다는 것이었다.

이 용어 역사에서 세 번째 중요한 단계는 2000년 3월 신문 '엘파이스El País'에 실린 기사였다. 나는 스페인 국립국어원에서 이 신조어 '가난포비아(원 발음으로는 아포로포비아)'를 스페인어 사전에 실어줄지 알아보기 위해 먼저 신청했다. 사전 지침에 따라 이 단어를 다음과 같은 설명으로 규정해주길 제안했다.

<가난한 사람, 자원이 없는 사람, 보호받지 못한 사람에 대한 미움, 적대감, 혐오감> 그리고 그 단어 옆에 <그리스어. 아포로스 áporos, 가난한 사람와 포베오fobéo, 공포를 느끼다>를 덧붙였다.

❽ 라틴아메리카를 대표하는 비판적 지식인.

이 표현이 다른 언어에는 없는 것 같긴 하지만, 그렇다고 가장 좋은 표현이라고 확신하지는 않는다. 하지만 가난한 사람, 보호받지 못한 사람을 거부하는 현상에 이름을 붙이는 일이 시급하다는 것에는 의심의 여지가 없다. 그런 태도가 익명성으로 작용하면 사회생활에 훨씬 더 큰 영향을 끼치기 때문이다. 그리고 모두가 그것을 명백한 현실로 인정할 수 있도록 단어로 지정하지 않으면, 가난하고 보호받지 못하는 사람에 대한 혐오를 멈출 수 없기 때문이다.

물론 스페인 국립국어원은 모든 스페인어 사용 국가의 정확한 표현을 환영하고 사전에 새로운 단어를 수록하기 위한 기준을 제시한다. 내가 아는 가장 일반적 기준은 그 용어가 스페인어로 된 고전 작품에 나타나거나 외국어에서 파생되어 일상적으로 사용되어야 한다는 것이다. 사실 많은 영어 단어가 최근에 스페인어 유산으로 통합됐다. 하지만 내가 볼 때는 앞에서 언급한 두 가지 이유보다 더 강력하고 합리적인 이유가 필요하다. 즉, 그 용어가 사회 현실을 매우 효과적으로 나타내고, 그 말이 없으면 그 삶을 정확히 이해할 수 없다는 조건을 갖추어야 한다.

불행히도 이미 말한 경멸과 두려움 또는 그 둘을 동시에 불러일으키는 특정 집단에 속한 사람들을 거부하는 세상에서 그런 현상에 이름을 붙이지 않으면 일상에서 벌어지는 일들을 이해할 수가 없다. 세상에는 가난한 사람을 거부하는 가난포비아가 분명 존재한다.

그래서 나는 이렇게 현실적이고 고통스러운 사회 현상에 이름을 붙일 때, 논란의 여지가 없는 명확한 기준이 있어야 한다고 생각한다. 이것은 단순히 사전 두께만 늘리는 게 아니라 사회적 현실을 알도록 도와주고 원인을 조사하며 그것이 유익이 되는지 알아보고, 그렇지 않다면 극복하기 위해서다. 그리고 그것이 필요한 이유는 가난한 사람을 거부하는 태도와 행동이 품위를 훼손하고 이름과 성을 가진 구체적인 사람들의 존엄성을 매일 공격하는 일이기 때문이다. '인간의 존엄성을 해치는 것'은 단순히 추상적인 개념이 아니라, 실제로 거부의 고통을 당하는 인간의 행복과 존엄성을 훼손하는 것이다. 덧붙이자면, 우리가 이 책에서 옹호하는 바처럼, 상대방에게 답례로 뭔가를 주지 못할 사람은 없다. 정치와 윤리 철학 교수인 에밀리오 마르티네스도 2002년에 반까하 재단^{Fundación Bancaja}에서 출간한 『상호문화 사회를 위한 용어집^{Glosario para una sociedad intercultural}』에 나온 「가난포비아」에서도 같은 내용을 주장한다.

이 이야기를 끝내기 위해서는 '가난포비아'란 용어 덕분에 많은 사람이 빈곤층에 관심을 보이게 되고, 그들에게 힘을 실어주기 위해 노력하게 되었다는 사실에 주목해야 한다. 이 용어로 플래카드를 건 의회와 시민 단체들이 조직되고, 라이스 재단^{Fundación RAIS}❾은 노숙자가 겪는 폭력 상황을 더 잘 설명하기 위해 그 용어를 사용한다. 이 내용은 다음 장에서 이야기할 것이다.

또한 실베이라 고르스키^{Silveira Gorski} 교수의 저서들처럼 최근 유럽 이민자 통합 정책들에 대한 분석에도 그 용어가 사용된다. 언론에서도 거지와 노숙자들에 대한 학대 행동을 특징 짓기 위해 이 용어를 자주 사용한다. 심지어 어떤 논문 작업에서는 이 용어를 연구 대상

---

❾ 가장 가난한 사람들, 특히 노숙자의 사회적 배제에 맞서 싸우는 단체.

으로 삼았다. 한편, 위키피디아에서도 이 용어를 실었다. 스페인 내무부에서는 가난한 사람들에 대한 범죄 행위를 표준화하는 데 이 용어를 사용한다.

그러나 그것들보다 중요한 점은 대서양 어디든지 내가 보고서와 강연 또는 이야기에서 '가난포비아'라는 말을 사용하면, 청년이든 노인이든 상관없이 모든 청중이 미소 띤 얼굴로 "맞아, 사실이야, 우리 일상생활에서 벌어지는 일이야."라고 동조한다는 사실이다.

철학 교수이자 작가인 오르테가Cesar Ortega Esquembre는 우리에게 무슨 일이 벌어지고 있는지 잘 모르기 때문에, 매일 가난한 사람을 거부하는 이 일에 대한 인식이 중요하다고 강조했다. 나도 '아포로포비아'를 설명할 때 사람들이 고개를 끄덕이는 걸 보면서, 갈수록 이것이 우리와 너무나 가까운 현실임을 깨닫게 됐다.

고대 그리스에서 나타난 첫 번째 계몽주의는 자기 자신을 알라는 소크라테스의 충고와 함께 시작됐다. 이후 비슷한 맥락에서 이성을 활용한 칸트의 초대로 소위 계몽주의 시대라고 일컫는 두 번째 계몽주의가 이어졌다. 우리 자신에 대해서 점점 더 깨닫고, 더 나은 용어가 없어서 내가 붙인 가난포비아라는 차별 형태가 존재함을 인식하며, 그 원인에 의문을 품고, 극복 방법을 모색하는 일은 우리 시대의 과제 중 하나다.

이름을 붙이는 일은 인식을 위한 하나의 길일뿐이다. 나의 은사님인 페르난도 쿠벨스Fernando Cubells교수님의 말씀처럼 단어에 대한 질문은 곧 대상의 존재 의미를 묻는 엄숙한 질문이기 때문이다.

이 책에서는 전체적으로 이 병폐에 대한 해독제를 제공하려고 노력할 것이다. 여기에는 공식적, 비공식적 교육과 그 방향으로 움직이는 기관들의 구축이 필요하다. 이 해독제는 일상생활에서 인간의 동등한 존엄성에 대한 적극적인 존중이고, 이것을 위해서는 그 존엄성에 대한 따뜻한 인식이 필요하다. 이 과정에서 연민이 길러지겠지만, 형태를 불문한 모든 연민을 말하는 건 아니다. 여기서 말하는 연민은 슈테판 츠바이크Stefan Zweig ❿가 쓴 소설 『초조한 마음Ungeduld des Herzens』의 도입 부분에 나오는 연민을 뜻한다.

연민에는 두 가지가 있다. 그중 하나는 소심하고 감상적인 연민인데, 이것은 타인의 불행 때문에 느끼는 불편하고 귀찮은 감정에서 가능한 한 빨리 벗어나고자 하는 초조한 마음에 불과하다. 그런 연민은 진정한 연민이 아니라 자신의 영혼에서 이상하게 느껴지는 고통을 몰아내기 위한 본능적인 형태다. 또 다른 연민은 감상적이지 않고 생산적인 연민으로 타인이 원하는 것을 알고 힘이 닿는 데까지, 아니 그 이상으로 고통을 나눌 준비가 된 연민이다.[2]

동등한 존엄성과 연민의 인식은 따뜻한 이성의 윤리를 위한 두 가지 열쇠이고, 이것들은 세상의 비인간적 차별을 극복하기 위해 그 무엇과도 타협할 수 없다.[3]

❿ 소설가이자 전기 작가로 널리 알려진 독일 문학계의 거장.

2장

빈곤층 증오로 인한 범죄

반유대주의의 핵심은 확언하건대,
유대인이 아니라 반유대주의자다.[1]

증오의 핵심은 무엇인가?

2016년 3월 17일, 여러 스페인 신문에는 전날 마드리드에서 벌어진 부끄러운 사건에 대한 기사가 실렸다. 이 일은 아틀레티코 마드리드와 네덜란드 PSV 아인트호벤의 축구 경기가 시작되기 전 많은 사람이 마요르 광장에서 화창한 날씨를 즐기고 있을 때 벌어졌다. 이곳에서 여성 집시들이 돈을 구걸하고 있었다. 그때 마침 네덜란드 축구팀 팬들도 들어왔다. 이들은 거만한 태도로 그녀들에게 동전을 던져주며 춤을 추거나 그들 앞에서 팔굽혀 펴기를 하라고 강요하는 등 모욕을 주었다.

여러 신문사 기자들은 이 사건을 가난포비아 현상으로 보고 여러 사람에게 이 사건에 대한 자문을 구했다. 에밀리오 마르티네스와 나, 그리고 '아텐토 연구소Observatorio Hatento'와 '집시 사무국 재단 Fundación Secretariado Gitano'의 회원들이 그 대상이었다. 우리는 이것이 모든 인간이 지닌 존엄의 권리를 침해하는 분명한 차별이고, 가난포비아며, 남성우월주의라는 데 동의하고, 여러 의견을 덧붙였다.

그러나 '엘 문도El Mundo' 신문에 나온 기사와 인터넷에 처음으로 나타난 사설들은 우리의 의견과 일치하지 않았다. 오히려 그 반대였다. 논객 중 한 명은 자신이 사건의 목격자라 말하며, 그 집시들이 구걸이 아닌 도둑질을 하고 있었다고 주장했다. 그녀들은 제대로 일할 생각은 않고 관광객과 스페인 사람들의 물건을 훔치려는 루마니아에서 온 집시들이라고 주장했다. 그러면서 '마드리드 이미지를 수치스럽게 만드는 사악한 자들'이라는 제목을 달았다. 또한 그들을 희생자로 몰아가는 상황을 한탄하고 '상황이 이런 식으로 흘러간다면 정부가 그들에게 집 한 채씩 주는 꼴이다(농담이 아니다).'라며 냉담한 결론을 내렸다.

또 다른 논객은 아마도 그 축구팀 팬들이 가난포비아를 느꼈을 거라고 썼다. 시끄럽게 아코디언을 연주하며 돈을 요구하는 집시들에게 여가를 방해받는 일이 그들에게는 익숙하지 않기 때문이라고도 썼다. 그렇다면 이 상황에서 이런 질문이 나올 수밖에 없다. '과연 그 포비아의 원인은 누구에게 있을까, 경멸하는 사람일까, 경멸당하는 사람일까?'

대답은 어렵지 않다. 구걸을 요구받은 사람은 거부감과 경멸을 비롯한 아주 다양한 이유로 돈을 주지 않을 수도 있다. 예를 들어, 어떤 사람은 사회적 필요를 채워주고 정의와 대의에 대한 지식을 제공하며, 품위를 손상하는 구제금을 광고하지 않는 연대 조직들과 협력하는 걸 더 좋아할 수 있다. 또 어떤 이들은 시의회에 공적 자금으로 가장 먼저 기본적 필요를 충족시켜줘야 한다고 촉구할 수도 있다.

하지만 어쨌든 돈은 주지 않더라도 굴욕을 주거나 힘으로 그들을 눌러서는 안 되는데, 더 나은 상황에 있는 사람은 가난한 사람보다 더 존엄한 것도 아니면서 우월감을 느낀다. 따라서 미움과 경멸의 근원은 경멸당하는 사람이 아니라, 경멸하는 사람에 있다.

앙드레 글룩스만André Glucksmann **⑪**은 그의 책 『증오 발언Le Discours de la haine』에서 증오가 실제로 존재한다고 믿고, '선함'을 압도하는 증오의 존재를 받아드려야 한다고 주장한다. 본문을 크게 세 부분으로 나누어 현재와 과거의 세 가지 증오를 분석한다. 즉, 반미주의, 반유대주의, 미소지니(여성혐오)를 다룬다. 여기에서 그는 증오의 열쇠를 증오 대상 집단이 아닌, 증오하는 주체가 쥐고 있다고 본다.

⑪ 프랑스 철학자, 사회운동가이자 작가.

증오 범죄, 증오 발언

2015년 11월, 나는 'RAIS(연대와 함께하는 개인 저축 제도 재단)'의 전략 개발 이사인 루이스 카를로스 페레아^{Luis Carlos Perea}의 편지를 받았다. 그는 가난포비아 개념이 특정 폭력 상황, 특히 노숙자들이 겪는 고통을 가장 잘 설명하는 용어라서 재단에 아주 유용하게 쓰인다고 적었다. '노숙'은 심각한 사회 문제다. 가난으로 인해 고통을 겪는 사람의 취약성의 절정을 보여주기 때문이다.

보호받지 못하고 위태로운 상황에 놓인 사람은 일상생활에서 최소한의 프라이버시도 갖지 못하고, 외부 공격에서 보호받지 못한다. 또한 그렇게 품위가 짓밟힌 사람은 자기 돈을 들이지 않고 즐기려는 어리석은 사람 또는 누군가에게 원한을 품고 분노를 쏟아버리고 싶어 하는 사람이 될 수도 있다. 노숙은 사회와 관계, 노동, 문화 및 경제에서 한 개인이 단절되었다는 뜻으로 그가 분명하게 사회에서 배제된 상황을 일컫는다.

RAIS 재단은 다른 단체들과 함께 아텐토^{Hatento}의 이름을 딴 '노숙자에 대한 증오 범죄 연구소^{Observatorio de Delitos de Odio contra Personas sin Hogar}' 창립을 주장했다. 여기서 그들은 우려할 만한 결과를 보인 노숙자들을 대상으로 조사를 했다. 그 결과에 따르면 노숙자 3명 중 1

명이 모욕과 괴롭힘을, 5명 중 1명이 폭행을 당했다. 그리고 공격자 중 30% 정도는 '휴일이나 축제를 즐기던' 젊은이였다.

한편, 카리타스^{Cáritas}⑫와 FACIAM(소외 계층 통합 지원 센터 협회 연맹), fePsh(노숙자 지원 단체 연합)은 2016년 11월 27일, '모든 이에게 집을 허하라!'라는 표어를 내걸고 캠페인을 시작했다.

캠페인에는 네 가지 주장이 담겨있다.

1. 아무도 거리에서 잠을 자지 않는다.

2. 긴급 편의시설에는 가능한 한 최소한의 기간만 머문다.

3. 누구도 필요 이상으로 임시 거주지에 머물지 않는다.

4. 독립생활로 전환한 청년은 다시 노숙자가 되지 않는다.

스페인 카리타스 보고서인 「우리는 어떤 사회에 살고 있는가?」에 따르면, 스페인에는 4만 명의 노숙자가 있다. 이러한 무방비 상태와 취약한 상황은 이미 그 자체로 일반화된 방치와 가난한 자를 경멸하는 태도인 가난포비아의 결과다. 그러나 다른 태도들과 마찬가지로 가난포비아는 특정 상황에서 단순히 배제가 아닌 범죄 행동을 낳을 수도 있다. 이 범죄 행동의 대상은 추방되었거나 그럴 가능성이 있는 사람들이다. 오늘날 이러한 범죄에 매우 의미심장한 이름이 붙었는데, 바로 '증오 범죄^{Hate crimes}'다. 스페인 내무부에 따르면, '증오 범죄'라는 용어는 "인종, 민족, 종교 또는 종교적 관습, 나이, 장애,

---

⑫ 165개의 국가 지원, 개발 및 사회봉사 단체들의 인도주의 동맹으로 가톨릭교회에 속한 재정 지원 아래 가난, 배제, 편협 및 차별 해결을 위해 노력하고 있다.

성적 취향이나 성적 정체성, 빈곤, 사회적 배제 또는 이데올로기적 차이와 기타 유사한 상황으로 인해 사람이나 재산에 저지르는 모든 형사 및 행정 범죄들"[2]로 이해할 수 있다. 사회학적 관점에서 볼 때는 "그런 식의 행동을 하는 사람을 '다르다'라고 인식해서 다른 정체성을 가졌다고 구분된 사람들에게 가하는 폭력과 적대감 및 협박 행위들"[3]로 이해할 수 있다.

아텐토 보고서에 따르면, 이러한 유형의 범죄들은 다른 두 가지 사회적 병리인 증오 사건Hate incident, 증오 발언Hate speech과 밀접한 연관이 있다.

증오 사건은 특정 집단에 속한 사람을 경멸하고 학대하는 행동이다. 하지만 그 행동이 표준화된 범죄 요건을 충족하지 못할 때 성립한다. 그러나 그것을 범죄로 여기지 않는다고 해서 중요하지 않은 건 절대 아니다. 이것은 범죄 행동으로 바뀔 수 있을 뿐만 아니라, 도덕이라는 테두리가 법의 범위보다 훨씬 더 크기 때문이다. 타인을 경멸하는 태도와 그것을 드러내는 행동은 타락한 상황과 심하게 왜곡된 인격의 표현이다.

불행히도 증오 발언은 인류의 역사만큼이나 오래됐다. 이 개념은 편협한 입장에서 특정 사회 집단에 대한 증오를 전파, 선동, 장려 또는 정당화하는 데 목적 있는 모든 표현 형태를 뜻한다. 증오 발언을 통해 특정 집단을 낙인찍고 금지령을 내려 적대적으로 취급할 수 있다. 실제로 유럽 평의회 장관위원회Committee of Ministers of the Council of Europe는 이를 "민족에 대한 인종적 증오, 제노포비아, 반유대주의 또는 다른 형태의 증오를 유포, 촉구, 조장 또는 정당화하는 모든 형태

가난포비아

의 표현"[4]으로 정의한다.

우리가 보다시피 그런 사례들은 아주 많다. 극단적으로 외국인을 혐오하는 제노포비아, 동성애를 싫어하는 호모포비아, 이슬람교나 기독교 또는 그 외 종교에 대한 혐오나 공포, 빈곤과 빈곤층을 경멸하는 가난포비아는 증오 발언의 대표적인 원동력이다.

분명히 증오 발언과 증오 범죄를 구별하기는 쉽지 않다. 근본적인 차이점을 보면 증오 범죄는 공격자의 편협함과 우월감 때문에 생기는 행위이며, 적어도 두 가지 요구 사항이 충족되어야 한다. 먼저 그 행위가 형사법상 범죄로 분류되는 심각한 학대 또는 신체적 공격이 가해져야 한다. 그리고 이런 행위의 동기가 특정 사회 집단에 대한 편견에 근거해야 한다.[5]

앞으로도 계속 살펴보겠지만 일상생활에서 증오 발언과 범죄를 구별하기는 어렵다. 여기서는 증오가 원인인 사회적 병리 현상의 공통적인 특징에 대한 자료를 모으려고 노력할 것이다. 앙드레 글룩스만이 『증오 담론』에서 언급한 장 드 라 퐁텐La Fontaine ⑬의 우화가 도움이 될 것이다.

⑬ 프랑스의 시인이자 우화 작가.

늑대와 어린 양의 우화

몇 달 전, 나는 이 주제에 관한 회의에서 발표를 마치자 한 동료는 내게 말했다. 증오 발언과 범죄가 특정 집단이나 계층 사람들에게 학대를 당한 사람의 분개와 부당한 느낌의 표현이 될 수는 없는지에 대한 물음이었다. 물론 부분적으로 그럴 수 있다. 상처를 받거나 모욕당한 사람들이 폭력적으로 반응하는 것은 전혀 이상하지 않기 때문이다. 그런 반응이 꼭 정당화될 수 없는 증오의 표현일 필요는 없지만, 분노를 폭발시키고 증오를 일으키는 부당함에 대한 깊은 감정의 결과일 수는 있다.

분명 개인이나 집단에 고통과 굴욕, 모욕을 주는 부당한 행위들은 분노를 유발하고 그것은 증오로 구체화 될 수 있다. 그러나 우리가 이야기하는 증오 범죄 및 발언은 그런 종류의 증오가 아니다. 증오의 대상이 해를 끼칠 수 있는 개인들이 아니라, 무분별하게 선정된 집단이기 때문이다. 물론 그 공격 대상이 특정 사람들일 수는 있지만, 원인은 개인들의 특징 때문이 아니라 그들이 어떠한 집단에 속했다는 이유 때문이다.

즉, 대상이 정해진 '특정 사람'이 아니라, '불특정 빈민', '불특정 난민', '불특정 여성', '불특정 기독교인', 또는 '불특정 이슬람교도'

가난포비아

에 속하기 때문에 사람들은 대상을 혐오한다. 글룩스만이 그의 책에서 소개한 라 퐁텐의 우화는 이런 병리 현상의 특징을 잘 보여준다.

보통 우화에서 흔히 볼 수 있는 것처럼, 여기서도 두 동물이 등장한다. 이 우화에서는 늑대와 어린 양이 나오고, 소위 이럭저럭 대화를 시작한다. '소위 이럭저럭'이라고 표현하는 이유는, 실제로는 대화가 아니라 독백이기 때문이다. 늑대가 말로 세게 치는 반면, 양은 마치 날아오는 공을 맞고 있는 벽처럼 보인다. 이 대화에서 양은 늑대의 말을 받아주는 것 외에 할 수 있는 말이 없다.

"네가 작년에 내 욕하고 다닌 거 다 알아!"

늑대가 말했다. 그러자 양은

"그때 전 태어나지도 않았는데, 어떻게 욕을 해요? 엄마 젖도 안 먹었다고요."

라고 대답했다.

"네가 안 했으면, 네 형이 했나 보지."

"전 형이 없는데요."

"그럼 너희들 중 한 놈이 했겠지. 너희들은 날 가만히 안 두니까. 너희들, 너희 목자들, 너희 양치기 개들 말이야. 사람들이 나한테 말해줬어. 난 꼭 복수해야 해."

늑대는 저 위 숲속 깊은 곳으로 양을 끌고 가서 잡아먹었다. 그래야 할 정당한 이유가 하나도 없었는데도.

물론 늑대의 발언은 증오 발언의 분명한 사례지만, 동시에 증오 범죄이기도 하다. 기존의 발언 및 증오와는 다른 특징을 보이기 때문이다.

첫째, 증오 발언의 대상은 한 개인이지만 그 개인이 화자에게 해를 끼쳐서가 아니라, 특정 집단에 속해있다는 이유로 발언이 성립한다. '너희' 집단은 '우리' 집단과 다르다는 게 그 이유다. 이 이야기에서 '너희들'은 어린 양이다. 어떤 경우에는 다른 인종(인종차별), 다른 민족, 다른 성, 다른 성적 경향, 특정 종교 또는 불안정한 사회 계층에 속한 사람들이 그 대상이다.

PSV 아인트호벤 팬들의 경우에도 마요르 광장에서 구걸하던 그 여성들을 개인적으로 몰랐고, 그녀들 중 누구도 팬들이나 광장에서 일광욕을 즐기는 사람들에게 해를 끼치지 않았다. 하지만 그들이 여성을 혐오할 수 있었던 이유는 그녀들이 집시 집단에 속해있었고, 그녀들의 행동 방식을 근거로 무시당해도 된다는 생각에 있다.

이것이 바로 증오 범죄 및 발언과 다른 위반 사항들의 다른 점인데, 피해자들이 개인 정체성이 아닌 집단에 속했다는 이유만으로 지목되기 때문이다. 그리고 이 집단의 특징은 공격자에게 반발과 경멸을 불러일으킨다. 각 피해자는 같은 특징의 배척과 거부를 당하는 다른 집단의 피해자와 서로 교환될 수 있다. 이들은 특정 종교를 믿고, 특정 이념을 공유하며 범죄자들에게 멸시받는 집단 또는 인종, 민족으로 이루어진 집단이다. 그래서 피해자들은 공격자와 이전에 알고 있어야 할 필요가 없고, 공격자를 전혀 모를 수도 있다. 공격의 동기가 과거의 안 좋은 개인 경험이 아닌 어떤 집단의 특징에 근거하고 있다.

불행히도 이런 사례는 수없이 많다. '엘 파이스El País'의 보도에 따르면, 2016년 10월 11일, 스페인 다로카라는 도시에서 나이 20대 후반의 두 사람이 밖에서 자는 한 여성 노숙자를 습격해 불태우려고 했다. 여성을 돕기 위해 물통을 들고 불을 끄려고 나선 건 이웃 사람들이었다. 이렇게 그저 의지할 곳이 없을 뿐, 공격자에게 어떤 피해도 주지 않는 사람들에게 증오심을 표출하는 예는 매우 많다. 이런 일과 관련해서 '라 반구아르디아La Vanguardia' 신문 2015년 8월 28일자 기사에 그런 특징을 아주 잘 보여주는 세 가지 사례가 실렸다. 급진적 우파성향 정당, 복스VOX의 대표가 쿠엔카에서 정치 이념이 다른 것을 참지 못하는 사람들, 그녀의 정치적 지위를 무시하는 일부 사람들에게 구타를 당하는 일이 벌어졌다. 또 그라나다에서는 어떤 남성 노숙자가 단순히 가난하다는 이유로 몽둥이찜질을 당했다. 알메리아에서는 어떤 청년 성소수자가 성소수자라는 이유만으로 폭행을 당했다.

수많은 이데올로기가 혼란스레 얽혀 있는 상황에서 나타난 여성혐오인 '미소지니(여성혐오)'는 여성의 공적 생활의 접근을 막는 일, 집안일만 하게 하는 일, 남자와 함께 있지 않으면 거리로 나가는 게 허용되지 않는 매춘업소, 외국으로 나가려면 허락을 받아야 하는 일, 투표권을 주지 않는 일, 여러 국가에서 여성이라는 이유만으로 계속 일어나는 대량 학살 등의 뿌리다.[6] 이 혐오는 '특정 여성'이 아니라, '불특정 여성'에게 일어난다.

불특정 성소수자, 불특정 성전환자, 불특정 이슬람교도, 불특정 유대인, 불특정 기독교인 또는 불특정 가난한 사람들에게 저지르는 범죄도 마찬가지다. 물론 그 범죄 대상은 같은 특징을 보이는 사람들이나 그 사람들로 이루어진 특정 집단이지만, 그 공격은 그들의 개인 특성 때문이 아니라 집단에 속한 사람이기 때문에 일어난다. 참기 힘든 기사들을 접하다 보면 인간에게 가해지는 모든 유린과 신체적, 정신적 괴롭힘, 자존감 박탈, 대중 활동 및 생계 활동 금지가 마치 정당한 것처럼 보인다.

그리고 이런 일이 벌어지는 가장 대표적인 장소는 대학과 기업, 정치계다. 이런 일은 '어떤 남자, 여자', '~에 속한 사람'이라는 형식으로 소개되는 불확실한 기사들로 거짓 소문들을 퍼뜨림으로써 자신의 부족한 역량을 들키지 않고 가능성 있는 경쟁자들을 제거할 때 일어난다. 그러므로 일상생활에서 종종 벌어지는 일에서 피해자가 누구인지 명확하지 않기 때문에, 미세한 후각으로 알아채는 것이 중요하다.

둘째, 증오 범죄는 사회에 해로운 행동을 한다는 이유로 한 집단을 깎아내리고 낙인을 찍는다. 하지만 그 해로운 행위를 분명하게 입증하기가 어렵고, 혹여 입증이 가능하다고 해도 그것은 편견을 갖게 하는 옛날 역사를 언급하거나 험담과 뜬소문들을 이용한 핑계에 불과하다.

우화 속 늑대들은 그 당시 태어나지도 않았던 양치기 개와 목자들이 자신들을 험담했다고 우긴다. 사람들은 대부분 모든 거지가 원래는 폭력배였다거나 일반적으로 성가시게 구는 존재라고 생각하며 그들을 거부한다. 반유대주의자들이 알고 있는 유대인에 대한 온갖 안 좋은 일은 끝도 없이 많다. 종교를 멸시하는 사람들은 지난 세기에 행해졌던 다양한 종교 재판의 역사를 기억한다. 게다가 종교와 무관하게 이뤄진 조사와 심문들까지 의심스러워한다. 따라서 문제는 이름과 성을 가진 '특정한 어린 양', '특정한 거지', '특정한 유대인', '특정한 기독교인'이 아니다. 집단에 속해있다면 한 개인의 존재는 그 안에서 사라진다.

셋째, 증오의 조준점은 집단인데, 흑색 전설⑭들을 만들어 내는 사람들에 따르면, 전설들로 보면 사회가 그 집단을 경멸하도록 선동하는 일이 정당하기 때문이다. 때때로 이런 전설들은 그 집단을 향한 폭력적 행동을 조장한다. "사람들이 나한테 말해줬어. 그래서 난 꼭 복수해야 해."라는 말은 늑대가 따르는 복종의 메시지다.[7] 취약한 상태에 놓인 소수자들에게 폭력을 휘두르라고 말하는 이야기를 찾자면 끝도 없다.

정치 난민과 가난한 이민자를 제거하려는 사람들은 그들이 일자리를 빼앗으러 왔고, 기여하는 것은 없는 반면에 자국의 사회 보장 혜택을 누린다고 말한다. 최근에는 이슬람 국가에서 보낸 테러리스트들이 포함되어서 파리, 니스, 브뤼셀, 프랑크푸르트 또는 베를린 사건처럼 테러를 준비하고 있다고 주장하기도 한다. 불행히도 미국의 도널드 트럼프 전 대통령만 그런 생각을 하는 게 아니다.

2016년 12월 18일, 베를린 대학살을 일으킨 것으로 의심되는 튀니지 출신의 아니스 암리 Anis Amri의 사건은 가난포비아와 제노포비아를 가진 정당들에 힘을 실어주었다. 암리가 2011년 람페두사섬⑮에 도착한 난민이었고, 그 당시는 미성년으로 한 가정에서 보호를 받았기 때문이다.

이 경우 외국에서 온 가난한 사람들을 지지하는 정당들과 사람들

---

⑭ 스페인의 국민성과 문화를 비방한 비우호적인 역사해석이다.
⑮ 이탈리아 남부, 지중해의 몰타섬과 튀니지 사이에 있는 펠라기제도에서 가장 큰 섬.

에게 보이는 반발은 인간 이하의 삶을 살다가 우리나라에 오는 모든 이민자와 난민들을 거부하고 그들에 관한 의심을 퍼뜨리는 형태로 드러났다. 이는 증오 범죄의 독특한 요소인데, 여기서 대상은 개인이 아니라 그들이 속한 집단이다.

넷째, 증오 발언을 하거나 증오 범죄를 저지른 사람은 자신과 피해자 사이에 구조적 불평등이 있다고 확신하며 자신이 희생자보다 우월하다고 믿는다. 그리고 마르크스 방식에서 실재의 왜곡, 왜곡된 시선으로 이해되는 이데올로기로 벌어지는 일과 마찬가지로 그 우월감을 유지하기 위해 증오 발언을 사용한다. 그럼으로써 그 집단이 '구조적 우월성'을 강화하고, 피해자들의 종속적인 정체성을 유지하게 한다.[8]

인간이 최소한의 정의를 공유하고 좋은 삶, 충만한 삶에 대한 서로 다른 제안들을 선택할 수 있는 다원주의 사회를 구축하는 게 어려운 일만은 아니다. 물론 도덕적으로 다원화된 사회에서 공존을 이뤄가기는 쉽지 않다. 다양성을 잘 연결하려면 늘 정교한 세공술이 필요하기 때문이다.[9] 하지만 증오의 경우는 다양성뿐만이 아니라 공격자가 우월하고, 피해자가 열등한 계급에 속해 있다는 신념에 관한 것이기도 하다.

평등한 관계가 없으면 최소한의 정의를 공유할 수 없다. 피해자에게 존엄성과 존중 받을만한 가치가 있다는 인식도 사라진다. 증오 범죄는 현대 윤리의 최고 원칙을 명백히 위반하는 것이다. 칸트는 그 자체가 목적인 정언명령定言命令, Categorical Imperative ⓰의 공식을 제안한다.

"너 자신과 다른 모든 사람의 인격을 언제나 동시에 목적으로 대우하도록 행동하라."

이 원칙을 반대하는 공격자는 피해자를 동등한 인류, 동등한 존엄성을 지닌 인간으로 인정하지 않고 상대방을 수단으로 취급한다. 고려해야 할 주체가 아닌 객체로 취급하는 셈이다.

끝으로, 증오 발언은 폭력 선동 여부와 상관없이 입증하기가 매우 어렵거나 불가능하다. 실제로 입증을 하려고 하지도 않을 뿐더러, 경멸을 드러내고 여기에 함께 하도록 선동하기 때문이다. "그래야 할 정당한 이유가 하나도 없었는데도"가 바로 그 우화의 마지막 문장이다.

분명히 증오 범죄는 민주주의 사회에서 법철학자인 로날드 드워킨Ronald Dworkin이 최고의 덕으로 간주한 핵심 가치인 평등의 실현을 가로막는다. 증오 범죄와 발언을 극복하기 위해서는 공식적인, 그리고 비공식적인 교육과정에서 이 주제를 다뤄야 한다. 또한 정치 및 경제 제도들의 변화를 통해 평등을 이뤄내야 한다. 합리적이고 지각 있는 평등 인식이 없으면 인간의 존엄성은 당연히 침해될 수밖에 없고 정당한 사회는 만들어지지 못한다. 더불어 이런 범죄를 처벌하기 위한 법률, 형사, 행정 또는 반차별 원칙에 도움을 청할 수밖에 없다. 법에는 징벌 및 재활 기능뿐만 아니라 의사소통 기능도 있기 때문이다.

16 행위의 결과에 구애됨이 없이 행위 그것 자체가 선(善)이기 때문에 무조건 그 수행이 요구되는 도덕적 명령.

국가, 그리고
시민사회 협력

노숙자가 증오 범죄나 사건의 피해자가 될 수 있는 주된 위험 요소는 이들이 존중받을 자격이 없다고 믿고 그 신념에 따라 행동할 수 있는 사람과의 만남이다. 가난포비아적 증오 범죄를 저지른 사람은 자기 행동에 전적으로 책임을 져야 한다.[10]

2016년 내무부는 세 번째 「스페인의 증오 범죄」 관련 사건 보고서를 발표했다. 조사는 성공적이었다고 평가할 만하다. 스페인 국가안보부가 증오 범죄를 발견할 준비를 철저히 했기 때문이다. 물론 이 일의 장애물 중 하나는 경찰 기관이 형법이나 행정 위반으로 이어지는 증오와 혐오 및 거부 원인의 발생 시기를 평가하기 어렵다는 점이었다.

보고서의 목적은 특정 취약 집단의 위험을 최소화하고 이에 대한 사회와 언론의 인식을 고취하며, 무관용 원칙⑰ 태도를 가지며, 피해자가 정부, 경찰을 신뢰할 수 있도록 노력하는 것이었다.

보고서에서는 차별과 증오의 피해자가 있는 사회에서 가장 취약한 사람들을 보호하는 것이 국가의 임무임을 분명히 밝힌다. 그리고 범죄에 대해 설명하면서 가난포비아를 "가난한 사람들에 대한 증오 또는 거부"라고 분명히 말한다. 또한 "가난한 자, 무력한 자, 방치된 자에 대한 증오, 혐오 또는 적대감"[11]과 관련된 편협한 표현이나 행동이라고 기록한다.

정부가 만든 세 개의 보고서는 우리가 탐구하는 이 사회 병리가 진화하고 있다고 진단한다. 내무부 통계연감에 따르면 2013년에 총 1,172건의 증오 범죄가 발생했는데, 그중 4건이 가난포비아로 인한 사건이었다. 2014년에는 1,285건의 증오 범죄가 발생했는데, 그중 11건이 가난포비아 때문에 일어났다. 그리고 2015년에도 1,328건의 증오 범죄가 기록되었는데, 그중 17건이 가난포비아가 원인이었다.

이러한 자료를 통해, 아텐토 연구소는 이런 공격들이 실제로 발생했는지, 또는 오히려 공격당한 사람들이 신고하지 않거나 아무도 자신들을 신경 쓰지 않을 거로 생각했는지, 보복을 두려워하거나 신고하거나 처벌할 수 있는 범죄임을 알지 못했는지, 죄책감을 느끼며 자신의 상황이 그런 행동의 원인이라고 믿었는지, 불법적 상황에 놓여있기 때문에 경찰을 두려워하거나 경찰을 불신한 것이 아닌지 의문을 갖게 됐다.

앞서도 언급했듯이 경찰이 그런 범죄를 감지하는 데 어려움을 겪고 있고, 판사들에게도 어떤 사건이나 범죄의 원인이 가난에 대한 증오와 거부 또는 혐오인지를 판단하는 것은 매우 복잡한 숙제다.

반면 다양한 연구에서 얻은 자료들은 공격자들의 특징들을 파악하는 데 매우 유용하다. 미국의 NCH(노숙자를 위한 국가 연합)에 따르면, 지난 15년간의 연구에서 공격자의 85%가 30세 미만이고

━━━━━━
⑰ 사소한 규칙 위반에도 관용을 베풀지 않는 정책.

93%가 남성이었다.

2014년 12월 1일과 2015년 4월 30일 사이에 아텐토 연구소는 노숙자와의 인터뷰를 통한 조사를 진행했다.[12] 이 조사는 다음의 두 가지 내용을 염두에 두고 진행됐다. 즉 가해자와 피해자 사이의 구조적 불평등이 있고, 이것 때문에 피해자는 종속적인 정체성을 가질 수밖에 없다. 그리고 공격받은 사람은 스스로 소외되거나 노숙 생활을 하므로 공격 또는 굴욕을 당한다. 아텐토 연구소는 261명의 노숙자를 인터뷰한 후 다음과 같은 매우 중요한 결과를 얻었다.[13]

응답자의 47.1%가 노숙자 생활에서 가난포비아와 관련된 사건을 경험했고, 범죄 피해를 봤다. 10건 중 6건이 밤이나 이른 아침, 특히 피해자가 잘 때 발생했다. 이러한 범죄 또는 사건과 관련된 가해자의 87%가 남성이고, 57%는 18세에서 35세 사이였다. 28.4%의 사례에서, 이 범죄에 책임이 있는 사람들은 축제를 즐기던 사람들이었다. 자료에 따르면, 가해자는 보통 젊은이(38.3%)들이었다.

분석 대상이 된 사례 중 2/3의 사례에는 사건을 지켜 본 목격자가 존재했다. 그러나 목격자의 68.4%는 아무런 대처도 하지 않았다. 목격자의 36%는 우연히 사건을 보게 된 사람들이었는데, 10명 중 8명 역시 아무런 조치도 취하지 않았다. 2.7%의 목격자만이 경찰에 신고했다.

114명 중 15명만이 증오 사건이나 범죄에 대해서 자세히 설명하며 신고를 했지만, 이에 대해서 유죄 판결을 받은 사람은 아무도 없었다. 사건을 신고한 사람의 70%는 그렇게 하는 것이 소용없다고

가난포비아

말했고 11%는 가해자들의 보복을 두려워했다.

이런 자료들에 따르면 증오 범죄를 인정하고 이에 상응하는 벌을 주도록 촉구할 필요가 있다. 이것은 법이 가진 징벌적 또는 회복적 기능뿐만 아니라, 특히 사회에서 생길 수 있는 분명한 의사소통 기능을 위한 것이다. 법에는 사회가 특정 행동들을 용납하지 않는다고 기록되어 있다. 그 행동들이 정체성과 의미 있는 가치들을 침해하기 때문이다. 정확히 이 경우에는 구체적인 이름을 가진 개개인의 동등한 존엄성을 침해한다. 법의 의사소통과 교육적 기능이 절실히 요구되는 사안이다.

이 보고서에서 알 수 있듯 경찰은 이러한 유형의 행동을 막도록 훈련해야 한다. 경찰은 이런 피해가 발생하면 (특정인에 대한 공격이 언제 단순한 범죄에서 벗어난, 가난하다는 이유만으로 혐오하는 가난포비아 범죄인지 감지할 줄 알고) 피해자들을 최선을 다해 돌보며, 피해자들이 사회에서 보호받는다는 것을 느끼게 해야 한다. 무엇보다 이런 범죄에서 판사들의 판결은 분명하고 공정해야 한다. 특히 이런 혐오를 사회에서 용납하지 않는다고 인식하도록 사회적 민감성 social sensitivity을 강화해야 한다.

시민사회는 앞서 말한 단체나 조직을 만드는 일뿐만 아니라, 신고와 조사 및 제안 기능을 꼭 감당해야 한다. 정치권력이 발견하지 못한 불의한 상황들을 감지하고 피해자를 지원하려면 법과 국가는 꼭 필요하지만, 그것만으로는 충분치 않다. 시민사회의 기여가 꼭 필요하다.

오늘날로 말하면 아무도 구걸하지 않고, 생활고로 범죄 조직에 들어가지 않도록 이들을 위한 보호소를 요구하는 일을 감당할 수 있겠다. 시민사회는 빈곤 퇴치, 불평등 해소, 존엄성의 동등함을 느낄 수 있도록 사회를 변화시켜야 한다.

가난한 사람은
이득이 안 되는 사람

가난포비아는 다른 유형의 증오나 거부와는 다른 독특함이 있다. 여러 이유가 있지만, 비자발적 빈곤[18]이 사람들의 정체성을 나타내는 특징은 아니기 때문이다. 비록 정체성이 끊임없이 변하는 역동적 사회 환경과 대화를 통해 절충되지만, 민족성과 인종은 정체성을 이루는 분명하고 변함없는 요소 중 하나다. 성 또는 성적 지향도 정체성을 형성하는 일부분이다. 종교에 대한 신앙 고백은 신자가 그것을 믿기 때문에 하는 선택으로, 그 누구도 그것을 버리라고 강요할 권리가 없다. 마찬가지로 그 누구에게도 불가지론자나 무신론자에게 종교를 믿으라고 강요할 권리는 없다.

그러나 비자발적 빈곤은 한 개인의 정체성이 아닐뿐더러 선택의 문제도 아니다. 가난으로 고통받는 사람들은 가난을 체념적으로 수용할 수 있다. 마치 다른 환경은 없다는 듯 자기 가능성의 틀 안에서 선택하고 환경이 아주 조금만 개선이 되어도 고마워한다. 그것을 '작은 선물들'과 '순응적 선호Adaptive preferences[19]'라고 부른다. 우리는 이것을 비판적인 눈으로 봐야 한다. 그들은 그런 사실도 알지 못한

[18] 빈곤층에서 벗어나기 위해 애쓰지만, 어쩔 수 없이 빈곤층으로 전락함.
[19] 사회 과학에서 억압당하는 사람들이나 불리한 처지에 놓인 사람들이 자기 마음이 편해지는 방식으로 그 상황을 긍정적으로 재해석하는 현상.

채 계속 불행에 빠져있다. 자연·사회적으로 생기는 비자발적인 경제적 빈곤은 불행이며 21세기에는 이것이 제거될 수 있다.

물론 이런 주장이 나오기까지는 수십 년이 걸렸다. 가난한 사람들이 자기 상황에 대한 잘못과 책임이 있다고 생각한 것에서 가난이 사회가 꼭 근절해야 하는 자연·사회적 원인에서 비롯됐음을 깨닫기까지 진전이 있었다.

경제적 가난포비아를 없애기 위해서는 기본적으로 사람들을 교육해야 한다. 특히 평등 구축에서 시작해 가난을 없앨 수 있는 경제 및 정치 제도 구축이 뒤따라야 한다. 비자발적 빈곤은 사회악일 뿐만 아니라, 불균형적 관계가 혐오증의 기초를 만들기 때문이다. 불평등의 감소를 뜻하는 빈곤 퇴치에 대해서는 다음 장에서 다루겠지만 먼저 확인해야 할 게 있다.

원칙적으로 빈곤은 생존에 필요한 수단의 부족을 말한다. 하지만 단지 그것만을 뜻하는 건 아니다. 이 책에서는 아마르티아 센Amartya Kumar Sen[20]이 말한 빈곤의 특징을 선택할 것이다. 그가 말하는 빈곤은 자유의 결여, 즉 사람이 소중히 여기는 삶의 계획들을 이뤄나갈 수 없게 하는 것이다. 이미 알려진 바와 같이, 아마르티아 센과 누스바움Nussbaum은 모든 인간이 삶의 계획을 이루어 나갈 기본 능력이 있다고 생각한다. 그러나 이 책에서는 그 빈곤의 개념을 좀 더 확장해 보려고 한다. 범죄이면서 중요한 태도이기도 한 가난포비아는 좋지 않은 상황에 놓인 사람들에 대한 경멸과 거부다. 여기서 말하는 좋지 않은 상황은 경제적일 뿐만 아니라, 사회적인 상황을 말한다.

일상생활에서 이익을 얻을 수 있는 더 나은 상황을 선호하는 것, 이익을 얻을 수 없고 피해를 봐도 복수할 능력이 없어 보이는 아포로이 áporoi, 가난한 사람인 노숙자들을 버려두는 것은 인간의 본성이고 불의한 고통의 근원이다. 이런 사실을 인식하고 그것이 우리가 원하는 인간의 모습인지 자문하는 것은 인간성과 비인간성 사이의 선택의 문제다.

따라서 가난포비아의 깊은 뿌리를 발견하고 원인을 조사해야 한다. 가난한 사람은 항상 멸시당할 수밖에 없고 실제로 그런 태도를 바꿀 수가 없는 것인지, 아니면 인간의 가장 기본 성품에 반하는 것임을 이해하면서 수정해 나갈 수 있는지를 알아봐야 한다. 이것은 도덕 교육이 직면한 도전이며 이 도전에 정치 및 경제 제도들이 뒤따라야 한다. 학교나 가정에서만 교육하는 것이 아니라 경제·정치·언론도 교육해야 하기 때문이다.

이에 앞서 가난포비아와 같은 결인 증오 발언을 좀 더 살펴볼 것이다. 증오 발언은 때때로 증오 사건 및 범죄를 저지르도록 선동한다. 따라서 증오 발언은 그 자체로 하나의 범죄다.

[20] 인도의 경제학자로 기아와 빈곤 문제에 초점을 맞춘 경제학의 틀을 확립하는 데 공헌하여 1998년 노벨경제학상을 수상함.

3장

증오 발언

최근에 살인을 비롯한 많은 사건의 원인이 '증오 발언Hate speech'이라는 결과가 나오면서, 이에 대한 논의의 필요성이 제기됐다. 2015년 1월, 풍자 주간지인 〈샤를리 에브도Charlie Hebdo〉 사무실에서 12명이 살해당했는데, 이것은 몇 해 전부터 게재해온 무함마드 만평과 관련이 있는 테러였다. 이 주간지는 2016년 9월 2일 296명의 사상자를 낸 이탈리아 중부 소도시인 아마트리체 지진 피해자들을 이탈리아 요리 접시와 비교한 풍자 그림을 실었다.

피할 수 없는 논쟁

유럽의 포퓰리스트 정당들의 발언에는 제노포비아와 특히 정치 난민들의 위기 원인인 가난포비아에 대한 메시지가 들어있다. 그리고 도널드 트럼프가 미국 대통령으로 집권할 당시 모욕적인 언어를 사용하는 캠페인도 멕시코 이민자들을 반대하는 가난포비아와 제노포비아를 담고 있다. 이슬람 국가 ISIS, ISIL가 내보내는 비디오에는 사이버 공간에서 폭력적인 발언과 죽음과 정복에 대한 위협의 메시지가 담겨 있다.[1]

  다양한 집단을 언급하고 다양한 표현 형식을 사용하지만, 사실 증오 발언은 인류만큼이나 오래되었고 문화의 복잡함만큼이나 널리 퍼져있다. 그러나 다원 민주주의[21] 사회에서 이런 일들이 변하고 있다. 첫째, 이런 발언이 법적 처벌을 받았고, 종종 '증오 범죄'로 간주 될 수 있다. 둘째, 사이버 공간은 법적 통제가 거의 불가능하다. 셋째, 사회가 성숙해질수록 증오 발언이 민주적인 공존에 방해되지 않는지를 자문하기 때문이다.

  민주주의 국가에서는 증오 발언도 표현의 자유라는 의견과 그것

---

[21] 서로 다른 사상이나 의견 따위가 다양할 수 있음을 인정하는 민주주의.

은 사회가 보호해야 하는 또 다른 선을 위반한다는 의견 사이에서 논쟁이 생길 수 있다. 물론 표현의 자유는 개방 사회의 기본 권리이며 반드시 지켜지고 강화되어야 한다. 하지만 그것은 절대적 권리가 아니다. 다른 법이나 기본 권리를 침해할 경우 제한을 받을 수 있다.

예를 들어, 표현의 자유와 정보에 관한 스페인 헌법 제 20조 4항에는 "이러한 자유는 기본 권리, 이를 실행하는 법률의 규칙들 (명예, 사생활, 자아상, 청소년 및 아동 보호 권리)에 관한 제한이 있다."[2] 라고 나와 있다. 분명 이런 경우 용어들이 매우 모호하기 때문에 그 한계를 설정해야 한다. 따라서 관련 토론은 이러한 한계가 무엇인지를 명확하게 하며 이를 확립하기 위한 기준을 제공하는 데 중점을 둔다.

그리고 이것은 약자들, 자신을 방어할 기회가 많지 않은 사람들, 다양한 상황에 놓인 아포로이(가난한 사람)들이 방치되지 않기 위해서 필요하다. 그래서 이 장에서는 문제 해결을 고려해 '표현의 자유 축소 또는 무제한적 표현의 자유'라는 양자택일을 극복하는 데 도움을 주기 위한 제안을 할 것이다.

인간이 자주 딜레마에 빠지는 건 아니지만, 해결해야 할 문제들을 만나는 건 사실이다. 개인적으로 법과 윤리 사이에 불가피하게 생기는 갈등은 그 문제를 법적 관점에서 제기할 때만 해결할 수 있다고 본다.

**표현의 자유일까,
자존감을 지킬 권리일까?**

이전 장에서 살펴본 것처럼, 증오 발언과 범죄는 특정 집단에 속한 개인을 대상으로 한다는 공통점이 있다. 공격자들은 특정 집단을 증오의 눈으로 바라보며 낙인찍고, 경멸할만한 특징을 보이는 추측성 가짜 과학 이론들이나 이야기로 그들을 깎아내린다. 그리고 증오 발언 및 공격을 하는 사람들과 낙인찍힌 집단 사이에 구조적인 불평등이 있음을 밝힌다. 증오 발언은 단순한 모욕이 아니다. 그들은 정확한 근거를 대지 않은 채 폭력을 선동하거나 변명만 늘어놓는다.

이런 증오 범죄는 형법상 범죄 행위다. 이 범죄는 공격자가 자신과 다르다고 여기는 상대를 배척하고 그들에 대해 우월감을 느끼기 때문에 발생한다. 그런 공격이 범죄 행위가 되려면 적어도 두 가지 사항이 충족되어야 한다. 그 행동이 형법상 범죄로 분류되고 굴욕적인 학대나 신체 공격 등이 있어야 한다. 그리고 특정 사회 집단에 대한 편견이 그 행위의 동기가 되어야 한다.[3] 그때 형법 또는 행정법 위반이 된다.

증오 발언 역시 범죄로 간주할 수 있다. 따라서 원칙적으로 법적 분야에서 다음과 같은 문제가 제기된다. 첫째, 어떤 형태의 발언이 '증오 발언'이 되고, 형법, 행정법, 차별금지법을 통해 처벌되어야 할까?[4] 둘째, 자유주의 사회의 기본권인 표현의 자유와 자존감을 지킬 권리, 평화로운 사회 통합과 인간의 의무 인식을 어떻게 조화롭게 할 수 있을까?[5] 셋째, 헌법으로 확립된 가치의 관점에서 근거가 약하거나, 헌법으로 보장된 인간 존엄의 관점에서 거부감을 일으키는 것을 포함한 표현에 대한 자유를 보호해야 하는가? 왜냐하면, 증오 발언(일반적으로 표현의 자유 원칙으로 보호되지 않는다)과 무례하고 평판을 깎는 발언(표현의 자유에 의해 보호됨)은 구분해야 하기 때문이다.[6]

이 질문들에 대답하려는 노력이 필요하다. 첫째, 당연히 표현의 자유는 열린사회에서 꼭 필요하다. 누구나 서로 다른 목소리를 표현하고 들을 수 있다. 보통 특정 표현을 금지하는 것은 전체주의 Totalitarianism ㉒의 변명이 될 수 있다.

베네수엘라와 중국 또는 북한과 같은 국가의 국민은 오랜 역사 동안 이런 경험을 많이 했다.[7] 그러나 두 번째로 살펴보면 표현의 자유는 형법상으로 보호하는 이익을 훼손할 때 제한되는데, 증오 발언이 그런 법익을 훼손할 수 있다. 그때 이런 발언은 범죄로 인식되고 처벌되어야 한다. 법은 처벌과 회복 기능만 수행하는 게 아니라, 의사소통의 기능 역시 수행하기 때문이다.

전문가들이 말한 것처럼 그런 발언이 증오나 차별을 선동하고 공격하며, 옹호한다는 이유로 특정 가치와 헌법상 권리들을 공격하는 것으로 여겨져 처벌되는 경우는 극히 드물다.[8] 그런 어려움은 주관적인 관점뿐만 아니라 객관적인 관점에서도 생긴다.

가난포비아

객관적인 관점에서 그 발언을 범죄로 보기 위해서는 헌법 권리나 가치와 관련이 있거나 단순한 의견 표출이 아닌, 폭력적 행동을 부추기는 선동이 포함되어야 하기 때문이다.

그리고 경험에 의하면, 특정 발언이 언제 폭력을 조장하는지를 결정하는 문제에 대해서 종종 다양한 해석이 생긴다. 아마도 이런 해석을 할 때, 존 롤스John Rawls가 말한 '판단의 부담the burdens of judgment㉓'이 생길 것이다.

여기에서 가장 중요한 점은 우리가 오랜 역사를 통해 얻은 경험을 바탕으로 이런 자료를 평가한다는 점이다. 그런데 각자의 경험이 다 다르므로, 다양한 평가에 따라 해석이 이루어질 수밖에 없다. 정치적 압력, 특히 정치적으로 올바른 사회력Social force㉔도 그 해석 과정에 중요하게 작용할 수 있다.[9]

후자의 경우에서, 강력한 사회 집단들은 그들을 공격하는 발언을 범죄로 여기거나 사회적으로 용인될 수 없는 것으로 간주한다. 반대로 그 집단이 사회적인 힘이 없다면, 그들을 공격하는 발언을 자유로운 표현으로 넘긴다.

다시 가난포비아의 문제를 생각해보자. 보상이든 복수든, 압력을 행사할 힘이 없는 사람은 자신의 자존감도 지키지 못한다. 그리고 이 주제를 다룬 훌륭한 작품들에서 가난한 사람들에 대한 증오 발언

㉒ 개인은 전체 속에서 비로소 존재가치를 갖는다는 주장을 근거로 강력한 국가권력이 국민 생활을 간섭·통제하는 사상 및 그 체제.

㉓ 갈등 상황에서 요구되는 가장 고민스러운 선택.

㉔ 인간의 사회 행동이나 사회 현상을 일으키는 원동력.

을 다루지 않는다는 것은 참으로 이상한 일이다.[10]

일부 저자들은 이런 발언이 언제 범죄가 되는지 판단하기가 어렵기 때문에 형법을 최후의 수단으로 생각한다. 그래서 민사상 보상 또는 행정적 처벌처럼 강도가 덜하지만, 더 효과적일 수 있는 방법들을 알아보는 게 낫다고 여긴다.[11]

주관적 관점에서도 범죄 행위의 동기가 증오임을 감지하기는 매우 어렵다. 그리고 이 문제를 바라보는 주관적 관점이 이런 유형의 범죄가 여전히 처벌받지 않은 채로 남게 되는 또 다른 이유 중 하나다.

따라서 일부 저자들은 객관적 근거가 부족한 주관주의 세계에서 길을 잃게 된다. 이런 행동이 범죄가 될 때를 구별하기 어렵기에 개인과 집단에 해를 끼치는 증오 발언의 존재를 회피할 위험이 있다고 본다. 그들은 형법의 관점에서만 증오 발언 문제를 다루지 말고, 행정법과 차별금지법의 공간을 갈수록 더 넓혀 나가길 조언한다.[12]

나는 이런 복잡한 세계에서 이전의 길을 유지하면서 보완해줄 수 있는 다른 길을 열어야 한다고 생각한다. 그러나 이것은 단순히 다른 방법을 추가한다는 뜻이 아니라, 개방적이고 민주적인 사회에서 윤리적인 뿌리를 두고 그 안건을 개선한다는 의미다.

급진적 민주주의 건설

스페인의 헌법 교수인 미겔 레벤가Miguel Revenga는 그의 논문 「증오 발언과 형용화된 민주주의: 관용적, 비타협적, 전투적 민주주의Los discursos del odio y la democracia adjetivada: tolerante, intransigente, ¿militante?」에서 사회가 표현의 자유를 지키기 위해 도달할 수 있는 한계를 기준으로 세 가지 민주주의 모델을 구별한다.[13] 분명 증오 발언이 그 자체로 해로울 수 있지만, 일부 저자들은 표현의 자유 수준이 한 나라의 민주주의 수준을 드러냄을 강조하기도 한다.[14]

레벤가가 말하는 관용적 민주주의Tolerant democracy 모델은 미국에서 영감을 받았을 것이다. 표현의 자유 보장 권리는 미국 수정 헌법 제1조에 해당하는 법률 해석을 바탕으로 하기 때문이다.[15] 법치 국가에서는 예외적인 경우에도 자유를 보호해야 하고, 관용은 자유를 실행하는데 핵심 덕목으로 간주된다.[16]

관용을 이해하는 방식의 모범적 사례는 스코키Skokie 사건이다. 1978년, 프랭크 콜린Frank Collin이 이끄는 신나치Neo-Nazis 당은 일리노이주에서 유대인이 다수 거주하는 도시인 스코키에서 홀로코스트㉕ 존재 부정을 포함한 반유대 시위를 열게 해달라는 소송을 냈다. 이

㉕ 2차 세계 대전 중 나치 독일이 저지른 유대인 대학살.

지방 당국은 그 집회를 불허했지만, 연방 대법원은 표현의 자유를 막을 수 없다며 그들의 손을 들어주었다.

두 번째 모델은 비타협적 민주주의Intransigent Democracy로 유럽 모델을 따른다. 증오 발언에 있어서 표현의 자유를 좀 더 제한한다. 이런 태도가 나타난 배경에는 홀로코스트 경험이 있다고 할 수 있는데, 이른바 과학적인 포퓰리즘 발언을 용인하는 데서 시작했다. 이 발언들은 직간접적인 혼란과 폭력으로 발생했고 체계적인 학살로 이어지기도 했다.

한편으로 표현의 자유를 제한하는 이 태도는 유럽에서 뿌리내린 체면 문화를 바탕으로 한다. 어떤 식으로든 모욕법을 유지하고 자유의 한계로 작용한다. 구체적으로 헌법재판소에 따르면, 헌법은 모욕할 권리를 보호하지 않는다.

세 번째 모델은 전투적 민주주의Militant Democracy다. 이것은 1937년 칼 뢰벤슈타인Karl Loewenstein의 「전투적 민주주의와 기본권Militant Democracy and Fundamental Rights」이라는 논문에서 따온 용어다.[17] 여기서 칼 뢰벤슈타인은 1919년 바이마르 공화국의 취약한 민주주의를 보완할 새로운 모델이 필요하다고 했다. 전투적 민주주의 헌법에는 개혁 방지 조항과 헌법 질서를 거스르는 정당들의 합법화를 막는 조항들이 포함되어야 한다.

그에 따르면, 이것은 국가사회주의Nationalsozialismus 경험에서 영감을 받았다. 그러나 또한, 이런 민주주의 모델은 시민들에게 헌법적 사상에 긍정적 지지를 하도록 요구하는데, 내가 볼 때 이것은 법의 기능을 능가한다.

얄궂게도 바이마르 공화국의 취약한 민주주의의 대안인 전투적 민주주의는 1984년 벤자민 바버Benjamin Barber가 제안한 강한 민주주의Strong Democracy로 이어진다. 이 미국 정치학자에 따르면, 바이마르 공화국 자유 민주주의의 약점은 정치와 함께 시민 책임을 약화시켰다.

따라서 정치적으로 약한 시민은 하멜른의 피리 부는 사나이 이야기에 등장하는 순진한 아이들처럼 히틀러의 제안과 같이 강력하고 압도적인 제안에 매력을 느꼈다. 이에 대한 방지 대책으로 벤자민 바버는 루소Rousseau와 월트 휘트먼Walt Whitman ㉖의 노선을 따라 참여 민주주의를 통해 공공 업무에서 시민 참여를 장려했다.

그러나 강한 민주주의는 혈연이나 이데올로기에서 나온 기본 단위를 통해 시민권을 응집하는 단일 민주주의Unitary Democracy가 아니다. 참여 자체가 긍정적인 것은 아니고, 그 원칙과 목표들을 꼭 알아야 한다. 그 원칙과 목표들이 국가사회주의에서 시민 참여를 말살했고, 이 때문에 바버가 제안한 강한 민주주의는 다원주의를 원칙으로 했다. 절차와 대화, 토의는 전체 의지㉗에서 일반 의지 ㉘로 이동했다. 이 결정으로 '나는 이게 좋아'에서 '우리는 그런 세상을 원해'로 변화했다.[18]

이 세 가지 모델은 저마다 빛과 그림자가 있고, 시간이 지남에 따

㉖ 목수이면서 민중의 대변인으로, 혁신적인 작품들을 통해 미국의 민주주의 정신을 표현한 시인.
㉗ 루소의 국가론에 나타나는 중심 개념으로 개인적 이익을 추구하는 특수의지의 합계.
㉘ 전체 의지와 달리 개인의 이기심을 버린 공공의 이익을 지향함.

라 서로 유사해졌다. 관용적 민주주의는 좋은 의견은 생존 경쟁에서 살아남지만, 나쁜 의견은 금지할 필요도 없이 사라질 것이라고 확신하며 표현의 자유를 지키게 됐다.[19] 장기적으로는 성공할 수도 있고 실패할 수도 있지만, 단기적으로 성과를 거둘 수 있다는 그 확신은 타인에게 해를 끼치며 자유 행사를 제한한다.

사실 현대 자유주의 세계가 개인의 자유를 결정하는 기준은 바로 타인의 자유에 끼치는 피해다. 폭력적 행동 선동 여부와 상관없이, 타인에게 해를 끼치는 발언은 그 자체로 '현대인의 자유'를 침해한다. 현대인의 자유란 자유 행사를 간섭받지 않는 것이다.[20] 따라서 관용의 덕목은 늘 편협함을 넘어서지만, 편협한 사람들의 언어 활동을 지지할 수도 있다. 따라서 내가 볼 때, 관용은 편협의 한계를 넘어서지만 실제로 편협을 넘는 덕목은 적극적인 존중이다.

한편, 비타협적 민주주의는 표현의 자유를 과도하게 제한할 수 있어 체면 문화를 자존감의 문화로 대체해야 했다. 자존감은 유럽문화와 앵글로색슨 문화가 존중하는 기본가치로 존 롤스도 그것을 기본가치 중 하나로 여겼다. 기본가치는 삶의 계획을 세울 때 모두가 갖고 싶어 하는 것이다.

모든 사람은 권리를 즐기고, 경제적 자산을 갖고, 자존감을 지키고자 한다. 자존감은 평생 흥미로운 계획들을 이루어 나가는 동안 자신의 힘을 믿게 해준다. 명예권이 유럽 법령에 반영되어 있지만 21세기에는 판단하기 어려운 가치인 반면, 자존감은 널리 인정받는다. 적극적인 존중은 자존감과 같은 가치를 훼손하지 않기 위한 덕목으로서 증오 발언을 약화하는 윤리의 열쇠가 될 것이다.

전투적 민주주의는 민주주의 사회 건설 프로젝트에 시민이 참여하기 때문에 원칙적으로 가장 매력적이지만, 적어도 두 가지 심각한 한계가 있다. 첫째, 헌법의 손이 닿을 수 없는 것은 인정되지 않는다. 헌법 절차에 따라야만 모든 내용이 변경될 수 있기 때문이다. 둘째, 헌법 원칙들과 시민의 적극적인 책임이 요구된다. 과연 시민들에게 민주주의적 원칙 방어에 적극적으로 참여하고 그 원칙을 위반하지 않도록 법적으로 요구할 수 있을까?[21]

이즈음에서 칸트가 소개한 법적 자유와 도덕적 자유의 차이점을 떠올리는 게 좋을 것 같다. 법적 자유는 외적 자유, 즉 사람들의 외부 관계를 규제하는 자유로, 이는 타인에게 끼칠 수 있는 피해를 기준으로 한다. 국가는 개인이 타인의 자유를 존중하도록 법적인 강제력 사용하는데, 강요받는 사람이 그 법에 대해서 내리는 평가와는 상관이 없다.

한편, 도덕적 자유는 내적 자유로 개인의 자율성 즉, 각 주체가 자신에게 법을 부여하고 스스로 의무를 지우는 능력이다.[22] 그러므로 자기 강제self-coercion와 개인 덕목 발달 영역은 아무도 강요할 수 없는 개인의 선택이다. 따라서 칸트는 법에 자유 영역에서 목적이 덕을 가르치는 것이 아니라 봤다. 적합한 것이 무엇인지 설명할 때 법의 규칙이 행위의 동기가 되어서는 안 된다고 덧붙인다.[23]

개방 사회 시민에게 법의 원칙을 행위의 동기로 삼으라고 요구할 수는 없다. 오로지 그 원칙들을 위반하지 말라고만 할 수 있다. 앞에서 말한 것처럼 전투적 민주주의는 인정되지 않을 것이다. 그러나 법이 닿지 않는 곳에서는 민주주의가 작동하기 위해 시민 윤리가 반드시 필요하다.

그 윤리의 배양은 사회 전체의 책임이며, 공식적·비공식적 교육, 학교와 가정, 미디어, 중요 인물들의 모범 사례, 독특한 '윤리성' ㉙을 형성하는 조직과 기관의 구성을 통해 전해진다.

헤겔은 당연히 그래야 하는 것을 규정하는 것만으로는 충분하지 않고, 도덕이 사회 제도, 습관 및 관습에 통합되어야 한다고 믿었다. 그는 그것을 윤리가 개인 생활과 사회 제도에 통합되는 '윤리성'이라고 불렀다.[24]

그런 의미에서 윤리의 역사는 세 개의 큰 단계로 구분될 수 있다. 각 단계에는 두 가지 유형의 윤리 이론이 포함되어 있다. 혁신적 제안을 하는 이상주의적 이론과 그 제안을 사회 기관에서 구현하는 또다른 이상주의적 이론이다.

첫 번째 단계는 플라톤과 아리스토텔레스의 단계다.

두 번째는 칸트와 헤겔의 단계다.

세 번째는 20세기에 칼-오토 아펠 Karl-Otto Apel과 위르겐 하버마스 Jürgen Habermas가 시작한 담론 윤리 ㉚ 단계다.

그 이후로 담론 윤리는 응용 윤리 Applied Ethics ㉛의 혁명을 통해 민주 사회 기관들에 통합됐다. 즉, 인간 발달과 경제 및 사업 윤리, 생명 윤리, 미디어와 정치 및 교육, 직업윤리 또는 사이버 윤리 Cyberethics로 통합됐다.[25] 이 모든 형태의 윤리는 이미 다양한 사회 영역에 스며있고 도덕적 요구 사항을 제시하며 가치 실현과 덕목의 배양을 요구한다. 이러한 발전은 모든 영역에서 대화적이고 민주적인 윤리성을 바탕으로 사회구성원을 묶어주는 상호 주관적인 연결 고리를 강화한다.[26]

이에 따라 증오 발언과 표현의 자유 사이에서 갈등이 생기면 법적 해결책뿐만 아니라 민주적 윤리성의 배양이 꼭 필요하다. 그렇지 않으면, 규칙은 법적·사회적 강요에 근거해서만 작용하게 된다. 이미 그 한계는 충분히 입증됐다.

민주적인 윤리 배양은 자유를 신성시하지만, 평등한 자유 Equal liberty 는 대화와 상호 존엄성 인식으로 이루어진다. 이것은 공동 의사 결정을 위해 합쳐지는 세분화된 개인들이 아닌, 관계를 이루는 사람들이라는 인식으로 이루어진다. 따라서 최고의 덕목은 인간의 존엄성을 적극적으로 존중하는 것이다. 관용하되 그것을 넘어, 단순한 가격이 아닌 존엄성을 가진 사람들에게 상처를 주지 않고 관계를 깨지 않기 위해 노력하는 것이다.

---

[29] 특정 사회에서 합의된 사회적, 도덕적 가치와 규범을 통해 윤리적 상태와 특징, 방식에 관해서 하는 교육.

[30] 토의윤리로도 불리며 폭력으로부터 자유로운 방식으로 보편적이고 기본적인 합의를 형성하고자 하며 도덕적인 충돌을 그런 방식으로 해결하는 것에 초점이 맞추어진 윤리학.

[31] 이론 윤리와는 달리 삶의 현장에서 제기되는 윤리적 쟁점을 다룸.

증오 발언의 불행

'증오 발언'이라는 표제에서 사용된 두 명사는 적확한 표현이 아니다. 두 명사의 적확한 의미를 드러내는 것이 앞으로 내용을 전개함에 있어 중요하다.

먼저 '증오'라는 용어에 대해서 말하자면, 우리가 하는 발언과 범죄들은 늘 그렇게 깊은 감정이나 느낌 때문에 생기는 것이 아니다. 일상생활에서 우리는 '증오'를 매우 강렬한 감정으로 이해한다. 마리아 몰리네르^{María Moliner}**32**는 증오를 '해를 끼치거나 그러한 욕구를 가진, 누군가를 향한 격렬한 반발감'이라고 본다. 이런 의미에서 글룩스만은 증오가 실제 존재하고 파괴적임을 강조한다. 그의 말에도 일리가 있다.

그러나 우리가 말하는 증오 발언에는 덜 급진적이지만 그것으로 고통받는 사람에게는 여전히 해로운 또 다른 형태의 혐오와 거부도 포함된다. 스페인어 사전에 나온 뜻에 따르면 앞서 살펴본 내용과 더불어 '누군가 또는 무언가에 대한 과도한 혐오'를 뜻하기에, '혐오'를 뜻하는 접미사로 사용되는 '포비아^{phobia}'라는 단어가 더 적합할 수 있다.

오히려 그것은 가난한 사람에 대한 혐오나 거부인 가난포비아 상황일 것이다. 가난을 불쾌한 것으로 가난한 사람을 문제를 일으키고 어떻게든 해를 끼치는 존재로 보기 때문이다. 그러나 여기에는 단순히 가난한 사람뿐만 아니라 의지할 곳이 없는 사람, 비참한 상황에서 지원을 받지 못하는 사람, 힘이 없다는 이유로 비판과 위협, 욕설을 당하는 사람도 포함된다.

정치와 기업, 대학, 학교, 공장을 비롯한 모든 곳에서 마태복음의 원칙인 '가진 사람은 더 받아서 차고 남을 것이며, 가지지 못한 사람은 가진 것마저 빼앗길 것이다.'[33]가 적용된다. 그 경우마다 가난한 사람들은 그 시기와 장소에서 힘없는 존재다. 그리고 그들은 증오심이 포함된 혐오와 거부가 있는 발언을 하고 좋은 형편에서 늘 추종자를 거느리는 사람들의 반대편에 서 있다.

그 발언이 증오 범죄인지를 결정하는 판사에게는 그 안에 감추어진 뜻이 증오라고 판단할 만한 기준이 필요하다. 하지만 윤리적 관점에서 볼 때는 어떤 종류의 힘이든 간에 힘으로 그들을 거부하고 헐뜯는 사람은 공정하고 우호적인 공존 가능성을 깨뜨린다. 그리고 이런 공격자들은 굴욕과 모욕을 당한 사람들과의 관계를 끊고 자신의 품위도 떨어뜨린다.

'발언'이라는 단어에도 문제가 있다. 발언이라는 말은 단순 욕설이나 분노 표출을 담아낼 수 없다. 그러나 지금 여기서는 증오 발언 자체에 대한 비판을 위해 이 단어를 사용하고 있으므로, 이에 대한 세 가지 중요한 결점을 살펴보자.

[32] 스페인의 사전 편찬자.
[33] 마태복음 13장 12절(새번역).

첫째, 이 발언은 대화가 아닌 독백이다. 늑대와 어린 양의 이야기에서 살펴볼 수 있듯 늑대는 어린 양에게 독설을 퍼붓지만 양의 대답은 들을 생각이 없다. 이런 발언이 독백인 이유는 화자가 청자를 대화 상대자 또는 함께 대화할 권리가 있는 주체가 아닌 가치가 없는 대상으로 여기기 때문이다.

이 행동 방식은 가장 기본적인 언어적 관점으로 봐도 정당하지가 않다. 몸짓을 포함한 음성 언어를 통해 다른 사람에게 말을 거는 화자는 청자와 관계가 있다고 생각한다. 청자는 화자를 이해할 수 있고, 화자에게 동의 또는 반대하는 의견을 표현할 권리가 있다. 즉, 청자는 타율적인 주체가 아니라, 자율적인 주체로 볼 수 있다는 점이다.

의사소통행위 이론The Theory of Communicative Action에서 보듯 발언이란 대화자들이 서로 이해하려고 시도하는 의사소통의 한 유형이다. 그렇지 않으면, 의사소통이란 게 존재하지 않기 때문이다. 양자 간에 최소한의 이해도 없다면, 말하기는 의미가 없다.[27]

늑대와 어린 양 사이에 벌어진 일처럼, 모든 의사소통 행위에는 철학적 용어로 필연적인 화용론적 전제Pragmatic Presupposition ㉞ 가 있다고 말할 수 있다. 의사소통 행위에 의미를 부여하는 것이다.

대화자들 사이에 상호 인식 관계 즉, 논리적-화용론적 관계가 있는 것을 말한다. 청자의 대화 능력을 거부하고 대화 주체가 아닌 객체로 취급하는 것은 인간 언어를 가능하게 하는 상호주관성Intersubjectivity ㉟ 을 깨뜨리고 그 발언이 의미가 없음을 인정하는 꼴이 되는 것이다.

이는 앞뒤가 맞지 않은 수행적 모순Performative Contradiction이라고 말할 수 있다. 말을 하는 주체만이 말을 걸 수 있는 발언을 통해 대화자를 객체로 취급하는 데서 생기는 모순인 것이다. 화자는 의미론적 수준Semantic Level ㉟ 에서 원하든 원치 않든, 화용론적 수준의 관계를 깨뜨린다.[28]

표면적으로 대화 형식인 독백을 뜻하는데 증오 발언에는 그런 독백의 특징이 있다. 증오 발언자는 대상인 집단을 대화에 참여할 수 있는 주체가 아닌, 경멸당하고 오명을 쓰고 낙인찍히거나 조종되는 객체로 인식할 수 있다. 다시 말해 경멸과 거부를 당하는 객체로 바라본다는 점이다.

둘째, 증오 발언은 그 자체로 사람들을 모욕하고 해를 끼칠 수 있다. 따로 그들을 죽이고 그들에게 상처를 주거나 나쁜 행동을 하라고 부추길 필요가 없다. 여러 저자가 정확히 지적했듯, 의사소통이 곧 행동이다. 사람들은 이 사실을 너무 자주 잊는다.[29] '말은 곧 행동이다.'

어떤 말이 폭력적 행동을 자극했는지 상관없이, 그 발언은 후속 공격과는 다른 행동으로 그 자체로 해로울 수 있다. 그것의 범죄 여부는 판사들이 판단할 문제이기에 그 발언이 법률적 이익에 해를 끼

㉞ 특정한 맥락과 장면 속에서 파악할 수 있는 전제.
㉟ 집단 또는 개별적 인간 간 공유된 일련의 이해.
㊱ 말이나 글의 이해와 해석으로 주성분은 단어.

치는지는 확인이 필요하다. 하지만 윤리적 관점에서 볼 때 다른 사람들을 배제하고 명예를 실추하고 사회 참여 권리를 박탈하면서 오명을 씌우는 것은 그 자체로 해롭다.

셋째, 증오 발언이 '우리'와 '그들' 사이의 불균형하고 급진적인 불평등 관계를 만든다는 사실 자체가 민주주의적 에토스ethos㊲의 기본 원칙을 훼손한다. 민주적인 특징 없이는 민주주의 사회가 형성되기 어렵다. 자유를 포함한 다양한 가치가 필수적이지만, 최소한의 평등은 민주주의 전통의 위대한 유산이다. 평등한 자유는 인간을 바탕으로 한 급진적 민주주의㊳의 큰 계획이다.

적어도 헤겔과 함께 태어난 철학적 전통에서 보여주듯 상호 인식은 공정한 사회의 열쇠다. 증오 발언은 상호인식의 부재를 뜻한다. 이 전통은 오늘날 담론 윤리에 포함되어 있는데, 칼-오토 아펠과 위르겐 하버마스가 만들고, 찰스 테일러Charles Taylor, 폴 리쾨르Paul Ricœur, 악셀 호네트Honneth, Axel, 헤수스 코닐Jesús Conill, 도밍고 가르시아-마르사Domingo García-Marzá, 후안 카를로스 시우라나Juan Carlos Siurana와 같은 저자들이 재구성하고 완성했다.[30]

이쯤에서 칼-오토 아펠의 훌륭한 책 『철학의 변형Transformation der philosophie』을 인용하려 한다.

언어적 의사소통이 가능한 모든 존재는 인격체로 인정받아야 한다. 왜냐하면, 그들은 모든 행동과 발언에서 잠재적 대화자들이고, 모든 대화자와 그들이 하는 논의의 실질적 기여도를 포기할 수 없기 때문이다.[31]

따라서 사람들을 타당한 대화자로 상호 인정하는 것은 합리적 발언의 열쇠다. 증오 발언은 한나 아렌트^{Hanna Arendt} ㉟가 말했듯이 절대 훼손되지 말아야 할 인간의 상호주관성을 깨뜨린다.

㊲ 사람에게 도덕적 감정을 갖게 하는 보편적인 도덕적 · 이성적 요소.

㊳ 정당 중심의 민주주의의 한계를 극복하고, 지역의 공동체적 유대를 회복하며, 인민 주권을 실현하고자 하는 민주주의.

㊴ 독일계 유대인 정치철학자이자 공동체주의 사상가.

적극적인 존중으로
만들어지는 자유

증오 발언 문제를 법적인 관점에서 보자. 발언의 범죄적 특징이 표현의 자유를 제재해야 한다고 여기게 하는 시점을 결정하기가 어렵다. 증오 발언과 표현의 자유 사이에는 제로섬 게임이 벌어지는 것으로 보기에 해결이 좀처럼 쉽지 않다.

전체주의 사회는 표현의 자유를 억누르고 신문, 사설, 언론을 폐쇄하고 반체제 인사를 투옥한다. 반면 개방된 사회는 표현의 자유를 인정하고 높이 평가해 계속 키워나간다. 진정한 민주적인 사회를 원한다면 존엄성을 서로 인정해야 한다.

적극적인 존중과 표현의 자유는 그 무엇도 약화하거나 폄하될 수 없다. 그것들의 양립을 위해서는 시민 윤리가 선행되어야 한다. 이 윤리는 법으로 세워진 민주주의 사회의 특징이고 영양분인 상호 인정에 기초한다.[32]

다원적이고 민주적인 사회의 시민 윤리는 공정한 것에 대한 모든 대화의 매듭을 짓는 대표들과 시민들, 기관 사이의 공동 책임 윤리다. 증오 발언은 공존을 약화하고 상호주관성을 깨뜨리며 대인 관계를 끊는다. 민주주의 사회의 수준은 처벌받을만한 범죄의 유무와 타인에게 해를 끼치는 정도로 측정되는 게 아니라, 존엄성의 상호 존중과 인정의 수준으로 정해진다.

무엇보다 표현의 자유 수준이 민주주의 사회의 수준을 측정하는 유일한 온도계는 아니다. 이를 측정하기 위해서는 상호 존중의 온도를 재봐야 한다. 상호 존중의 온도를 확인해 보면 낮을수록 제멋대로인 자유주의가 번성하고 민주주의 사회의 본질인 평등한 자유가 존중되지 않는다는 점을 발견할 수 있을 것이다.

시민들을 피부색, 인종, 종교적 신념, 이념, 장애 또는 경제의 빈곤 여부로 거부나 경멸, 증오할 존재가 아닌, 존엄한 대화 상대이자 동포로서의 도덕적 권한을 주지 않으면, 자존감을 지킬 수 있는 사회적 기반을 형성하거나 인간 존중을 유지하는 건 불가능하다.

이 모든 경우, 사회적 빈곤층은 경멸의 대상이 될 것이다. 사회마다 모든 피부색, 인종, 민족, 종교 또는 이념에 반대하는 발언이 아닌, 열악한 상황에 놓인 사람들의 피부색, 인종, 민족, 종교 또는 이념에 대한 반대 발언이 지지를 얻게 될 것이기 때문이다.

늘 이 모든 일의 뿌리에는 가난포비아가 있다. 이런 발언의 대상은 가난한 사람들이기 때문이다.

4장

우리 뇌에는 가난포비아가 있다

외국인을 두려워하는 제노포비아를 생각해보자. 이건 매우 자연스러운 현상이다. 원래 사람들은 생김새가 비슷하고 똑같은 말을 하는 사람을 선호한다. 아닌 경우도 더러 있지만, 일반적으로는 외국인에게 반감을 갖는다. 사회 정책들의 목적은 인류의 가장 계몽된 생각들이 뿌리내리고 인간 본성의 가장 저열한 충동을 극복하는 것이다. 우리는 변하기 쉬운 집단으로 서로를 더 잘 이해하면 더 나아질 수 있다.[1]

우리에겐 꿈이 있다

우리가 자유 민주주의를 수호하는 사회의 시민들에게 그들이 나누는 이상이 무엇인지 질문했다고 상상해보자. 아마 '우리에게는 꿈이 있습니다'라는 마틴 루터 킹Martin Luther King Jr.의 말이 떠오를 것이다. 그 꿈은 대략 다음과 같다.

정치 분야에서 우리는 정치 조직에 의미와 합법성을 부여하는 자유와 평등의 가치를 구현할 수 있는 민주주의를 원한다. 국가적으로 잘 형성된 숙의 민주주의Deliberative Democracy ④⓪일 수도 있고, 공정하게 공유재Common Goods를 나누고, 세계 경제를 위한 분명한 법률을 확립할 수 있는 글로벌 민주주의Global Democracy ④①일 수도 있다. 또한 포괄적 민주주의Inclusive Democracy ④②일 수도 있겠다.

경제 분야에서는 1998년 노벨경제학상을 받은 아마르티아 센이 확언한 것처럼, 우리는 윤리적 경제를 고려하고, 거기에 맞게 좋은 사회를 만드는 데 도움이 되는 일을 준비한다.[2] 이 경제의 목표는 공

---

④⓪ 깊이 생각하여 충분히 의논하는 숙의가 중심이 되는 민주주의. 심의 민주주의라고도 한다.
④① 초국가적인 의사 결정이 어떻게 정당화되고, 누가 전 지구적인 법이나 규정들을 구성하는 데 참여할 수 있는지를 다루는 사상.
④② 주요 실천 항목은 정치·경제적 불평등 완화, 약자 배려, 관용적 관행 등임.

평한 부를 창출하고, 빈곤을 근절하며, 불평등을 줄이는 것이다. 또한, 경제적 시민권Economic citizenship 장려도 이런 공동의 꿈 중 하나일 것이다. 즉, 시민들이 무엇을 생산하고, 누구를 위해 생산하며, 어떻게 생산할지를 결정하는 주인공이 되게 하는 것이다.[3]

시민사회 분야에서는 여가를 즐기는 동시에 공무에 참여하고 공동의 이익을 위해 노력하는 활기 넘치는 시민사회를 원한다. 우리의 꿈 중에는 도덕적 다원주의를 이루려는 꿈도 있을 것이다. 포기해서는 안 되는 최소 정의의 필요를 나누고, 다양한 공리주의 윤리와 충만한 삶을 위한 제안들이 공존할 것이다.

각각의 윤리들은 행복한 삶의 계획을 위한 임무를 수행할 것이다.[4] 그리고 이런 사회에서는 국가 및 세계적으로 다양한 문화 양식이 요구하는 문화적으로 부담스러운 짐Cultural baggage을 버리지 않고도 최소한의 사회 정의를 나눌 수 있을 것이다.[5]

일상생활에 구현된 시민권 모델은 시민이 자기 정치 공동체에서 1세대 및 2세대 권리를 누리도록 보호받는 존재임을 고려한 것이다.[6] 그러면 국민 국가❸는 그런 권리들을 보호할 수 있는 정의 사회 국가의 형태가 될 것이다.[7]

진정한 초국가적인 연합인 유럽 연합은 상인만이 아닌 시민과 정치인들의 유럽이 되는 사회적 유럽Social Europe의 전통을 되찾을 것이다. 그리고 나중에 언급할 난민과 이민자들에 대한 환대는 결코 잊어버려서는 안 될 유럽 연합의 정체성 징표가 될 것이다.

되돌릴 수 없는 세계화 현상과 관련해서는 국제 사회 시민권을 보호할 수 있는 글로벌 거버넌스Global governance ❹ 안으로 들어갈 것이다.⁸ 이 꿈의 목표는 모든 사람이 배제되지 않고 시민임을 알고 느낄 수 있는 세계시민사회Cosmopolitan society가 될 것이다.

분명 이런 사회에서는 가난포비아, 제노포비아, 인종차별주의 및 호모포비아는 사라질 것이다. 그것들을 없애는 것은 사람들의 존엄성을 상호 존중하는 것이기 때문이다. 그리고 물론 자연 보호가 이상적 세계의 형태를 완성하겠지만, 적어도 선언인 면에서는 이 가치들이 자유로운 민주주의 사회를 책임질 것이다.

❸ 국민공동체를 기초로 하는 국가로 시민혁명을 거쳐 오늘날 가장 일반적인 국가형태가 되었으며 민족 국가라고 부르기도 함.
❹ 지구적 차원의 문제를 해결하기 위하여 국가 이외의 여러 행위자가 서로 협동하거나 공동으로 통치하는 일.

선언과 실행,
그 사이의 간극

우리는 정치와 경제, 과학 및 사회 조직의 모순된 세계에 살고 있다. 모든 분야는 로렌스 콜버그Lawrence Kohlberg가 말한 인간의 도덕성 발달 단계 중 '후인습Postconventional' 단계에 정체되어 있다.

 하버드 대학에서 연구하면서 도덕성 발달 이론을 제시한 이 심리학자가 어떻게 개인의 도덕성 발달 단계를 분석할 계획을 세웠는지, 그리고 정의 의식 발달 방식은 이것을 어떻게 참고했는지 생각해보자. 하지만 도덕과 정의를 동일시하는 것에 대한 비판들도 금세 나타났다. 여기서 우리가 집중하는 부분은 인권 및 관련 조약들의 선언에서 정의의 의미가 핵심이라는 사실이다.

 콜버그는 연구에서 도덕성의 개체발생적 발달, 즉 개인 발달의 세 가지 단계를 발견했다. 첫 번째 단계⑮에서 사람들은 개인적으로 선호하는 것을 따른다. 두 번째 단계⑯에서는 공동체의 규범과 일치하는 것을 따른다. 공동체의 강조하는 가치를 따르는 단계다. 세 번째 단계⑰는 가장 높은 도덕적 성숙 단계로 인간성Humanity을 기준으로 정의와 불의를 판단한다. 이것은 보편주의Universalism⑱를 따르는 단계다. 이후 위르겐 하버마스는 콜버그가 개인에 대해서 분석한 발달 단계들인 사회적 도덕성 발달 즉, 계통학적 발달을 근거로 삼

아서 자신의 사회 진화 이론을 발전시킨다.

그러나 콜버그가 지적한 것처럼 북미와 대다수의 라틴아메리카, 유럽과 같은 다원주의, 민주주의 사회의 경제 및 정치 제도를 합법화하는 윤리와 시민들의 판단 사이에는 큰 차이가 있다. 제도는 보편윤리적 단계에 있는 계몽주의 도덕적 가치와 인권 보장으로 합법화되는 반면, 제도에서 일하는 사람과 시민들은 도덕성 발달 단계에서 전인습적 단계나 인습적 단계에 머물러 있기 때문이다.[9]

따라서 이런 사회들에는 사회적 도덕성인 시민 윤리가 있는데, 이것은 보편적인 성격을 갖는다. 그리고 교육과 정치, 경제 제도에 의미를 부여한다. 반면 개인행동과 판단은 여전히 이기적이거나 공동체주의적이며, 개인이나 집단을 선호한다. 문서화되고 선언된 공공윤리는 학교의 정규 교육을 통해 전달된다. 인권과 계몽주의 가치들및 생명 윤리를 통해 (기업, 공공 행정, 대학, 정당을 비롯한) 사회조직의 판단과 결정을 지도하려 한다.

서구 사회의 도덕성은 오랜 역사에 걸쳐 진보했다. 노예제도뿐만아니라 인종, 성별, 민족, 성적 경향 또는 부유함 또는 빈곤함의 상황에 근거한 불평등한 대우도 금지됐다. 수많은 집단은 그 진보의역사가 곧 도덕적으로 고려할만한 사람의 범위를 확대하는 역사라고 말한다. 처음에는 남성 시민들, 노예제 폐지 후에는 남성 노예들,

---

45 전인습적 도덕성.
46 인습적 도덕성.
47 후인습적 도덕성.
48 전체를 개인보다 상위에 두고, 개인은 전체와 관계에서만 그 존재 이유와 의미가 있음.

다음은 흑인 남성들, 그리고 일반 여성들, 또 다음은 인간이 아닌 동물의 범위에 이르기까지 점차 시민권리가 확대됐다. 문서화된 도덕 단계와 선언 단계에 차이가 있다고 해서 불평등한 대우가 정당화되거나 부정적 차별이 인정될 수는 없다.

스페인의 윤리 철학자인 호세 루이스 아란구렌José Luis Aranguren은 이것을 '숙고하는 도덕Moral pensada'이라고 했는데, 우리는 이것을 헌법과 교과서에서 '문서화된 도덕'으로 알고 있다.[10]

1948년 세계인권선언에도 문서화된 도덕이 포함되었고, 밀레니엄 개발 목표(2000년)나 지속 가능 개발 목표 2015년에서도 꼭 필요한 계획으로 제시됐다. 그 모든 것에서는 기아 퇴치와 다양한 형태의 극심한 빈곤과 불평등 종식이 선언 목표였다. 그리고 이것이 문서화된 도덕이 됐다. 그 선언들은 중립적 발언이 아니라, 책임을 요구하는 일임을 잊지 말아야 한다.

따라서 도덕적 선언과 일상생활에서 실제로 요구되는 도덕 그리고 사람들과 제도들이 경험하는 도덕 사이에 나타난 차이가 크다. 그런 차이는 어느 시대나 있었지만 지금 이 순간도 정보로 인한 그 격차는 더 벌어지고 있다.

선언 단계에서 우리는 다른 세상을 만들 수 있고, 그런 세상이 필요하다고 주장한다. 왜냐하면, 지금 우리가 누리는 세상이 인간이 마땅히 누려야 하는 그 수준까지 올라가지 못했기 때문이다. 왜 계속 포괄적 민주주의의 필요성이 제기될까? 여전히 수없이 배척을 당하는데도 말이다.

근본악의 세 가지 얼굴

말과 행동 사이의 이런 불균형을 도덕적 약점^{Akrasia}이라고 한다. 이런 도덕적 약점은 누군가 도덕적 판단을 표명할 때 나타나는데, "흡연은 내게 해롭다."라고 말하면서도 다시 담배에 불을 붙이는 것이 이에 해당한다. 이 의지의 연약함은 라틴어 격언인 '나는 선을 알고 또 좋아하지만, 악을 행한다.^{video meliora proboque deteriora sequor}'에서도 드러난다. 오비디우스가 쓴 『변신 이야기^{Metamorphoses}』에서 메데이아는 "그러나 나도 모르게 새로운 힘이 나를 끌고 간다. 욕망은 이러라 하고, 이성은 저러라고 나를 설득한다. 나는 뭐가 옳은지 알고 수긍도 하는데, 옳지 않은 것을 따른다."라고 한다.[11] 또한 성서에서 바울 사도도 "나는 내가 원하는 선한 일은 하지 않고, 도리어 원하지 않는 악한 일을 합니다."라고 했다.[12]

그러나 이런 혼란은 개인뿐만 아니라 사회적으로도 나타난다. 개인뿐만 아니라 사회도 어떤 것이 더 좋다고 생각하고 그것에 대해 진지하게 말하지만, 행동할 때는 다른 것을 따른다. 도덕적 약점뿐만 아니라 사회적 약점도 있다. 이 부분은 어떻게 설명해야 할까?

유대교와 기독교를 포함한 일부 종교에서는 전체 인류로 이어진 원죄가 있는 인간은 오직 거룩한 하느님의 은혜로만 구원받을 수 있다고 말한다. 원죄에 대한 이런 설명은 일부 저자들이 '근본 악의 교리'라고 부르는 세속화된 철학으로 넘어갔다. 예를 들어, 칸트는 인간에게 근본악이 있어서 도덕적 의무 앞에 이기심을 선택하는 것은 자연스러운 결과라고 한다. 그는 성 어거스틴^{St. Augustine}과 루터^{Martin Luther}의 발자취를 따라, 사람은 똑바로 펼 수 없는 비틀어진 나무라는 유명한 말을 남겼다.

모든 사람이 동등한 존엄성을 갖고 아무도 배제당하지 않는 세상을 만들어야 한다는 선언을 한다고 해도, 인간은 본성이 악하기에 가난한 사람과 방치된 사람들을 거부하는 가난포비아를 가질 수밖에 없다. 이는 근본악에 대한 철학적 해석에 영향을 준 종교적 버전인 원죄에 무게가 실린 내용이다. 이 두 버전에서는 형편이 좋은 사람들에게 관심을 두고, 그 반대인 사람들은 거부하는 경향을 인간의 본성으로 본다.

그러나 이 근본악의 생물학 버전도 있을 수도 있다. 이 버전을 확인하다 보면, 정치적으로는 모든 인간의 존엄성이 동등하다고 선언하면서도 행동하는 순간에는 가난포비아로 인해 가난한 사람을 추방하고 헐뜯는 이유를 설명할 수 있을 것이다. 즉, 이런 불일치에 대한 답은 우리 뇌에 있을 수도 있다.

빈곤층과 관련된 말과 행동 사이에 차이가 나타날 때 우리 뇌에서는 무슨 일이 벌어질까? 신경과학의 연구가 특별한 활력을 얻는 이 시대에 이 질문은 여러모로 중요하다. 왜냐하면, 신경과학의 연구 대상은 세상에서 가장 복잡하다고 하는 1,200그램짜리 신비한 기관인 뇌인데, 이것이 모든 행동을 지휘하는 통제 센터이기 때문이다.

이렇게 신경과학에 도움을 청하면 말과 행동 사이의 부조화를 이해하는 데 도움을 얻을 수 있다. 의식적 사고가 뇌 활동의 중심이 아니기 때문이다. 우리가 행동하고 생각하고 느끼는 대부분은 의식의 통제를 따르지 않고도 진행된다. 프로이트는 인간의 정신을 빙산에 비유했는데, 대부분의 질량인 숨겨진 무의식이 우리 삶의 대부분을 지배하고 있다고 봤다. 오늘날 미국의 신경과학자 데이비드 이글먼 David Eagleman도 그의 저서에 『인코그니토 Incognito: The Secret Lives of the Brain 』라는 제목을 붙였다. 과연 인간에게 제노포비아와 가난포비아가 존재하는 이유를 뇌에서 찾을 수 있을까?

발전된 신경과학, 그로인한 활동

시대별로 특별히 주목받는 과학이 있다. 오늘날 그 주인공은 바로 신경과학이다.[13] 신경과학은 히포크라테스에서 시작됐다. 토마스 윌리스Thomas Willis의 『뇌의 해부학Anatomy of the Brain,(1664)』 연구서와 존 할로John Harlow가 쓴 피니어스 게이지Phineas Gage⑭의 손상된 뇌에 관한 논문은 이 분야 발달에 중요한 거점이다. 이 논문 내용은 이후 신경과학자 안토니오 다마시오António Damásio의 『데카르트의 오류Descartes' Error』와 산티아고 라몬 이 카할Santiago Ramon y Cajal의 연구들에도 인용됐다.[14]

무엇보다 20세기 말부터 일어난 기술 발달이 신경과학을 가장 주목받는 위치에 올려놓았다. 특히 신경 영상 기술, 양전자방출 단층촬영술PET이 발전했을 뿐만 아니라, 향정신성 약물, 신경 기술 인터페이스, 뇌 자극 기술, 유기적 임플란트 및 배아 세포 치료도 발전했다. 이 모든 것이 뇌를 이해하고 수술하는 능력을 바꾸어 놓았고, 우리 자신과 신체-뇌 관계에 대한 이해도 재정립됐다.[15]

물론 뇌 영상 증거에 많은 문제가 있는 건 사실이다. 그것은 단순한 사진이 아니고, 그것을 통해 어느 뇌 부위에 통계적으로 더 많은 혈류가 흐르는지 확인할 수 있다. 하지만 그 혈류 증가가 탐구 중인 현상의 원인인지는 알 수가 없다. 따라서 그 결과의 해석은 실험 설계에 따라 많이 달라진다. 종종 연관성과 원인을 구별하다가 타당하지 않은 인과 추론의 함정에 빠지기도 한다.[16] 실험적으로 입증할 수 없는 부분에는 많은 해석이 필요하다.

그럼에도 불구하고 신경과학은 계속 발전해왔다. 이 분야의 중요한 사건이라고 한다면 1971년 '미국신경과학학회SFN'의 시작이었다. 90년대 이후 미국 의회에서 '뇌연구의 10년Decade of the Brain'이라는 법안이 통과되면서 더욱 특별한 활력을 얻었다. 이후 2013년 버락 오바마Barack Obama 대통령은 '혁신적인 신경기술의 진보를 통한 뇌과학 연구BRAIN' 프로젝트를 발표했다. 이어 유럽 연합도 같은 해 신경과학자인 헨리 마크램Henry Makram이 공동으로 참여한 '인간 두뇌 프로젝트BP'를 진행했다.

신경과학 연구에 많은 돈을 들이는 걸 보면 수익성이 높은 사업임이 분명하다. 많은 이익을 보장하기 때문에 치료뿐만 아니라 사업이나 정치 마케팅 등에 쓰이지 않을까 하는 우려가 된다. 위르겐 하버마스의 『이데올로기로서의 기술과 과학』이라는 저명한 저서를 보더라도 신경과학은 새로운 이데올로기가 될 수 있고, 따라서 비판적인 신경과학을 구축해야 할 필요성이 있다.[17]

그러나 좀 더 신경을 쓴다면 유전학과 생물학, 분자 생물학, 인류학, 수학 및 진화 심리학과 같은 다른 과학들의 도움을 받아서 인간

---

49 철도건설회사에서 일하는 25세의 청년은 작업하던 중 다이너마이트가 폭발해 들고 있던 1미터의 쇠막대가 그의 머리를 관통, 전두엽의 상당 부분이 손상되었고, 이후 성격에 변화가 일어남.

행동의 뇌 기반에 대해서 배울 수도 있을 것이다.[18]

이 책에서는 인간의 뇌 기능에 대한 적절한 해석을 참고하여 우리가 말하고자 하는 개인적, 사회적 모순을 밝혀볼 것이다.

마부의 신화

인간 뇌에 대한 여러 시각이 있다. 뇌를 기계적으로 움직이는 하나의 장치로 이해하기도 하고, 지속적인 사회 상호 작용 속에서 자율적으로 활동하는 시스템으로 이해하기도 한다. 가장 중요한 저자들의 연구를 참고하면 후자의 주장이 타당성이 높으므로 이 책에서는 후자에 대해 논하기로 한다. 이에 따르면, 본질적으로 뇌는 평가하는 기관이다. 중립적이지 않고, 기능적인 면에서 가치에 영향을 받는다. 생존을 위해 불가피하게 평가를 내리는 것이다.[19]

자연 선택[50]을 통한 진화 과정에서 뇌는 평가하는 특징을 갖게됐다. 자극들을 평가할 수 없으면 배우고 기억할 수 없기 때문이다. 우리는 자극을 긍정적 또는 부정적으로 평가하기에 배우고 기억하며 의사 결정 순간에 그 내용을 참고한다. 그래서 그 가치들은 의사결정에서 중심 역할을 한다. 적어도 생물학적 구조와 도덕적 추론 Moral Reasoning[51] 단계에서 중요하다. 이 두 가지 단계에서 그 가치들은 뇌와 관련 있기 때문에, 뇌를 신경 세포들의 이야기를 만들어 내는 서술적 기관Narrative Organ으로 설명하는 것이 당연한 일이다. 흥미

---

[50] 자연환경에 적응하지 못한 개체는 사라지고, 환경에 적응한 개체는 살아남아 자손을 남기는 현상.

[51] 도덕적인 판단을 요구하는 상황에서 개인이 인지적으로 상황을 파악하고, 사고하고, 추론함으로써 판단을 내리는 능력.

롭게도 뇌는 논리 처리장치라기보다는 이야기 처리장치이기 때문에, 논리보다 이야기가 우리의 관심을 끈다. 따라서 가치를 평가하지 못하는 기계로 뇌를 바라보는 것은 적절치 않다.

초기 그리스 사상가들은 그 사실을 이미 알고 있었다. 갈등을 대하는 인간의 태도는 다 다르고, 의사 결정과 행동이 서로 조화를 이루지 못해 충돌한다. 예를 들어 플라톤은 흰색과 검은색, 두 마리의 말을 통제하며 마차를 끌어야 하는 마부의 비유를 들었다. 아리스토텔레스는 많은 경쟁자 사이에서 올바른 욕구를 찾는 데 윤리가 필요하다고 보았다. 그리고 그 내부 경쟁에 관한 생각은 사고와 행동의 역사에 남아 있는데, 저명한 경제학자이자 정치이론가인 앨버트 허쉬만Albert O. Hirschman도 그의 저서 『열정과 이해관계The Passions and the Interests』에서 자본주의 탄생을 이야기하며 열정들 사이에서 갈등이 일어날 때, 가장 큰 이익이 무엇인지 알아야 한다고 했다.

이것 또한 데이비드 이글먼이 앞에서 말한 책에서 주장한 내용 중 하나로 마빈 민스키Marvin Minsky가 『마음의 사회The Society of the Mind』에서 옹호하는 견해와는 대치되는 내용이다. 민스키는 뇌를 하위 행위자Sub-agents 집단이 기계처럼 각각의 임무를 수행하는 하나의 장치로 본다. 하지만 이글먼에 따르면 민스키는 사회와 뇌에서 이런 하위 행위자들이 행동을 조절하기 위해 각 작업에서 경쟁한다는 사실을 간과하고 있다.

실제로 뇌들은 서로 갈등하고, 경쟁하는 팀처럼 행동한다.[20] 이런 갈등 부분은 다양한 방법으로 설명할 수 있다. 이와 관련해 조나단 이반스Jonathan Evans는 뇌가 이중 체계Dual-system로 이루어져 있다고 했다. 즉 뇌의 자동적, 암시적, 체험적, 직관적, 총체적, 반동적, 충동적 체계가 인지적, 체계적, 명시적, 분석적, 규제적, 사고적 체계와 충돌한다는 것이다. 혹은 프로이트가 말한 자아와 초자아의 충돌을 생각할 수도 있다. 1950년 뇌과학자 폴 맥린^{Paul D. Maclean}이 말한 것처럼 파충류형 뇌[52]와 포유류형 뇌[53], 신피질형 뇌^{Neocortex}[54] 사이에 갈등을 말할 수도 있다.

비록 지금은 이 이론들이 힘을 잃었지만 이글먼은 다양한 체계에 대해 말할 수 있다는 것을 믿고, 다양한 딜레마 앞에서의 결정 과정에서 분명하게 나타나는 이성적이고 감정적인 두 체계에 관해 이야기한다. 어쨌든 여기서 중요한 것은 이런 체계가 몇 개인지를 확인하는 게 아니라, 뇌를 서로 갈등하고 충돌하는 경쟁 팀으로 볼 수 있는지, 그래서 우리가 행동할 때 뇌에서 내부 협상이 일어나는지 확인하는 것이다.

이런 맥락에서 이글먼이 말한 미국의 배우 멜 깁슨^{Mel Gibson}의 일화는 이 사실을 자세히 보여준다. 2006년 7월 28일, 경찰은 멜 깁슨을 과속으로 체포했고, 음주 측정을 한 결과 법적 한계 수치를 훨씬 초과했다. 경찰은 그를 음주 운전으로 체포했지만 가장 이상한 것은 그가 갑자기 유대인을 향한 모욕적인 발언을 하기 시작했다는 점이었다. 이 소식이 대중들에게 알려지면서, 사건 다음날 그는 아주 긴 사과문을 발표해야 했다. 이 발표 전에 대중의 반응은 두 가지

---

[52] 신체 기능 유지 역할.
[53] 대뇌변연계(limbic system)로 감정을 가짐.
[54] 사고를 담당함.

로 나뉘었다.

한쪽에서는 '진짜 깁슨'이 반유대주의적인 모욕적 말을 했다고 생각했다. 고대 그리스 시인인 미틸레네의 알카이오스 Alcaeus of Mytilene가 '술에 진실이 있다 En oino aletheia'고 했고, 이후 고대 로마의 문인이자 정치가인 대 플리니우스 Pliny the Elder도 '와인 속에 진실이 있다 In Vino Veritas'고 했기 때문이다. 다른 한쪽에서는 진짜 생각은 술을 마시거나 분노할 때 방해를 받아 그대로 드러나지 않는다고 생각했다.

그러나 이글먼이 말하는 세 번째 가능성도 있다. 우리는 각자 서로 다른 생각을 품고 있고, 이들은 서로 경쟁을 하는데 우리는 그것을 잘 모른다. 그러면서 그는 "나는 그 누구도 반유대주의적 의견을 내지 않길 바라지만, 좋든 싫든 다른 체계들을 오염시키는 제노포비아라는 병적 특징을 통제할 수 있다는 희망은 거의 없다. 우리 생각의 대부분은 인지 조절이 일어나는 뇌 표면의 아래에서 일어난다."[21]고 덧붙인다. 여기에서 '다른 체계'라는 표현은 뇌에서 다양한 임무를 처리하고 의식 통제하에서 서로 경쟁하는 체계들을 말한다.

물론 이런 일화는 일상생활에서, 공인들과 관련된 사례에서 빈번히 나타난다. 미디어와 소셜 네트워크에 정치적으로 옳은 기준에 반대하는 의견이 나오면 비판이 시작되고, 화제의 인물은 거의 항상 자신의 의도가 아니었다며 주장했던 의견을 철회한다. 여기에서 가장 중요한 점은 사람마다 다양한 감정을 마음속에 숨길 수 있고, 이것이 내적 갈등을 일으킬 수 있다는 사실이다. 그리고 이 갈등 속에서 가치가 있다고 믿는 것이 강화되고, 그것이 선택으로 이어진다. 과연 그런 감정들은 무엇일까? 그것들은 관리될 수 있을까?

생물학적으로 설계된
제노포비아

에버스Evers를 비롯한 여러 저자에 따르면, 인간은 보편적인 평가 성향을 발전시키려는 경향을 타고났는데, 이것들은 종종 모순되기 때문에 평생에 걸쳐 문제를 일으킨다. 신경적 정체성Neural Identity은 우리를 사회적 존재인 동시에 개인주의적 존재로 만든다. 갈등을 일으키는 이런 경향은 기본적으로 자기 이익과 통제, 분리, 선택적 공감, 감정 이입 및 제노포비아이기 때문이다.[22] 따라서 이런 경향들이 각각 무슨 뜻인지 이해하는 것이 중요하다.

먼저 자기 이익을 살펴볼 것이다. 원칙적으로 뇌는 본래 자기중심적이다. 자기 경험을 참고하기 때문이다. 그것은 생물학적 자아 투영Self-Projection으로, 좀 더 높은 단계의 의식을 형성하기 위한 조건인 기본적 자아 인식을 발전시키려는 성향과 연결된다.[23] 아이는 성장하며 대상들을 구분하고 그것들을 자신과 구별하는 법을 배운다. 생후 약 1년 6개월이 되면 '여기 있는 이것'과 '나'를 구분하고, '저곳의 그것'을 뭔가 다른 대상으로 구분한다.

물론 이 단계에서 말하는 자기 이익은 기본적으로 평가하는 생물학적 경향 즉 생존과 잘 먹고, 안전을 느끼며, 재생산하고자 하는 생물학적 욕구를 말한다.

이 기본적 자기 이익, 생존에 대한 욕구는 우리가 곧바로 주변 환경을 통제하고 친숙함과 안전, 이미 알고 있는 것을 선호하도록 유도한다. 건강한 방식으로 발전하려면 안전에 대한 이런 경험이 필요하다. 따라서 일상생활에서 우리가 통제할 수 있는 환경을 선호하거나 잘 모르는 것을 알려진 것으로 통합하려고 시도하는 것은 전혀 이상하지 않다.

앞서 말한 것처럼, 외국인들에 대한 두려움은 매우 자연스러운 감정이다. 사람들은 모습이 비슷하고, 같은 언어를 쓰는 사람들을 선호하기 마련이다. 우리의 문화와 선언들을 기준으로 보면 이런 혐오는 용납될 수 없지만, 생물학적 관점에서 볼 때는 친숙한 사람들이 생물학적 안전을 주고, 친숙하지 않은 사람들은 불안과 불편을 초래할 수밖에 없다. 그래서 우리는 편안한 삶을 포기하고 알 수 없는 사람들과 미지의 땅을 향해 모험을 시작하는 사람들을 존경한다.

우리가 언급한 세 번째 경향으로 넘어가자. 우리는 혼란한 상황에서 분리 방어기제를 사용한다. 불편한 정보를 피하고 자신을 방어하려는 것이다. 이런 의미에서 인간은 '분리적 동물'이라고 할 수 있다. 인간은 자신을 불쾌하게 하는 것들과 거리를 두기 위해 많은 지적, 감정적 에너지를 쏟는데, 이것은 생존하기 위한 중요한 적응 기능이다.[24]

그러면 우리는 자기 이익을 위해 사건이든 사람이든 우리를 혼란하게 하는 정보를 거부한다고 생각할 수 있다. 우리는 우리를 귀찮게 하고 가지고 있는 기존 정보에 통합되지 않은 사건이나 사람을 자연스럽게 거부한다. 그러므로 여기에서 포비아들의 뿌리를 찾

가난포비아

아갈 수 있다. 즉, 낯선 사람, 긍정적인 도움이 되지 않는 사람, 삶을 방해하고 문제를 일으킬 수 있는 사람에 대한 거부의 뿌리가 여기에 있다. 내 생각에 가난포비아는 바로 여기에 생물학적 뿌리가 있는데, 방해자라고 여기는 생각과 거기서 자신을 분리하려는 경향 때문이다.

겉으로 볼 때, 인종이나 문화적 편견을 일으키는 감정들은 부분적으로 사회적 감정에 근거한다. 진화론적 관점에서 볼 때, 이런 감정들은 위험과 공격을 유발할 수 있는 뭔가 다른 점들을 감지하는 데 도움이 된다. 아마도 이러한 반응은 부족 사회들에 도움이 되었을 것이다. 지금 상황에서는 좋은 결과를 가져오는 건 아니지만, 우리 뇌는 여전히 이 메커니즘을 따른다.[25]

하지만 모두 다 그런 행동을 한다는 뜻은 아니다. 뇌에는 우리가 평생 조절할 수 있는 엄청난 가소성❺❺이 있고, 다른 사람들을 돌보는 성향처럼 이런 포비아를 줄이고 심지어 없애기 위해 애쓰는 보편적 평가 경향도 있기 때문이다.

실제로 사회적 동물들에게 신경 회로는 가장 기본적 가치인 자기 돌봄과 자기 행복의 바탕이 되지만, 그 돌봄은 자신과 관계가 있는 타인을 돌보는 것과도 연관이 있다. 뇌과학자이자 철학자인 패트리샤 처칠랜드Patricia Churchland와 같은 저자들에 따르면, 이 생물학적 관계는 도덕을 기초로 한다.[26] 문제는 다음과 같다.

❺❺ 뇌는 죽을 때까지 계속 변하는 특징이 있어서 변화하는 환경, 언어, 문화에 대한 뛰어난 적응력을 갖는다.

자녀와 친구 및 지인들을 돌보는 경향은 직간접적으로 선택적이다. 그렇지 않으면 그 경향이 선택되지 않을 것이고, 타인을 돌보는 사람의 수가 줄어들 것이기 때문이다. 아마도 협력적 행동을 뒷받침하는 메커니즘들이 발달했을 것이고, 약 3억 5천만 년 전부터 신경 조직은 친척과 친구들의 경험적 조건들에 따라 다른 사람, 보호받지 못하는 후손을 책임지는 방향으로 수정되었을 것이다. 거기에서부터 우리는 자기 이익을 챙길 수 있는 존재가 되어왔다.

그러나 대다수의 신경 윤리학자는 이러한 돌봄 관계가 친척이나 지인들과의 공동체가 시작되면서 확장되었지만, 그 대상이 모든 인간으로 확대된 게 아니라는 걸 알고 있다. 진화 과정에서 선택된 돌봄의 관계는 확실히 선택적이다.[27] 따라서 이런 보편적 경향을 선택적 공감Selective Sympathy이라고 할 수 있고, 이것은 타인에게 확대된다. 얼굴로 식별하고 자기 집단과 문화, 이데올로기 등의 안과 밖에 있는 사람들을 구분한다. 이러한 선택적 공감은 그 집단을 '그들'이 아닌 '우리'로 인식해서 협력하게 한다.[28] 여기에서 문제는 계속 생기는데, 자기 이익이 선택적 협력과 충돌할 때 '우리'와 '그들'의 구분이 문제를 일으킬 수밖에 없기 때문이다.

공감하기 위해서는 다른 사람들의 감정을 이해하고 상상력을 통해 상대의 자리에 설 수 있는 감정 이입 능력이 필요하다. 이것은 타인이 기쁜지, 슬픈지, 행복한지, 고통스러운지, 그 경험을 상상적으로 재구성할 수 있는 능력이다.[29] 공감의 기반을 해석할 때 보통 거울 신경Mirror Neuron 56을 살펴보는데 이는 내적 시뮬레이션에 해당한다.[30] 그러나 이 공감은 호감이 없어도 가능하다. 타인에게 마음을 주지 않고도 감정 상태를 이해할 수 있기 때문이다. 실제로, 고문하는 자는 피해자와 매우 공감하고 어떤 고문이 더 고통스러울지를 안다. 그리고 물론, 자신이 영향을 받지 않도록 고통을 '분리적'으로 받아들인다.

그러나 공감은 타인의 상황에 영향을 받는다고 느끼는 사람이 가질 수 있다. 그것은 타인의 고통스러운 문을 여는 느낌이다.[31] 어쨌든 이런 능력에는 생물학적, 사회 문화적 가치의 복잡한 인지 기능이 포함된다. 그리고 이런 공감의 경우, 선택적으로 가까이에 있는 사람들에게 접근하지만, 먼 곳에 있는 사람들에게는 접근하지 않기 때문에, 선천적으로 우리는 '공감적인 제노포비아가 있는 사람들'이다.[32]

이 정체성을 조절하는 사회적 구조를 만들 때는 생물적, 문화적, 정치적, 사회적 도전들을 고려해야 한다. 분명히, 지금까지 우리 뇌는 하나의 역사를 따라왔다.

---

56 이 세포는 다른 개체의 행동을 관찰할 때와 자신이 같은 행동을 할 때 모두 활성화된다.

제노포비아적 뇌의
간략한 역사

대부분 추측에 근거하지만, 보통 신경 윤리학에서는 뇌가 진화하면서 행동 강령을 선택했다고 본다. 사회관계의 기원에서 인간의 뇌가 형성되었을 때 인간은 매우 소규모 집단생활을 하며 모여 살았는데, 그 규모는 130명을 넘지 않았고, 인종과 관습도 같았다. 우리 뇌 속에 들어있는 그 강령들은 기본적으로 감정적이고 생존에 필요하며 상호 원조, 사회적 응집력 및 낯선 사람에 대한 의심을 강화한다.[33] 바로 여기에서 제노포비아적 뇌의 역사가 시작한다. 다수의 저자에 따르면, 오랜 진화 기간에 얻은 뇌의 가장 원시적인 행동 강령들에서 제노포비아가 발견되기 때문이다.[34]

예를 들어, 가까운 사람들에게 영향을 주는 도덕적 딜레마인 개인적 딜레마와 공간이나 관심 면에서 멀리 있는 사람들에게 영향을 주는 비개인적 딜레마를 풀어야 할 때, 뇌가 반응하는 차이는 다르다.[35] 물리적으로 가까이 있으면 생존에 대한 감정적 도덕 강령이 활성화되고, 그렇지 않으면 즉각적인 생존 감각에서 더 멀고 냉담한 인지적 도덕 강령이 활성화된다.

뇌신경 영상 기술을 통해 뇌영상을 보면, 개인적 도덕적 상황에서는 감정의 처리에 중요한 역할을 하는 영역, 즉 전두엽에서 대뇌변

연계로 가는 회로가 크게 활성화된다. 조슈아 그린Joshua Greene도 여론에 반대하는 의견을 낼 때, 계획과 추론에 관여하는 영역인 배외측 전전두피질Dorsolateral Prefrontal Cortex이 훨씬 더 많이 활성화가 되었다고 결론 내렸다. 이것은 개인의 도덕적 딜레마를 판단할 때 감정과 사회 인지와 관련된 뇌 영역에서 더 큰 활성화가 일어난다는 것을 의미한다.

따라서 우리는 주변 사람들의 상황에는 감정적인 영향을 받아도, 모르는 사람들의 상황에는 영향을 받지 않는다. 진화론적 관점에서 볼 때, 본능과 감정을 연결하는 신경 구조들이 선택되었고, 가까운 사람들을 돕는 것이 유리하다는 결론이 나온다. 처음에 이것이 이타적인 집단이 되는 열쇠가 됐다. 이로 인해 인간은 생존에 도움이 되는 사람들과 가까운 관계를 맺고, 그 결과 그들을 더 친숙하고 안전하다고 느낀다. 반면 낯선 사람들은 생물학적으로도 위험을 나타낸다. 그러므로 제노포비아, 낯선 사람에 대한 두려움, 자신과 다른 사람에 대한 거부감은 생물학적으로 그 뿌리가 깊다. 하지만 가난한 사람에 대한 거부감인 가난포비아도 과연 그럴까?

배제되는 사람들

이미 진화론적인 인류학계의 주제이자, 신경 윤리학계에서 다윈이 『종의 기원』을 쓸 때 직면했던 문제 중 하나는 생물학적 이타주의의 문제였다. 다윈은 자연 선택설로 생물학적 이타주의 즉, 생존 투쟁에서 이긴 사람이 이기주의자가 아닐 뿐만 아니라, 다른 사람들의 적응을 위해 자신의 힘 일부를 쏟는 이타적인 사람이라는 사실을 설명하기가 어려웠다.

그런데 이런 관점에서 이타주의자들은 사라지지 않는다는 것은 어떻게 설명해야 할까? 결국, 이타적 행동은 수혜자에게 이익이고, 행위자에게는 손해인 것처럼 보인다. 이타적인 행동을 하는 사람은 적응에 대한 자기 투자가 줄어들 수밖에 없기 때문이다. 자연 선택설을 따르면, 타인을 위해 뭔가를 투자함으로써 자신의 생산적 가치를 줄이는 사람들은 제거되어야 한다.

이런 의문점에 대한 다윈의 대답은 집단 선택설⁵⁷을 참고하는 것이었다. 전체 진화 과정에서 인간은 소규모 집단을 이루며 살았는데, 생존을 위해서는 구성원 간의 연대가 필요했다. 따라서 이타적 행동이 집단 내 구성원들에게 이익이 되지는 않지만 집단 간 선택을 가능하게 했고, 그 결과 내적 응집성이 더 강한 집단들이 생존 투쟁

에서 더 잘 살아남게 됐다. 다윈의 말에 따르면,

도덕성이 높다고 그 개인과 그들의 자녀들이 부족 내 다른 사람들보다 이익을 많이 얻는 건 아니고, 전혀 이익을 얻지 못할 수도 있지만, 반대로 도덕적 규범이 잘 발달하고 그것을 잘 따르는 사람의 숫자가 증가하면, 이들은 다른 부족보다 막대한 이익을 얻게 됨을 잊지 말아야 한다. 애국심과 충성, 순종, 용기 및 공감이 크고 항상 서로 도울 준비가 되어있고, 공동의 이익을 위해 희생할 의지를 가진 사람들이 많은 부족은 대부분 다른 부족에게 승리하게 될 것이다. 그리고 이것이 자연 선택이 될 것이다.[36]

다윈의 이런 설명은 생존을 위해 애쓰는 집단의 압박 때문에 이타적인 사람들이 된다는 것을 이해하는 근거로 충분히 매력적이었다. 그리고 집단이 생존하려면 집단에 대한 애정을 갖고 자기 이익을 챙기는 이기주의를 버려야 하는 게 사실이지만, 집단의 이타심은 어쩔 수 없이 제노포비아적이고 배타적이다. 이것은 낯선 사람들에 대한 배척과 집단 내부의 이타심 둘 다를 바탕으로 하기 때문이다.

그러나 이 주장은 인간이 이타주의를 실천하고 집단의 경계를 넘어서고 있다는 사실을 반박하는 것처럼 보인다. 한편 생물학적 이타주의를 설명하기 위한 집단 선택 가설이 부족하다는 결과가 나오자, 그것과 관련된 수많은 가설이 나타나 널리 퍼졌다. 리처드 도킨스Richard Dawkins가 대중화시킨 이기적인 유전자부터, 해밀턴William D. Hamilton의 유전적 이타주의까지 이어졌다. 이타적 개인은 자신들의 유전자를 보호하려고 시도한다.[37] 해밀턴은 새로운 황금 법칙을 만드는데, 모든 종교적, 세속적 도덕에서 '당신의 유전적 친밀도에 따라 타인과 협력하라. '[38] 고 말했다.

---

57 공공 이익을 위해 희생하는 사람이 많은 집단은 그렇지 않은 집단과 경쟁에서 승리한다는 이론.

그렇지만 이 해석은 생물학적 이타주의를 설명하기에는 충분하지 못하다. 혈연관계 장벽을 넘는 희생적인 행동들이 나타나기 때문이다. 그 행동에 대한 이유를 제시하는데 가장 그럴듯한 해답은 인간과 일부 동물에게 호혜적 능력이 있음을 확인한 것이다. 혈연관계로 설명되지 않지만, 혜택을 주고받는 행동으로는 이해가 간다. 실제로 이것은 오늘날 인간 행동을 이해하는 데 없어서는 안 될 열쇠 중 하나다. 인간은 기꺼이 무언가를 줄 때 대가를 기대한다. 갈등보다는 잘 극복하기 위해서 더 현명하게 협력하려고 애쓴다.

인간이 최대의 이익을 얻으려는 극대화된 합리성^{Maximizing Rationality}에 이끌려 간다는 주장은 이미 신뢰를 잃고 있다. 분쟁보다 협력을 추구하고, 적을 만드는 것보다 동지를 얻는 것이 더 합리적이기 때문이다. 따라서 신중한 사람과 조직은 기업과 사업들을 협력하는 게임에 집중한다. 최대 이익을 얻기 위해 애쓰지 않고, 행동의 결과가 어떻든 모두에게 가장 바람직한 선택에 만족할 준비가 되어있다.

최근 들어 사람들은 모든 사회 분야에서 이익을 극대화하는 인간, 호모 오이코노미쿠스^{Homo oeconomicus}⑤⑧의 모습이 서로 주고받고 협력할 수 있는 인간인 호모 레시프로칸스^{Homo Reciprocans, 호혜적 인간, 상호적 인간}로 대체되어야 한다고 생각한다. 그리고 합리적으로 움직이지만, 최대 이익을 계산할 뿐만 아니라 본능과 감정으로도 움직여야 한다는 생각도 커졌다.[39] 그리고 주고받는 게임이 집단과 개인에게 유익하다는 것이 확인되자, 간접적 호혜성^{Indirect reciprocity} 규범이 만들어졌는데, 이것은 교환의 원칙이 다스리는 계약주의 사회의 아문 상처 위에 뼈대를 형성한다. 모든 행동은 보상을 바라고, 호혜성은 협력을 바탕으로 한다. 하지만 그 보상을 늘 직접 도움을 받는 수혜자에게 받을 필요는 없다.

아나키즘의 고전 작가인 크로포트킨 Peter Kropotkin의 저서인 『상호부
조론 Mutual Aid』에서는 상호부조가 경쟁보다 더 나은 생존 요인이라는
경험적 자료를 보여준다. 칸트는 『영구 평화론 Perpetual Peace』을 쓰기
몇 십 년 전, 도덕적 민감성이 없는 악마 마을조차 생명과 재산 및
미래를 결정할 자유를 뺏을 수 있는 무법 국가에서 방치된 채 있는
것보다는, 개인이 법으로 보호받는 법치 국가를 원한다고 했다. 또
한 그는 악마들도 그런 보호받는 국가에 들어가고 싶어 하고, 영리
한 그들은 법이 없는 자유를 버리고 싶어 한다고 덧붙였다.[40]

그러므로 생물학적으로 인간은 이기적이면서도 협력적인 존재처
럼 보인다. 따라서 이기적인 개인주의는 근거 없는 허구로 이데올로
기의 임무를 수행한다. 이런 적응 원리는 계약주의적 뇌를 형성하는
데, 최대 다수의 최대 행복을 추구하거나 더 유리한 상황에 있는 사
람들이 잘되기만을 바라는 게 아니라, 생존과 번영에 필요한 모든
사람과 상호부조 계약을 맺게 한다.

그러나 만일 인간의 기본 평가 경향 중 하나가 방해되고 이득이
안 되는 상황이나 사람들을 멀리하는 것이라면, 그리고 정말 우리가
'분리적 동물'이고 문제를 일으키는 사람들이나 상황을 격리할 준비
가 되어있다면, 늘 우리 사회에 배제된 사람들이 있다는 건 전혀 이
상한 일이 아니다. 그들은 끝없는 교환 과정에서 이익을 내지 못하
는 사람들이고, 생존과 복지에 긍정적인 영향을 도움이 되지 않아

---

58 경제인을 뜻하는 라틴어.

보이기 때문이다.

다른 인종이나 민족에 속한 사람을 거부하는 인종차별과 제노포비아가 있는 것은 사실이다. 그뿐만 아니라 분명 불의한 일인 자녀와 친척을 다른 사람들보다 앞에 배치하는 네포티즘Nepotism❺❾과 비도덕적 가족주의Amoral familism❻⓿도 있다. 마치 수렵-채집인 사회처럼 집단의 정체성과 상징을 강화하려는 무지막지한 공산주의가 있는 것도 사실이다. 다행스럽게도 신중한 개인과 조직 및 기관은 갈등을 통해 최대 이익을 얻는 것보다 협력이 훨씬 영리한 일임을 알게 됐다. 그러나 불행히도 계약주의적이고 교환 협력적인 사회에서는 교환 게임에 참여하지 않는 근본적으로 낯선 사람들이 제외된다. 그들이 어떤 이익도 되돌려줄 수 없어 보이기 때문이다. 그 사람들은 사회생활의 모든 영역에서 가난한 자들이다.

가난한 사람들은 주고받는 게임으로 이루어진 세상에서 무언가를 돌려줄 수 없는 사람들이다. 그리고 그런 점에서는 생물학적·사회적으로 적응력을 상실했음을 의미한다. 생존하고 번영하는 데 도움을 줄 수 있는 사람은 형편이 좋은 사람들이기 때문이다.

그렇다면 '힘없는' 사람들은 누구일까? 정신질환자, 극빈자, 서류(비자)가 없는 사람들, '버려진' 사람들, 형편이 좋은 친구가 없는 사람들이 해당할 수 있다. 각 사회 영역의 교환 과정에서 재화를 되돌려줄 수 없는 사람들은 허영심을 채워줄 선거와 명예, 특권을 얻으려는 사람들에게 호감과 투표, 지지, 자금, 지위를 얻는 수단이 될 수도 있다.

이것이 바로 교환할 게 전혀 없는 사람들, 아포로이(가난한 사람)

를 향한 혐오감인 가난포비아가 자랄 사회적, 생물학적 번식지다. 그리고 그들은 멀리 떨어져 있을 때뿐만 아니라, 가까이에서 문제를 일으킬 경우 자기 가족 사이에서도 숨겨지는 부끄러운 존재가 된다.

그러나 좋은 소식은 우리 뇌에는 가소성이 있어서 태어나기 전부터 사회적인 영향을 받는다는 사실이다.[41] 즉, 우리의 본성과 문화가 서로 영향을 주고받는다. 다른 말로 하면, 우리 뇌는 생물학적·사회적으로 구성된다. 학습과 경험이 유전자 영향과 섞여 있다.[42] 공식·비공식적 교육과 평생에 내리는 결정이 중요할 뿐 아니라, 여기에 힘없는 사람들에 대한 인식을 강화할 기관과 조직도 꼭 필요하다.

우리가 제4장을 시작하며 함께 나눈 꿈을 이루기 위해서는 우리의 행동이나 이기심, 협력 욕구의 동기를 아는 것만으로는 충분하지 않다. 그 장벽을 부수고 보편적인 연민과 존엄성의 상호 인정을 향해 나아가야 한다.[43] 그것은 뇌 속 유전자에 새겨진 것이 아니고, 문화적 전통을 흡수함으로 가능한데, 이를 통해 탁월한 인간이 되는 경험을 하게 된다.

㉙ 친족등용, 연고주의, 족벌주의, 혈연주의.

㉚ 가족의 이익을 위해 부정부패도 서슴없이 저지르는 가족주의로 도덕에 반한다기보다는 도덕 관념이 없거나 약한 것을 말함.

5장

양심과 평판

우리는 나쁜 평판보다도 나쁜 양심을 훨씬 쉽게 처리한다.

- 프리드리히 니체Friedrich Nietzsche, 『즐거운 지식The Gay Science』

양심 교육의
필요성

가난포비아는 뇌적·사회적 뿌리가 있는데, 다행히도 이것들은 수정될 수 있다. 변화를 위한 가장 적합한 길은 넓은 의미에서 교육과 각 개인의 동등한 존엄성을 존중하게 해줄 경제, 정치 및 사회 제도 구축이다. 그러나 소위 '도덕적 양심', 즉 자기 삶의 주도권을 쥐는 능력, 환경의 압박 때문이 아닌 스스로 행동하는 능력이 없다면 이 양쪽 길은 지나갈 수 없을 것이다.

최근 일부에서 아주 새로운 세 번째 길을 선택해야 한다고 주장하는데, 바로 다음 장에서 다룰 내용인 '도덕적 생명 향상'이다. 그러나 의약품 같은 수단을 통해 도덕적 동기를 향상하더라도, 그전에 권위적 강요 때문만이 아닌 자유로 이런 방법들을 선택할 개인적 양심이 있는지를 알아야 한다. 결국 자유만이 자유를 향한 길이 될 수 있기 때문이다.

그리고 그 길에는 사회가 행동에 대해서 내리는 지속적 평가인 '평판'이 나타나는데, 이것은 양심이라는 동전의 반대 면이다. 개인과 기업, 조직 또는 기관들에 대한 긍정 혹은 부정적 평판 인식은 사회가 특정 행동을 장려하거나 약화하고, 친사회적 행동을 강화하거나 약화하기 위해 사용하는 매우 강력한 도구다. 따라서 평판의 힘을 알고 강조하는 게 중요하지만, 동시에 사회적으로 올바른 명령을 따르지 않는 행동을 구별하기 위해 양심을 강화해야 한다. 그렇지 않으면 사회적으로 금지된 포비아들은 비난당하지만, 사회력^{Social} ^{Force}㉑이 용납하는 포비아들은 좋은 것으로 여겨질 것이기 때문이다.

기게스의 반지

멕시코 작가인 카를로스 푸엔테스Carlos Fuentes는 그의 소설 『선한 양심Las buenas conciencias』 도입부에서 에마뉘엘 무니에Emmanuel Mounier 1가 말한 문구를 선택했다. 우선 이 짧은 문구를 살펴보려고 한다. 푸엔테스가 프랑스어로 썼는데 그 뜻은 명확하다. '우리는 나쁜 평판보다도 나쁜 양심을 훨씬 쉽게 처리한다On s'arrange mieux de sa mauvaise conscience que de sa mauvaise réputation.'2 그리고 이 작품은 갈수록 이 말의 뜻이 무엇인지 분명히 깨닫게 해준다.

작가는 이 말과 함께 인간 세계의 두 차원인 내면과 외면을 이야기한다. 양심은 내면을 드러내고, 평판은 외면인 사회가 우리 행동에 대해서 내리는 평가다. 어떤 양심과 평판은 '도덕적'이라고 부를 만한데, 이 둘이 일치되는 경우가 있을 수는 없는지, '내면-외면'을 구별하지 않을 수는 없는지에 질문을 던지며 이 문제를 다루려고 한다. 구별하지 않을 경우, 도덕적 양심은 각 개인이 속한 사회나 이상적인 사회 그리고 잘 환영받길 원하는 사회의 규칙들을 받아들이는 내면화에 불과하다.

---

61 사회를 움직이는 힘.

그렇다면 플라톤의 『국가론The Republic』 제2권에서 나오는 기게스의 반지의 전설⑫은 의미가 없을 것이다. 사람들은 결국 보이지 않는 힘이 아닌 오로지 외부의 힘만 경험하게 되기 때문이다. 이 전설의 맥락은 글라우콘Glaucon, 아데이만토스Adeimantus, 트라시마코스Thrasymachus, 소크라테스Socrates가 나누는 정의의 본질에 관한 대화다. 글라우콘은 흠집 난 곳을 안으로 돌리면 투명인간이 되는 반지를 발견한 목동의 이야기를 꺼낸다. 그는 그것을 이용해 리디아 왕국의 왕비를 유혹하고 왕위를 찬탈한다. 여기에서 글라우콘이 제기하는 문제는 매우 솔깃하다. 그는 기게스의 반지가 두 개 있어서 하나는 올바른 사람에게, 다른 하나는 불의한 사람에게 준다고 가정했을 때, 둘의 행동은 전혀 다르지 않을 거라고 말한다. "모두가 자발적이 아닌, 강제적 선택으로 올바른 사람이 되는데 [...], 사람들은 불의가 자신에게 훨씬 더 유리하다고 생각하면 바로 불의를 저지르기 때문이다."³ 옳은 일을 하는 건 자신이 좋은 사람이어서가 아니라, 불의를 저지를만한 충분한 힘이 없어서다.

분명 이 대화에서 글라우콘은 악마의 변호사 역할을 한다. 그는 정의가 그 자체로 선하다고 확신하는데, 나타날 결과 때문이 아니라 불의가 그 자체로 거절할 만한 것이기 때문이다. 그러나 그는 이 이야기를 통해 소크라테스에게 정의를 찬성하는 결정적 이유를 대라고 부추긴다. 글라우콘은 속인은 불의가 정의보다 더 이익이라고 생각하지만, 동시에 평판이 떨어지고 다른 형태의 사회적 벌을 받을 수 있다는 두려움 때문에 정의롭게 행동하는 것을 바람직하다 여긴다고 주장한다. 그러면서 속인의 의견에 지나지 않는다는 이 주장을 무너뜨려 줄 소크라테스의 확실한 주장을 기대한다.

과연 속인의 말이 맞다면 무슨 일이 벌어질까? 정의 개념의 일부여야 하는 '도덕적 양심'이 그저 사회의 거부감을 일으키지 않으면서 자기 이익을 찾을 때를 신중히 계산하는 것이라면 무슨 일이 벌어질까?

서양 철학에서는 도덕적 양심의 본질에 관한 질문을 제기했는데, 이것은 피타고라스와 소크라테스, 플라톤, 아리스토텔레스, 스토아, 에피쿠로스 철학자들부터 중세 시대, 계몽주의자들, 헤겔 그리고 양심의 중심성에 의문을 제기하는 의심의 철학들, 또는 여전히 숙고의 주제로 오를만한 새로운 의제를 낸[4] 하이데거, 에마뉘엘 레비나스Emmanuel Lévinas, 한스 요나스Hans Jonas로 이어져 왔다. 그러나 양심을 인간의 행동과 자연의 현실에 접근하는 방법인 자연주의Naturalism⑬의 승리로, 소크라테스가 말하는 내면의 다이몬⑭이 아닌 평판과 연결된 신중한 계산으로 이해하는 경향이 커졌다.

이 문제는 오늘날 가장 큰 문제가 아닐 수 있다. 현대 사회생활에서 도덕적 양심은 필수다. 현대 사회에서는 양심의 자유, 양심적 병역 거부, 양심 조항들 및 시민 불복종이 인정된다. 시민 불복종⑮은 양심적 병역 거부와 다른 형태지만, 도덕적 양심이 없으면 할 수 없는 일이다. 그리고 개인적 양심에서 책임을 의미하는 자기 의무Self-Obligation가 없으면 도덕 생활이 약화된다. 오로지 평판이 떨어질 것에 대한 두려움 때문에 양심을 갖는다면, 부정부패와 속임수 또는

⑫ 철학자 플라톤의 책에 나오는 마법 반지로 소유자의 의지에 따라 자신의 모습을 숨길 수 있는 신비함을 지녔다.
⑬ 도덕 현상을 인간의 본능·욕망·소질 따위의 자연적 요소에 근거하여 설명하려는 경향.
⑭ 신성한 소리.
⑮ 특정한 법률이나 정책이 올바르지 않다는 판단에 서서 정부에 대해 이의를 신청하는 정치행태.

위선은 어떻게 비판할 수 있을까? 만일 그 양심을 키우려는 시도가 의미가 없다면, 어떻게 민주 사회의 자산이 되어야 할 도덕적 주체들을 교육할 수 있을까?

이런 의미에서 호르헤 몰Jorge Moll이 제시한 사회 과학 분야에서 일반적으로 나타나는 도덕성의 특징은 흥미롭다. 그는 도덕적 감정과 관련된 주제의 전문가로, 이런 감정들이 "행위자가 아닌 많은 사람이나 전체와 같은 사회의 이익이나 행복 또는 선과 밀접히 관련되어 있다."라는 결론을 내렸다.[5] 이기심을 누르고 연대를 강화하는 행동과 도덕성과 연결하는 경향은 매우 일반적인데, 이것은 조너선 하이트Jonathan Haidt가 자주 참고하는 에밀 뒤르켐Emile Durkheim[66]의 유명한 특성에 잘 표현되어 있다. 그에 따르면 모든 연대의 근원이자, 이기심이 아닌 다른 동기를 통해 자신의 행동을 규제하게 하는 것이 바로 도덕이다.[6] 하이트도 "도덕 시스템은 가치와 덕목, 규범, 관행, 정체성, 제도, 기술 및 발전된 심리적 메커니즘으로 구성되어 있고, 이것들은 자기 이익을 억제하거나 조절하고 가능한 협조적인 사회를 만들기 위해 함께 작동한다."[7] 고 말하면서 그 개념을 넓힌다.

도덕성은 가치와 원칙, 관습으로 구성된다. 이것들은 가까운 사이일 뿐만 아니라 점차 인류 전체까지 넓히며 이기심을 통제하고 협력과 연대를 강화한다. 거기에서 나타나는 메시지는 다음과 같다. 근본적으로 이기적인 존재들 사이의 공존은 이루어질 수 없으므로, 도덕성은 진화적 압박의 결과다. 우리 윗대에도 있었던 이 압박은 사회적, 인지적, 감정적 메커니즘을 형성했고, 인간의 행동 방식이 됐다. 전전두엽 피질의 진화는 도덕성의 출현과 밀접한 관련이 있다. 그렇다면 이 진화는 어떻게 이루어졌을까?

이 사회학적 증명은 앞서 언급한 다윈주의 진화 이론에서 생물학적으로 입증됐다. 원칙적으로 개별 선택에서 집단 선택으로 이동해야 했지만 말이다.

66　프랑스의 사회학자이자 교육자.

도덕적 양심의
생물학적 기원

도덕적 양심에 관한 연구의 역사는 길다. 서양 철학 세계의 시작은 대개 소크라테스로 본다. 기본적으로 비자연주의 저자들 즉, 생물학적 세상과 먼 보편적 가치와 개념을 찾아 추상적 범위에 접근하고 민감한 경험을 뛰어넘는 저자들이 그것을 걱정하는 것처럼 보인다.[8] 그러나 분명한 자연주의자인 찰스 다윈의 『종의 기원』에서 볼 수 있는 것처럼, 사실은 그렇지는 않다.

나는 인간과 열등한 동물의 차이점 중 가장 중요한 것이 도덕 관념이나 양심이라고 주장하는 저자들의 의견에 전적으로 동의한다. 이런 의미는 맥킨토시Mackintosh가 지적한 것처럼, "이것은 인간의 다른 행동 원칙들의 최상위에 있다."[9]

그러므로 다윈에 따르면, 도덕적 양심은 인간 삶에서 하찮은 부분이 아니라, 인간과 동물의 가장 중요한 차이점이며 인간의 다른 어떤 원칙보다 중요하다. 그는 그 책에서 이 내용을 반복해서 주장한다. 분명 침팬지 같은 일부 동물과 인간에게는 공동 규정이 있는데, 이것을 '원시적 도덕Proto-morality' 또는 프란스 드 발Frnas De Waal이 말한 도덕성의 '벽돌 쌓기building blocks'라고 부른다. 도덕성을 세우는 벽돌들인데, 호혜성과 위안, 불평등에 대한 반감, 공감, 타인에 의해 강화된 행동 규칙 준수를 가리킨다.[10]

일부에서는 동물들도 이런 재료들을 가지고 있다고 하는데, 여기엔 논란의 여지가 있다. 그러나 만일 동물들이 그것들을 가지고 있다고 해도, 도덕적 감각이나 양심 발달을 위한 훈련을 받기 전이고, 여기에 다른 무언가가 더 필요한 게 사실이다. 이런 차원은 무엇으로 이루어져 있을까? 다윈의 말에 따르면,

결국 도덕적 감각이나 양심은 매우 복잡한 감정이 된다. 그것은 사회적 본능에서 비롯되며, 우리와 비슷한 사람에 대한 수용으로 안내한다. 이성과 자기 이익, 최근에는 깊은 종교심과 교육과 습관의 확인에 좌우된다.[11]

그러므로 도덕적 양심의 기원은 인간의 사회적 본능에 있다. 그리고 이것은 수용과 이성, 자기 이익, 교육, 습관 및 종교적 감정처럼 동물에게는 없는 조건들의 틀을 만들 수 있다.[12] 분명, 양심의 사회적 기원에 대한 의견은 양심의 생물학적 기원을 설명할 때도 많이 사용된다. 아마도 이것이 개인적 특징이 희미해지고 '도덕적 양심'이 '사회적 양심'과 동일시되는 이유일 것이다.

진화론적 관점에서 도덕성의 출현은 이미 말한 '생물학적 이타주의의 신비'와 관련이 있어 보인다.[13] 자연 선택의 가설에서는 이타주의자들이 사라지지 않는 것을 어떻게 설명할까? 다윈은 최대한 집단 선택 원인을 들이밀었다. 이타적 행동이 집단 내 개인들에게 이익을 주지 않지만, 집단들끼리 선택을 가능하게 한다. 내부적으로 연대책임이 있는 집단들이 생존 투쟁에서 더 살아남을 수 있기 때문이다.[14] 그러나 시사하는 바가 매우 큰 이 가설에는 개인적 이타주의에 관한 설명이 없는데, 그 집단들에 손해를 보지 않을 방법을 계산하고, 다른 사람을 희생해 가며 여행하는 무임승차자들이 넘쳐나

기 때문이다. 그러면 개인적 이타주의는 어떻게 설명할 수 있을까? 이 질문에 대한 대답에는 도덕적 양심의 출현이 중요하다.

수치심과 도덕주의적 공격

가장 설득력 있는 대답은 진화 과정에서 집단들이 다양한 방법으로 무임승차자들을 처벌함으로써 스스로를 보호한다는 것이다. 그들을 쫓아내고 손가락질하거나 나쁜 평판으로 수치심을 주면서 그것을 사회적 선택이라고 부른다.

이미 1971년 로버트 트리버즈^{Robert Trivers}는 '도덕주의적 공격 Moralistic aggression'을 수렵-채집인들이 규칙 위반할 때 보이는 선택적 힘과 같다고 보았다. 이 강제적인 힘은 우리 사회에서 끊임없이 사용되며 매우 철저히 연구되어야 한다.[15] 수렵-채집인 시대에는 그 공격 덕분에 무임승차자들이 구석으로 내몰렸고, 그들이 번식할 방법이 거의 없었다. 반면 이타주의자들은 집단에서 더 높이 평가받았고, 번식할 가능성도 더 컸다.[16] 그러나 이 방법을 위해서는 개별 능력들을 습득해야 했고, 도덕적 양심의 생물학 형성에 결정적이었다. 이 능력은 진화생물학자인 리차드 알렉산더^{Richard Alexander}가 말한 '간접적 호혜성^{indirect reciprocity} ⑥⑦'을 강화한다. 타인의 의도를 추측할 수 있는 능력 덕분인데, 고의로 집단의 규칙을 위반하는 사람들을 감지한다. 물론 처벌하는 당사자는 고통스러울 수 있지만, 이것은 범죄

---

⑥⑦ 과거의 평판을 통해서 협조할 수 있게 되는 경우.

자를 처벌할 수 있는 능력이자 받을 보상을 뒤로 미룰 수 있는 능력이다.[17]

그러나 도덕적 양심의 출현을 위해서는 집단 법칙의 존재와 위반 시 받는 신체적, 정신적 처벌, 동료들의 경멸, 특히 집단 내에서 생존에 중요한 평판이 떨어질 때 느끼는 수치심을 인식하는 게 매우 중요하다. 따라서 다윈이 식민지에 도착한 선교사들에게 편지로 아시아와 아프리카의 원주민들이 수치심으로 얼굴이 붉어졌는지 묻고, 그럴 때 모든 인간이 얼굴이 붉어지고 사회적인 이유로 얼굴색을 갖는 것은 인간이 유일하다는 결론을 내린 건 별로 이상하지 않다. 인간의 수치심에 대한 반응은 타고난 것이지 문화적인 특징이 아니다.[18]

수치심과 평판 욕구는 집단뿐만 아니라 개인 생존에도 꼭 필요하고, 인간의 필수적인 도덕적 진화 단계에도 나타날 것이다.

이것은 험담의 가설이 큰 관심을 끌면서 점점 더 힘을 얻고 있다. 수렵-채집인들도 집단의 규칙을 어긴 사람을 비난하고 비판했을지도 모른다. 또 다른 한편으로 그들은 평판을 유지하기 위해 이타적으로 행동했을 것이다. 이런 걸 보면 타인의 칭찬과 비난에 관한 관심은 사회적 덕목인 공감을 발달하는데 가장 중요한 자극제다.[19] 타인의 고통과 기쁨을 이해하는 능력인 공감은 다른 사람을 불쌍히 여기고 그들을 책임지는 데 꼭 필요하다. 그러나 동시에 좋은 평판을 얻기 위해 타인의 시선에 신경을 쓰게 만들기 때문에 타인에 대한 의존도를 높인다.[20]

가난포비아

자연 그대로의
에덴동산

이쯤 되면 창세기의 아담과 하와 이야기가 떠오를 수밖에 없다. 그들은 하느님의 명령을 어긴 후 벌거벗은 것을 깨닫고 수치심을 느꼈다. 율법을 어긴 것에 대한 수치심은 도덕적 선악 관념의 기원에서 나타난다. 에덴동산은 성서 버전과 자연주의 버전으로 볼 수 있다. 그 명령이 전자에서는 신성하고 후자에서는 생물학적이다.[21]

성적 관계 형태가 매우 중요한 많은 사회에서 창세기의 벌거벗음에 대한 수치심은 죄의식을 표현하는 방법으로 해석될 수 있다. 이것은 규범을 어기고 공개 비난을 받아 떨어진 평판에 대한 수치심으로 볼 수도 있다. 에덴동산에서의 추방은 노동의 피로와 출산의 고통을 초래했지만, 위반자임이 드러난 것 자체가 깊은 영적 고통일 수도 있다. 가인도 역시 자신의 범죄로 처벌[68]을 받았고, 에덴의 동쪽 놋 땅으로 추방됐다.

이것은 오늘날 일부 지식인들이 부패와 나쁜 관행을 없애는 방법으로 삼는 사회적 수치의 힘일 것이다. 하지만 그것은 양날의 검이다. 정당해서가 아니라, 사회 집단의 규범(항상 공정한 건 아님)에

[68] 동생 아벨을 죽임.

따라 그렇게 할 수 있는 힘을 가진 사람들이 그것을 이용하기 때문이다.

따라서 분명히 이 검이 향하는 대상은 가장 약한 사람, 받은 혜택을 갚거나 복수하지 못하는 사람이기 때문에 검은 권력의 또 다른 지배 수단이 될 수도 있다. 그러므로 순간마다 누가 가장 약자인지 알아볼 수 있는 분별력이 필요하다.

양심의 소리는
뭐라고 할까?

다시 진화론적 관점으로 돌아가서, 여기에서는 도덕적 양심을 어떻게 봐야 할까? 진화론 관점에서 다양한 의미가 있겠지만 그중 두 가지 관점이 특히 흥미롭다.

하나는 전략적인 내적 목소리로 본다. 규범을 어길 때 처벌하는 집단을 자극하지 않고 신중하게 이익을 얻는 방법을 우리에게 조언해 준다. 이 버전에 따르면 인간은 이기적이고, 자기 목표를 이루기 위해서는 평판과 자산을 잃지 않는 선에서 얼마나 이익을 얻을 수 있는지 계산한다. 리차드 알렉산더의 말처럼 도덕적 양심은 '견디기 힘든 위험을 피하면서 얼마만큼의 이익을 얻을 수 있는지 알려주는 작고 조용한 목소리'다.[22]

도덕적 양심을 전략적이지만 적응의 결과로 이해할 수 있다. 우리에겐 공동체의 가치와 집단의 규칙들을 따르고 그것과 정서적으로 연결되려는 경향이 있다. 그래서 우리는 규칙을 지키며 자랑스러워하고 어기면 수치심을 느낀다.[23] 이런 동의는 집단에 소속되고 받아들여진다는 걸 깨닫고 느끼게 해준다. 매슬로우Abraham Maslow의 피라미드에 따르면 이는 인간의 기본 욕구 중 하나다.

양심의 신경생물학적 실체는 거절당했을 때의 고통, 집단에 소속된 만족, 존경하는 사람에 대한 모방으로 이루어진다.[24] 뇌의 다양한 영역은 우리가 도덕적 능력을 갖추는 방향으로 진화했다. 옳고 그름에 대한 감각, 부끄러워하는 능력, 공감, 벌을 받을 수 있다는 자각, 평판 인식으로 이루어져 있다. 이 인식은 우리가 사회적 명성을 유지하고 가치 있는 사람으로 보이는 데 도움이 된다. 이것은 자존감을 얻는 방법이기 때문이다.[25]

외부에 위반 사실을 들키지 않으면 평판이 깎이지 않거나 수치심을 느끼지 않을까? 이 질문에 대답하기 위해서 다시 기게스 반지의 전설 이야기로 돌아가자. 글라우콘의 말에 따르면, 투명인간이 되면 살인과 도둑질을 하거나 법을 어겨도 벌을 받지 않는다. 생존을 위해서 올바른 사람이 되어야 한다는 조건을 없애버리기 때문이다. 반지를 돌리면 의로운 사람, 불의한 사람 모두 같은 행동을 하게 될 것이다. 둘 다 처벌을 받지 않는 상황을 즐기게 되고, 올바르게 행동할 이유가 없기 때문이다. 그에 따르면, 올바른 선택을 하는 것은 우리가 좋은 사람이라서가 아니다. 불의를 저지를만한 힘이 없어서다.

힘이 있으면 의로운 사람이 될 필요가 없다. "그렇게 행동하는 사람은 올바르지 않다."라는 소크라테스의 대답은 분명 인상적이지만, 생물학적 관점에서 도덕적 양심의 탄생 이야기는 그 대답의 정당성이 희미해지도록 만든다. 그 이야기로 보면 인간이 양심을 따르는 이유는 자기 행동의 가시성에 달려 있다. 따라서 평판은 중요해질 수밖에 없다.

평판의 힘

수학자이자 진화 생물학자인 마틴 노왁Martin Nowak과 칼 지그문트Karl Sigmund는 「기민한 투자들Shrewd Investments」이라는 논문에서 노학자 이야기를 들려준다.[26] 이 일화는 우리가 무엇을 하든 뭔가 보상을 기대한다는 인간의 특성을 보여준다. 이런 호혜성이 협력의 기초가 된다. 이 노 교수는 일부 동료들이 나중에 자기 장례식에 참석할 것이라고 기대했다. 그는 간접적인 호혜성을 신뢰했기 때문이다. 보상을 기대하되, 이타적 행위의 수혜자가 아닌 제삼자에게 보상을 기대하는 것이다. 리차드 알렉산더는 이런 행동 방식을 '모든 도덕성 체계의 기초'로 보았다.[27]

그러나 이타적인 행동을 하기 위해서는 이익의 기대치가 비용보다 커야 한다.[28] 이타주의자와 수혜자 사이의 직접적 관계에서는 어느 정도 그 가능성이 보장되지만, 기부자와 수령자 간의 간접 호혜성은 쉽게 깨진다. 보상을 해줄 만한 제삼자인 무임승차자들, 즉 표를 내지 않고 계약주의 사회의 기차에 올라타는 여행객에 의해 쉽게 깨질 수 있다.

주고받는 이들 사이의 다리를 연결하는 것은 개인과 기업, 조직, 전문가 또는 정치 단체의 평판이다. 이것은 예상대로 받을 것이라는 암묵적 계약을 통해 상대방에게 신뢰를 준다. 이는 개인적 선행이나 교환의 끈을 유지시킬 수 있다. 마르셀 모스^{Marcel Mauss}가 말한 선물 경제^{Gift economy}⑥⑨ 게임이지만, 모든 계약주의 경제의 원리이기도 하다. 간접 호혜성이 효과가 있다면, 그것은 사회에서 확장된 평판과 지위의 체계 덕분이다.

노왁과 지그문트는 도덕적 판단을 하게 하는 압박의 상징을 하늘에서 항상 지켜보고 있는 전능하신 하느님의 눈으로 봤다. 양심은 타인과 함께하는 방식의 내면화로 작용할 수 있다. 양심은 개인뿐만 아니라 기업에게도 해당된다. 사회 공헌의 일부분 것이다. 하지만 기업의 경우 기업의 매출(가치) 향상을 위해 마케팅 부서에서는 이를 알리려 노력한다.

최근에는 수많은 경험적 연구가 사회적 행동이 평판에 대한 욕구와 어떻게 연결되어 있는지 보여준다.[29] 한 경제적 실험을 한 결과, 익명성이 보장된 상황에서는 개인이 이기적인 행동을 하지만, 익명성이 잘 보장되지 않은 상황에서는 친사회적 행동을 보였다. 실제 관찰자가 아닌, 사진이나 그림으로 된 관찰자가 있는 경우도 마찬가지였다.[30]

니체는 특별한 예외를 제외하고는 평범한 사람들과 기업, 정당, 지도자들이 자신이 생각하는 것보다 평판에 더 신경 쓴다고 확신했다. 아마도 그래서 마키아벨리가 왕을 떠올리며, "모두가 당신의 겉모습만 볼 뿐, 당신이 진짜 누구인지 정확히 아는 사람은 거의 없다."라고 말했을 것이다. 겉으로 보이는 세계에서는 호의를 베푸는 사람, 설득하거나 단념하게 하는 사람으로 보일 수 있지만, 정말 누구인지는 양심의 신비 속에 남아 있다.

분명 좋은 평판을 얻는 것이 현명한 일이다. 언론은 평판이 투표에 영향을 미칠 것이라고 추측하며, 시민들이 정당 지도자들에 대해 내리는 평가를 계속 보도한다. 기업들은 잠재 고객, 타기업 및 정권에게 기업 윤리 책임 보고서를 제출한다. 우수한 윤리 교육 과정을 신뢰할 수 있는 조직과 비즈니스를 이끄는 중요한 요소로 여기기 때문이다.

오늘날 평판은 더 큰 영향을 미칠 것이다. 행동의 가시성이 기하급수적으로 증가하고 '좋아요' 또는 '싫어요'라는 투표로 기업, 언론을 비롯한 대부분의 조직이 평가 받는다. 그 결과 사람들의 정서를 한 방향으로 움직이고, 다수의 감정에 단순하고도 개략적인 메시지를 전달할 지능이 있다면, 평판을 높이거나 떨어뜨리는 것은 어렵지 않다. 우리 시대는 마키아벨리, 니체 또는 에마뉘엘 무니에가 살던 시대보다 더 많은 평판을 받고 있는 시대다. 정서를 움직이는 것이 성공의 열쇠다.

---

69 교환경제와 대비되는 개념으로 재화를 선물로 나누어줌으로써 물질적 필요를 충족하는 경제로 즉각적인 또는 미래의 보상에 대한 명백한 합의 없이 제공됨.

자율성과
금욕함에 대한 교육

평판의 압박으로 인한 사회적 선택은 개인행동과 진화 과정에 분명한 영향을 끼친다. 이러한 생각을 뒷받침하는 연구들은 사적·공적 행동을 지도할 때 큰 도움이 된다. 타인이 지켜볼 때 개인이 더 친화적으로 행동한다면 사회가 가난포비아적 행동을 거부하고, 빈곤층을 지지한다는 메시지를 보내며, 그들을 환대하는 행동을 높이 평가한다고 선전한다면 도움이 될 것이다. 애덤 스미스의 말처럼 우리 사회의 경멸 대상은 빈곤이 아닌 악과 어리석음이 되어야 한다.

이것이 사회 규범이 된다면 아이들도 자연스레 학습한다. 문화와 사회 환경을 빨리 체화하기 때문이다. 아이들은 지역 사회의 윤리 규칙에 조금씩 스며드는데, 규칙은 그 사회의 특징을 나타내는 상징적 표현 체계와 관련이 있다. 따라서 완벽한 생물학적 진화란 존재하지 않고, 생-문화적 Bio-cultural 진화라고 볼 수 있다.

우리에겐 도덕적 양심이 많이 남아 있지 않은 것 같다. 소크라테스식으로 말하자면, 도덕적 양심은 내면의 목소리다. 옳은 것을 기억하고 정의롭게 행동하게 하는 마음의 목소리로써 외부 결과에 따라 움직이는 것이 아니다. 사회 규범이 늘 논리적으로 타당하지는 않다. 명성과 평판을 잃어도 옳다고 생각하는 것을 선택하는 사람들과 불의한 규범 앞에서 생물학적·사회적 명령을 지키지 않는 사람들의 도덕적 권위가 실추되어서는 안 된다. 평판의 체계를 따르지 않고 도덕적 양심이 무조건적인 의무가 되는 순간은 없는 것일까?

양심은 순수한 상태에서 이기심의 패러다임으로 시작된다. 사회 규범과 충돌하지 않는 선에서 자기 이익을 얻을 수 있는 지점을 계산하는 것이 그 한계일 수 있다. 때에 따라서는 양심을 편안하게 순응하는 방식으로 선택할 수 있다. 그러나 양심을 해석하는 이 두 가지 방법은 인간 생활의 아주 중요한 부분을 설명하지 못한다.

첫째, 종종 소크라테스와 안티고네 사이의 모순❼⓿처럼 양심의 소리와 사회법 사이에도 모순이 생긴다. 관점에 따라 역사 내내 순교자들과 양심적 병역거부자, 시민 불복종 활동가들이 늘고 있다고 볼 수 있다. 그들은 하느님의 법을 따라 인간의 도리를 생각해, 진정성의 윤리에 입각하여 사회법을 어긴다. 사회법을 반대하는 사람은 현실적이거나 이상적인 사회를 자신의 마음속에 품고 있다. 하지만 어쨌든 그 사람은 문제없는 삶을 보장하는 법들을 따르지 않고, 더 인간적이라고 생각하는 규범들을 따라 자신의 편안함을 포기한다.

둘째, 도덕적 양심에 대한 이런 진화론적 해석으로는 사회법 반대를 포함해 모순적인 제안을 한 도덕 혁신가와 도덕 창조자들의 출현을 설명할 수가 없다. 그들은 닫혀있는 규범들을 깨고 혁신적인 주장을 제시했다.[31] 부처와 나사렛 예수라는 두 인물의 예를 들어보자. 다윈은 예수를 다음과 같이 생각했다.

❼⓿ 안티고네는 인륜을 무시한 크레온의 법에 저항했고, 소크라테스는 악법을 준수하기 위해 독배를 마셨음.

악을 선으로 갚고 원수를 사랑하는 도덕성의 절정을 보면, 사회적 본능이 우리를 이끌었을 거라는 주장이 의심스럽다. 이런 본능들은 이성의 사용과 교육, 그리고 하느님에 대한 사랑이나 경외를 통해 넓게 확장되고 깊어져야 한다.[32]

셋째, 도덕성은 이기심을 극복하고 타인이나 공동체를 걱정하는 관습과 규범의 유형과 관련 있다. 그러나 전통적으로 '자신을 위한 의무'가 있다는 점을 기억해야 한다. 이 의무는 다른 사람을 돌보는 것뿐만 아니라 자신을 존중하는 의무다. 다윈에 따르면 도덕의 전통 조약들에 나타나는 이런 의무 인식은 문명과 함께 태어났다. 야만적인 사회에서 개인은 자기 이미지에 관심이 없지만 문명사회의 개인은 거기에 관심이 있다.[33]

이런 점에서 다윈과 칸트처럼 전혀 달라 보이는 두 저자에게도 흥미로운 공통점이 있다. 칸트도 자기 자신에 대한 의무 인식이 도덕 세계의 핵심이라고 생각했기 때문이다. 칸트는 『도덕형이상학』의 덕론에서 자신에 대한 의무와 타인에 대한 의무를 구별하고, 자신에 대한 의무를 분석한다. 모든 도덕의 핵심은 자기 의무self-obligation이기 때문이다. 도덕적 의무는 타인에 대한 의무를 이행하는 것뿐만 아니라, 먼저 자신에 대한 의무를 이행하는 것이고, 이를 이행한 후에야 타인에 대한 의무를 이행할 수 있다.[34]

이것은 다른 형태의 사회적 강제 요구를 뛰어넘는 도덕적 의무의 특징이라고 할 수 있다. 생물학적으로 우리는 비난, 형벌 및 평판 실추를 피하고자 집단의 규칙들을 잘 지킬 수 있다. 그리고 신중한 이성은 이렇게 하라고 조언한다. 하지만 이 강력한 수단은 기게스의 반지를 낄 수 있는 사람 앞에서 모든 힘을 잃는다. 반면 도덕적 합리성을 가진 사람은 스스로 그것을 지킬 수 있다. 그 사람 안에는 집단의 규칙이든 아니든, 정당하다고 생각하면 무조건 그것을 받아들이거나 거부, 명령하는 특정 도덕 세계가 있다.

그런 인간의 능력을 '자율성', 혹은 '도덕적 자유'라고 한다. 자유의 법칙들을 지키는 동기는 경험으로 얻을 수 있는 게 아니라, 인간의 존엄성 존중에 뿌리내리고 있다. 내적 의무의 구성 요소는 오랫동안 자연법의 양심으로 설명해왔다. 하느님의 법으로 보기도 하고, '너다운 존재가 되라'라는 명령인 인간성 자체의 법으로 보기도 했다. 이 모든 경우에서 내적 힘을 다루는데, 이것은 생존이 아닌 자기 양심에 따라 선하게 살고자 하는 욕구와 관련 있다. 스토아 철학⁷¹에서는 이것을 '자연과 일치하는 삶', 종교적인 철학에서는 '하느님의 율법에 따르는 삶', 칸트주의 철학에서는 '자기 이상의 법에 따르는 삶', 진정성의 윤리에서는 '외부의 영향이 아닌 자기 가치와 일치하는 삶'이라고 말했다.

사람들은 평판 게임을 하면서 집단의 규칙에 따라 사회적 압력을 받는다. 하지만 압력이 항상 배제당하는 사람을 포용하라거나 거부당하는 사람을 수용하라고 강제하지는 않는다. 그들은 이기적이거나 타협적인 계산에 매달려있다. 물론 이러한 선택은 생존과 번영을 위해서는 '고려해야 하지만' 또는 '고려할만하지만' 그것만으로는 충만한 생활을 영위할 수 없다. 자율성의 교육과 대화와 논의를 통해 양심을 만들어가도록 교육해야 한다. 그래야만 사회적 압박이 부

---

⁷¹ 윤리를 중심 문제로 하여 욕망을 억제하고 자연의 법도를 따를 것을 주장함.

당할 경우 그 힘에 속지 않고 도덕적 삶이 소멸되지 않는다.[35]

나쁜 평판은 행복한 삶을 영위하는 기본 요소인 자존감에 안 좋은 영향을 주고, 우리 욕망과 열망을 이루는 데 부정적인 결과를 초래한다. 어쨌든 떳떳한 양심, 떳떳하지 못한 양심은 의식 속에 남는다. 하지만 우리는 생텍쥐페리의 어린 왕자가 말했듯이 양심을 잊고 사는 것처럼 보인다. 우리는 양심이 아닌 평판의 시대에 살고 있다.

그럼에도 불구하고 우리는 공적 생활에서 나쁜 평판, 나쁜 양심을 가져도 잘 지내지 못할 것이라 확신한다. 정치인들은 헌법 앞에서 자신의 명예와 양심에 따라 의무를 다할 것을 약속한다. 또 다원주의 사회에서 하느님을 믿지 않는 사람이 성서 앞에서 맹세나 서약을 거부하는 것도 당연하다. 이것과 마찬가지로 자신의 양심을 믿고 어떤 값을 치르더라도 양심만은 버리지 않겠다며 소중하게 여기는 것도 당연한 일이다.

시민이 법정에서 거짓말하는 것을 막기 위해서 칸트는 『도덕형이상학』에서 위증자에게 벌을 내릴 준비가 된 하느님을 생각하고 믿으라고 권면한다. 하지만 우리 시대에는 개인의 양심이 그러한 최종 보증의 역할을 하기에 우리에게 양심은 매우 소중할 수밖에 없다.

양심에 호소한다고 사회가 투명성과 책무성Accountability[72]과 관련된 명확한 법을 만들 필요가 없다는 건 아니다. 시민권을 의식하는 것은 국민이 국가를 통치하는 민주주의 사회의 특징이다. 그러나 이런 사실 앞에 늘 질문이 생긴다. "통치자는 누가 통제할까?"

자기 행동을 판단할 때 자기 양심 외 다른 판단은 인정하지 않는 하늘의 계시를 받았다는 사람들은 위험하다. 집단적 믿음으로 남을 불쌍히 여기는 마음 없이 살인을 일삼는 광신도 집단도 마찬가지다. 따라서 혼자만의 대화나 가족, 인종, 국민 등 친밀한 집단과만 하는 대화가 아닌 폭넓은 대화를 통해 개인의 양심을 형성하는 것이 중요하다. 우리는 인간이고, 인간에서 비롯된 모든 것은 우리와 무관하지 않다. 대화는 시간과 공간적으로 가까이 있는 사람이나 멀리 있는 사람 모두 다 고려해야 한다.

인간의 관계는 계약 능력으로만 맺어지는 것이 아니다. 또한 주고받는 교환만으로 맺어지는 것도 아니다. 인간관계의 바탕에는 의지와 상관없이 이미 존재했던 관계가 놓여있다. 오로지 관계를 깨뜨리거나 강화하는 시도만 가능할 뿐이다. 결국 사람이 사람일 수 있는 이유는 타인이 그 사람을 사람으로 인식하기 때문이다. 그 상호 인식이 관계 즉 리가티오^{Ligatio} **73** 를 만든다.

인간이 받을 수 있는 최고의 벌은 타인에게 투명인간 취급, 무시, 경멸을 받는 것이다. 상호 인식은 인간을 구성하는 기본 요소로, 이것을 통해 사람들은 포용적 사회의 기초를 놓는 연민과 동정을 깨닫는다. 그래야 우리의 삶이 발전한다. 서로가 서로에게 소속되는 리가티오, 그 관계를 발견하면 타인의 존엄성 존중 같은 의무들이 나타나고, 이런 존중은 정의의 영역에 속한다. 이 의무들은 늘 더 먼 곳으로 향하는데, 그것이 따뜻한 세상을 만들기 때문이다.

72 책임을 인정하고 설명하며 책임지는 것.
73 라틴어로 '잡아맴, 붙들어 맴'이라는 뜻임.

6장

도덕적 생명 향상

전통적으로 개인 및 사회적 양심을 발달시키는 방법인 교육은 상황과 장소에 따라 여러 형태로 이루어졌다. 이것이 '-포비아'로 끝나는 사회 병리들을 극복하는 방법이기도 하다.

도덕적 동기의 문제

이 책에서는 가난포비아에 집중해 보겠다. 교육은 개인 및 사회적 양심의 약점인 도덕적 약점을 극복하고, 우리 행동을 선언 내용의 수준으로 끌어올린다. 물론 이 향상 또는 향상 과정에서 가장 중요한 것은 동기부여다.

그러나 이익이 되는 사람뿐만 아니라 모든 사람을 보호하는 보편적 규범으로 작용하는 도덕적 동기는 너무 약하다. 따라서 그것으로는 일상에서 이익을 낼 것 같지 않아서 사회에서 소외당하는 사람들을 거부하는 태도를 근절하기 어렵다.

부패와 공동 이익이 아닌 개인과 집단 이익을 따르는 선택, 부정 또는 뇌물 수수와 같은 도덕적 병리를 막기도 어렵다. 정치권이나 기업, 다른 조직과 기관에서도 마찬가지다. 한 스페인 대학 학장은 도덕적 병리를 두고 이런 말을 했다. "인정과 특권을 제공받지 못하면 기꺼이 지원을 거부할 준비가 된 500명의 능력 있는 교수들의 거만함을 받아주기만 하면 된다"는 자조 섞인 말을 했다. 만일 그렇게 한다면 부정행위들은 불 보듯 뻔하기 때문이다.

교육은 가난한 사람을 무시하지 않도록 동기를 부여하고, 이 작업에 도움이 되는 뇌의 기능을 알아보는 도구다. 마리아 호세 코디나M.ª José Codina의 『따뜻한 덕목에 대한 신경교육Neuroeducación en virtudes cordiales』과 같은 책들은 이런 방향을 지향한다. 그러나 우리가 매일 확인하는 것처럼, 지금까지의 교육만으로는 충분하지 않았다. 그것은 법이 좋고 나쁘거나, 교육 과정의 적절성 여부 때문이 아니라 사회가 존엄이나 연민에 대해 교육하지 않기 때문이다.

약한 친구를 괴롭히는 아이의 부모가 자녀의 그런 사실을 인정하는 경우는 거의 없다. 자녀가 공부하지 않아서 시험을 낙제했다는 사실을 인정하는 부모도 드물다. 조금이라도 권력이 생기면, 담당 교사와 전쟁 태세를 갖추고 자녀의 혐의를 벗기기 위해 기꺼이 교사의 삶을 파괴한다. 그들은 다른 교사들과 기자, 상담가들에게 도움을 구하고, 소셜 미디어를 이용해 감히 자녀를 낙제시킨 교사들의 명성에 흠집을 내려고 애쓸 것이다.

정치권력에서 그들이 가진 투표권과 인맥이 정의와 정직보다 훨씬 더 막강한 미끼가 된다. 이런 습성들 앞에서는 모든 법이 의미를 잃는다. 법은 힘 있는 사람들이 원하는 대로 조작된다. 아포로이, 즉 가난한 사람들은 이 권력 게임에서 내밀 카드가 없다. 일부 저자들은 최근 몇 년간 교육이 인간의 도덕성 향상에 기대만큼 성과를 거두지 못했다면, 발전하는 기술에 도움을 받아야 한다고 생각했다. 도덕적 생명 향상에 도움을 청해야 한다고 주장하는 것이다.

새로운 프랑켄슈타인

최근 생의학 과학Biomedical sciences의 발전으로 새로운 인체 생물학 Human biology **74** 기술이 향상됐다.[1] 병리학적 사례를 연구한 결과에 따르면, 보통 생의학 기술은 일상적으로 건강 유지나 회복에 사용되지만, 건강한 사람들의 특징을 바꾸거나 정상적인 사람들의 건강을 향상하는데 사용될 수도 있다.

물론 이런 가능성이 나타나자마자 많은 윤리적 문제가 쏟아졌다. 특히 다음 두 가지 질문을 들 수 있다. 향상을 위한 생의학적 개입이 윤리적으로 허용될까? 또는 그 개입이 치료법에만 허용되는 것일까? 그 대답이 긍정적이라면 기억력이나 집중력을 뜻하는 신체 및 인지의 '정상적' 능력 향상에 도덕적 책임이 뒤따를까?[2] 우리가 아마르티아 센의 관점을 인정한다면, 인간의 능력을 향상하는 일은 그들에게 힘을 실어주는 방법이 될 것이다. 그리고 우리 행동의 제한적 목적이자 실제적 목적이 인간이라는 칸트의 주장을 진지하게 생각하면, 능력을 향상하는 일은 과학 활동의 실제 목적을 인간으로 여기는 방법이 될 것이다.

---

74 의학적 자료를 바탕으로 인간의 신체 구조, 각종 신체기관, 감각, 신경조직의 기능을 연구함과 동시에 인간의 발달 과정에서 생기는 문제점들을 제시하고 해결 방안을 모색하는 새로운 생물학 분야.

분명히 이런 향상의 문제는 생명 윤리 분야, 특히 신경 윤리 분야의 주요 쟁점이다. 특정 생의학적 개입이 의무이거나 허용될 수 있는지, 우리가 인간 능력 향상을 위해 사용하는 생의학 기술을 포함해 이 목표를 위해 사용하는 모든 수단이 도덕적으로 옳은지 확인해야 하기 때문이다. 이것은 현대판 새로운 프랑켄슈타인에 대한 열망일 것이다.

　'신경윤리Neuroethics'라는 용어를 처음 사용한 <뉴욕타임스NYT>의 칼럼니스트, 윌리엄 사피어William Safire는 그 말을 이렇게 이해했다. 그는 2002년에 열린 국제학회에서 이 용어가 1816년 제네바의 디오다티 빌라Villa Diodati에서 태어났다고 확신했다. 당시 디오다티 빌라에는 바이런Lord Byron과 퍼시 셸리Percy Shelley, 존 폴리도리John Polidori, 메리 셸리Mary Shelley와 같은 작가들이 모여 있었는데, 비바람이 몰아치던 그 날 그들은 각자 인간의 완전성과 관련된 공포 이야기를 한편씩 쓰기로 마음먹었다.[3] 호기심 가득한 이 내기 덕분에 먼저 폴리도리가 『뱀파이어Vampire』를 썼지만, 진짜 명성을 얻은 주인공은 『프랑켄슈타인Frankenstein』을 쓴 메리 셸리였다. 사피어는 신경윤리가 더 완벽한 인간이 되기 위해 신체적·정신적 능력을 향상하려는 것과 비슷한 욕구에서 태어났을 것으로 이해했다.

　하지만 과연 그게 사실일까? 생의학 과학은 어떻게 해서든지 현대판 프랑켄슈타인을 만들려는 것일까?

초인본주의자,
생명보수주의자

이 새로운 향상 계획에서 가장 먼저 생긴 문제는 '향상'의 뜻을 결정하는 것이었다. 그 의미의 특징은 아주 많지만, 보통은 두 가지로 볼 수 있다. 첫 번째는 철학자이자 생명윤리학자인 앨런 뷰캐넌Allen Buchanan이 설명한 것으로 다음과 같다. "생의학적 향상은 생의학을 사용한 의도적인 개입으로 대부분 또는 모든 정상적 인간이 가진 전형적인 심신 상태인 기존 능력을 향상하거나, 몸이나 뇌에 곧바로 작용해서 새로운 능력을 만들어 내고자 한다."[4] 두 번째는 옥스퍼드 대학의 생명윤리학자인 줄리안 사불레스쿠Julian Savulescu의 설명으로 '향상'의 특징을 "만일 X가 C환경(자연 및 사회적 환경)에서 A보다 더 나은 삶을 살 가능성이 크다면, X는 A보다 향상된 것이다."[5]라고 본다.

첫 번째 설명에서는 인간이 능력을 누리게 되는 전형적인 심신 상태가 무엇인지 결정하기가 어려운 반면, 두 번째 설명에서는 실용주의적 태도를 받아들인다. 개인의 능력이 정상인지 아닌지를 확인하는 건 중요하지 않다는 입장이다. 중요한 것은 우리가 능력을 끌어올리면 더 향상된 삶을 살 수 있다는 사실 뿐이다.

두 번째 문제는 우리가 생의학적 개입을 통한 향상을 인정할지,

아니면 그 개입을 통한 치료법만 받아들일지에 대한 윤리적 입장을 정하는 것이다. 여기에서는 다양한 이름으로 불리는 두 가지 입장이 있다.

사불레스쿠와 보스트롬은 『인간 향상Human Enhancement』의 서문에서 '초인본주의자Transhumanists'와 '생명보수주의자Bioconservatives'라는 두 입장을 구분한다.[6] 그들은 자신들을 초인본주의자로 여겼고, 1998년 닉 보스트롬은 데이비드 피어스David Pearce와 함께 '국제 초인본주의자 협회World Transhumanist Association'를 세워 조직 기반을 마련했다. 또한 그들은 '초인본주의자 선언The Transhumanist Declaration'과 <초인본주의 저널Journal of Transhumanism>을 탄생시켰는데, 이 잡지 이름은 후에 <진화와 기술 저널Journal of Evolution and Technology>로 바뀌었다.[7]

초인본주의란 용어를 정의하려면 유네스코 초대 사무총장을 역임한 올더스 헉슬리Aldous Huxley의 형제, 생물학자 줄리언 헉슬리Julian Huxley가 만든 용어의 특징을 참고하는 게 도움이 된다. 그의 저서 『계시 없는 종교Religion without revelation』에 따르면, "인류는 원한다면 자신을 초월할 수 있다. 한 개인은 이 방법을 통해 산발적인 형태로 자기자신을 초월할 수 있을 뿐만이 아니라 인류 전체가 초월을 이룰 수 있다. 우리에겐 이 새로운 믿음에 붙일 이름이 필요하다. 아마도 '초인본주의'라고 부를 수 있을 것이다. 인간은 여전히 인간이지만, 본성의 새로운 가능성을 실현함으로써 자신을 초월한다."[8]

그러나 초인본주의는 니체의 입장과는 거리가 있다. 니체는 초월할 의지와 능력이 있는 일부 개인의 자기 초월Self-Transcendence을 말하고, 초인본주의자는 전 인류의 자기 초월을 목표로 한다. 그리스의 서정시인인 핀다로스Pindaros의 '본래 자기 자신이 되라'라는 공식뿐만 아니라, 니체의 '본래 자신을 넘어서는 존재가 되라'는 말도 구현한다.

초인본주의자는 인간을 개조하려는 전체주의 틀에 갇힌 이전 계획들과 달리, 진보적인 기치를 내건다. 그들은 제안을 점차 문화 자유주의, 정치 민주주의 및 평등주의와 연결하려고 한다. 미국의 생명 윤리 학자인 제임스 휴즈James Hughes는 생명정치Biopolitics⑦⑤를 새로운 차원의 정치적 견해로 주장한다. 그는 저서인 『시티즌 사이보그 Citizen Cyborg』에서 '민주적 초인본주의'를 제안한다. 초인본주의적 생명정치를 민주적이고 경제적인 사회 정책, 문화적 자유 정책과 연결한다. 그는 우리가 안전하고, 모두에게 열려있고, 개인의 신체 통제권이 존중되는 기술을 통해 포스트휴먼Posthuman⑦⑥에 도달할 수 있다고 생각한다. 그 혜택은 선택된 한 사람뿐만 아니라, 모두에게 도달해야 한다. 국가는 여기에 개입해야 한다.

초인본주의자와 반대 극에 있는 생명보수주의자는 인간의 능력을 확장하거나 생물학적 특징을 수정하기 위해 기술을 사용하는 것을 반대한다. 생명보수주의자는 "기술적으로 생의학적 향상이 가능하고 합법적이라고 해도 도덕적으로는 허용되지 않는다."[9]라고 주장한다. 생명보수주의자 명부를 확인하기는 어렵지만, 조지 부시 대통령의 자문기구인 생물윤리위원회 위원장을 역임했던 레온 카스Leon Kass가 그 안에 들어간다는 것은 주목할 만하다. 미국의 미래 정치학

---

⑦⑤ 정치적, 철학적 맥락을 통하여 생명과 그 부속 현상을 설명하려는 다양한 시도와 이에 의해 정의된 일련의 개념.
⑦⑥ 현 인류보다 더 확장된 능력을 갖춘 존재로서, 지식과 기술의 사용 등에서 현대 인류보다 월등히 앞설 것이라고 상상되는 진화 인류.

자인 프랜시스 후쿠야마Francis Fukuyama도 그 위원회 일원으로 유명한 책인『부자의 유전자 가난한 자의 유전자Our Posthuman Future』를 냈다. 그리고 마이클 샌델Michael Sandel은 이 분야의 또 다른 고전인『완벽에 대한 반론Case Against Perfection』을 썼다.[10] 또한, 조지 아나스George Annas와 로리 앤드류스Lori Andrews, 로사리오 이사시Rosario Isasi와 같은 생명윤리 학자들은 인간의 타고 난 유전자를 변형시키는 '인간성에 반하는 범 죄'에 대한 법안을 제안했다.

그러나 이런 명칭들(초인본주의자와 생명보수주의자)은 앨런 뷰 캐넌에 의해 정치적으로 더 중요한 이름으로 바뀌었다. 그에 따르면 저자 집단 중 '생명 향상 옹호자'는 없다. 법규 안에서 다루는 내용 과 상황, 결과를 모르는 상태에서 그 누구도 향상을 찬성하기는 불 가능하다.

반면 '생명 향상 반대자' 집단은 있지만, 모든 향상을 반대하는 건 비판을 받는다. 그리고 나머지 집단은 초인본주의자가 아니지만, 향 상 반대자에 대한 반대 입장을 보인다. 특정 상황에서 사례별로 연 구해야 하는 문제로 보기 때문이다.[11] 여기에 조나단 글로버Jonathan Glover, 사불레스쿠, 아거Nicholas Agar, 브록Dan W. Brock, 보스트롬Bostrom, 데 이비드 디그라치아David DeGrazia, 앤더스 샌드버그Anders Sandberg 및 뷰캐 넌[12] 등이 포함된다. 그들은 전통적 향상 방법과 생의학적 향상 방 법 사이에 뚜렷한 구분이 없고, 궁극적으로 생리학적 향상을 뜻하는 개입과 학습 사이에 도덕적으로 큰 차이가 없다고 여긴다. 이 논의 에 관한 주장을 요약하면 다음과 같다.

첫째, 향상 반대자는 원칙적으로 향상이 인간이 타고난 본래 모습에 감사하는 덕목을 훼손한다고 주장한다. 그러나 이에 맞서는 사람들은 정상적 기능을 신성한 특권으로 여길 이유가 없고, 거기에 도덕적 규범을 들이댈 필요도 없다며 반론을 제기한다. 한마디로 자연적인 것과 비자연적인 것을 구별하기 어렵고, 정상적 기능은 통계적 일반화일 뿐 규범화시킬 이유가 없다는 것이다.

둘째, 향상 반대자는 향상 욕구가 완벽을 추구하는 경향과 관련이 있다고 본다. 그러나 이에 반대하는 사람들은 개선하려고 노력하는 것과 완벽을 추구하는 것은 다르다며 반론을 펼친다. 또한, 향상 반대자는 향상 옹호자가 이런 개입으로 불멸을 추구한다고 본다. 옹호자들의 반론은 간단하다. 그들은 불멸이 아닌, 더 향상된 삶의 질을 추구할 뿐이다.

셋째, 향상 반대자는 이런 개선론이 결국 계층을 나누고 연대책임을 회피하는 사회, 장애인을 무시하고, 분배적 정의를 약화하는 사회를 만들 것이라고 강변한다.[13]

이들 사이에는 위르겐 하버마스나 조지 아나스처럼 생식 세포 Germline에 생리학적 개입이 허용될 수 없다고 생각하는 사람들도 있다. 그 개입이 미래세대로 전해질 수 있기 때문이다. 반면, 향상 옹호자는 그런 개입을 인정하긴 하지만, 이와 관련된 위험성을 인지하고 지금도 그러한 개입은 허용되지 않는다고 본다.

이 주제에 관한 생각은 오늘날 도핑 문제와 관련된 운동의 성과 사례, 성관계, 인지 향상, 유전자 향상 또는 동물과 식물을 포함한 유전자 변형 생물체의 문제 등 많은 분야로 확대된다. 어떤 음악가들은 신경을 안정시키기 위해 베타차단제^{beta-blockers}[77]를 복용하고, 일부 학생은 시험을 잘 보기 위해서 메칠페니데이트를 복용한다. 이는 리탈린이라고 부르며 신경생물학적 기능 장애를 완화할 수 있다. 또한 모다피닐^{modafinil}[78]과 카페인을 인지 자극제로 사용하기도 한다. 조만간 인간을 근본적으로 변화시킬 수 있는 기술로는 가상현실, 착상 전 유전자 진단, 유전 공학, 기억력, 집중력, 불면증, 기분 향상을 위한 약물, 성과 향상을 위한 약물, 성형 수술, 성전환 수술, 인공 장기, 노화 방지 의약품이 있다. 이런 모든 가능성은 윤리적 문제를 제기하지만, 우리는 여기서 향상의 구체적인 유형인 바로 도덕적 향상에 초점을 맞추려 한다.

가난포비아

제삼자에게 피해를 주지 않는
도덕적 생명 향상

토마스 더글러스Thomas Douglas와 같은 저자들은 생명보수주의자의 입장을 무너뜨리기 위해 도덕적 향상의 허용 여부에 관한 질문을 던진다. 생명보수주의자들은 도덕적 향상이 부분적으로 이용자들에게 도움이 될 수 있지만, 제삼자에게는 해를 끼칠 수 있으므로 반대한다. 그들은 특히 '위치재Positional Goods ⑳'에 대해서 이야기한다. 예를 들어, 지능이 높아진 사람은 향상되지 않은 사람들에게 불이익을 주고, 직업 경쟁을 할 때도 더 많은 기회를 얻게 될 것이다. 정상적인 사람의 키를 늘리면, 그렇지 않은 사람들보다 더 많은 가능성을 얻고, 나머지 사람들은 정상 기준 아래로 떨어지게 된다.

그러나 그에 따르면 이용자들뿐 아니라 타인에게도 이익이 되는 향상이 있는데, 바로 행동의 동기 향상이다. 이것은 "자신을 바꾸면 그렇지 않은 사람들보다 앞으로 더 향상된 도덕적 동기들을 갖게 될 거라는 합리적인 기대를 하며 자신을 향상시킨 사람"14을 일컫는다. 그런 향상이라면 그 누구에게도 해를 끼칠 수 없다고 그는 주장한다.

⑰ β-아드레날린수용체를 특이하게 차단하는 약물.
⑱ 기면증으로 인한 과도한 졸음을 호소하는 환자에서 각성을 향상해주는 약물.
⑲ 특정한 재화에 대한 가치가 다른 사람이 소비하는 재화와 비교 평가되어 사회적 위치가 결정되는 것.

더글러스는 두 가지 정서를 말하는데, 바로 특정 인종 집단에 대한 혐오와 폭력적인 공격 충동이다. 우리가 이런 정서들을 약화하면 도덕적 향상이 일어날 거라고 주장한다.

이 가능성에 대한 생의학적 근거는 공격성 원인에 대한 이해를 높인 행동 유전학과 신경과학 연구에 있다. 이러한 원인을 수정하는 것이 바로 허용가능한 도덕적 향상이다. 실제로 MAO-A(모노아민 산화효소)[80] 유전자의 다형성과 생리학적 수준에서 세로토닌의 신경전달 물질계 장애와의 연관성에 대한 증거가 있다. 아직 인종차별 연구는 많이 이루어지지 않았지만, 기능적 MRI(자기공명영상) 연구를 통해 편도체[81]가 중요한 역할을 한다는 사실이 밝혀졌다. 이런 걸 보면 신경과학의 발전으로 그 원인이 수정될 수 있어 보인다. 인간에게 도덕적으로 자신을 향상할 수 있는 가능성이 열린 것이다.[15]

더글러스와 같은 사람들의 입장은 향상 반대자들의 주장을 허물기에 충분하다. 반대자들은 향상 주체에게만 도움이 될 뿐 타인에게는 해로울 수 있다고 주장해 왔다. 하지만 도덕적 향상은 향상의 주체뿐만 아니라 타인에게도 도움이 된다.

긍정적인 도덕적 향상의 허용에 대해 말하려면 과학적 관점에서 어떤 절차와 예측 가능한 결과를 통해 어느 정도 실행할 수 있는지를 고려해야 한다.

윤리적 명령

사불레스쿠와 페르손^{Persson}의 의견은 더 흥미로운데, 그들은 인간성의 도덕적 향상이 도덕적으로 정당할 뿐만 아니라, 도덕적 명령^{Moral} ^{Imperative}이라고 주장한다. 이 결론에 도달하는 과정에서 생긴 논쟁들은 다음과 같다.

사불레스쿠에 따르면, 도덕적 향상 가능성의 연구는 약물과 이식 및 유전자를 포함한 생물학적 개입을 통한 인지 향상이 과학 발전의 속도를 높일 수 있기 때문에 필요하다. 그러나 그럴 경우, 다른 사람보다 인지 능력이 우수한 소수가 지금 우리가 가지고 있는 것보다 더 많은 지식을 가질 때, 타인들에게 피해를 줄 수 있다.[16] 따라서 인지 향상으로 생기는 피해와 그 유사한 피해를 막기 위해서는 도덕적 향상이 필요하다.

사실 그의 이런 주장은 매우 빈약하다. 수십 년 전부터 인간 집단은 과학 기술력으로 지구를 파괴할 수 있었다. 그러나 이 위험은 과학자들보다는 원자력이나 대량 살상 무기 같은 도구를 손에 넣을 정

---

[80] 노르아드레날린과 세로토닌을 분해하고 밸런스를 조정하는 기능을 담당하고 인지 기능과 정신질환과 밀접한 관련이 있음.
[81] 뇌의 변연계에 속하는 구조 일부로서 동기, 학습, 감정과 관련된 정보를 처리하는 데 중요한 역할을 함.

도의 정치나 경제적 힘을 가진 사람들에게서 나올 가능성이 더 크다. 이것은 현실이다. 인지 향상은 기존의 힘을 증강하지만, 새로운 위험을 초래하지는 않을 것이다.

이런 이유로 사블레스쿠와 페르손은 인류의 과학 기술력이 기하급수적으로 발전하고, 지구를 파괴할 가능성이 있다는 사실에서 다른 쪽으로 눈을 돌린다.[17] 이것은 이미 60년대와 70년대 칼-오토 아펠과 한스 요나스가 한 경고였다. 그 내용은 무엇일까?

과학·기술의 결과는 보편적이지만 아펠이 보기에 그 결과로 생긴 책임들에 대해 요구되는 윤리는 미시영역과 중간영역으로 축소되어 있었다.[18] 한스 요나스는 과학·기술이 만드는 파괴적인 힘에 관해 관심을 두고 책임 윤리를 제안했다.[19]

그러나 우리가 '도덕적 사회개선론자Moral Meliorist'라고 부를 수 있는 저자들은 보편적 윤리를 요구하지 않는다. 그들은 진화 과정의 압박이 도덕 심리학Moral Psychology 82을 발달시킨 것을 간파한다. 여기 해당하는 문제로는 기후 변화나 전쟁이 있는데 각자 다른 도덕과 모든 생물을 포함, 미래세대와 타인들에 대한 걱정이 요구된다. 그럼에도 불구하고 우리의 도덕적 동기는 여전히 소집단에 대한 우려와 관련이 있다. 따라서 문제는 보편적 윤리 구축의 어려움이 아닌, 개인의 도덕적 동기다. 그리고 이 상황에 대한 역사는 이전 장들에서 이미 언급했다.

이 역사는 호모 사피엔스의 출현으로 시작된다. 이후 인류는 대부분 소집단을 이루며 살았다. 그리고 진화한 우리는 기본적으로 이타성과 협력 능력으로 이루어진 도덕적 경향을 통해 신체적, 심리적, 사회적 환경에 적응했다.[20] 농경 사회가 되면서 기술뿐만 아니라 협력이 필요해지고, 신뢰를 쌓으면서 작업을 나누고 보상 없이도 몇 달 동안 견딜 수 있게 됐다. 다윈의 말처럼 이기심을 극복하게 해준 것은 집단주의였다. 가장 응집력 있는 집단과 사회 규범을 따르고 감정을 나누며, 제도를 만들고 그것을 따르는 집단이 승리할 수 있기 때문이다. 이 제도 속에는 종교가 포함되는데, 이것은 인간만이 즐길 수 있는 종교적 능력을 말한다. 마이클 토마셀로Michael Tomasello 는 "여러분은 침팬지 두 마리가 함께 통나무를 들고 다니는 모습을 절대 보지 못할 것입니다."라고 말했다. 협력하는 능력은 인간의 고유한 특징이다.[21]

그러므로 도덕적 사회개선론자들에 따르면, 도덕성은 이타성과 타인에 대한 연민, 타인의 삶이 잘되길 바라고, 타인에 대해서 생각하며, 가장 간단한 '주고받기' 규칙을 바탕으로 한 정의나 공정성의 의미를 만든 일련의 조항들로 이루어진다.[22]

그들은 도덕성에 대한 이런 이해와 함께 진화 생물학자, 진화 심리학자, 실험적 수학자 및 신경과학자들의 분석이 일치하는 내용에서 토포이Topoi[83] 중 하나를 설명한다. 뇌 형성 기간에 인간은 소집단을 이루며 살았는데, 이타성과 상호 도움 덕분에 살아남을 수 있었다. 이런 특징은 종의 생산과 번식을 위해 진화 과정에서 새겨진 도덕적 경향이었다. 따라서 행동의 열쇠를 이기심으로 보는 도킨스

---

82 우리의 새로운 힘으로 인해 생긴 도덕적 문제들을 다룬다.
83 주요 아이디어들의 집합을 뜻함.

(유전적 이타성에 관해 말한 해밀턴[Hamilton]을 포함해서)와 같은 저자들의 주장에도 불구하고, 살아남은 집단은 계약적 모델, 협력 모델(강력하든 간접적이든 또는 상리공생[Mutualism]❽❹이든 상관없음)을 받아들였다.[23]

이러한 연구들에 따르면, 인간은 모든 경제 활동에서 합리성을 극대화하는 습성만 가진 게 아니다. 이윤을 극대화하는 '호모 오이코노미쿠스[Homo oeconomicus, 경제적 인간]'는 서로 주고받고, 협력할 줄 아는 '호모 레시프로칸스[Homo Reciprocans, 호혜적 인간]'로 변했을 것이다. 인간은 최대 이익만 계산해서 움직이는 것이 아니라, 본능과 감정으로 움직이기도 한다.[24]

그 한 예가 유명한 최후통첩 게임[Ultimatum Game]❽❺이다. 우선 일군의 무리를 두 부류로 나눈다. 이익을 나누는 데 있어 특정한 기준을 제안하는 '제안자들'은 '응답자들'에게 굴욕을 주지 않으면서도 자신의 이익을 극대화하는 방안을 찾아야 하는 게임이었다.[25] 흥미롭게도, 침팬지는 인간보다 합리성❽❻이 높아 보였다. 최후통첩 게임을 사람에게 적용해보니, '제안자들'은 거의 항상 이기적인 제안을 하고, '응답자들'은 자신들의 이익이 '0'이 아닌 이상, 서로에게 유익이 있겠다고 판단하면 제안을 항상 받아들인다. 이것은 공정성에 따라 행동하지 않음을 나타낸다.[26] 침팬지는 주변 상황을 많이 신경 쓰지 않고 이익만 추구한다. 반대로 사람은 모든 사람이 받아들일 만한 제안을 하는 것이 더 합리적임을 알고 있다. 즉, 상호 이익을 구하는 것이 최대 이익을 구하는 것보다 더 합리적이다.

이런 이타주의를 실천하기 위해서는 다음과 같은 능력이 필요하

가난포비아

다. 1) 주어진 비용과 기대할 수 있는 이점을 정량화한다. 2) 이전의 상호 작용을 기억한다. 3) 혜택 여부를 판단하고, 주고받는 것의 의존성을 인식한다. 4) 혜택을 얻는 데 걸리는 시간을 계산한다. 5) 주고받는 초기 행위 사이에 생기는 시간 격차를 기꺼이 받아들일 준비를 한다. 6) 호혜성의 규범을 위반하는 사람들을 감지한다. 7) 사람들의 행동 의도를 발견하고 미래의 위반을 막기 위해 부정을 저지른 사람들을 처벌하는 능력을 갖추고 있어야 한다. 주고받는 게임이 집단과 구원성들에게 이익임이 확인되자, 이 게임은 사회의 기초를 세우는 규칙으로 구체화했다.

우리의 문제는 지난 4천 년 동안 인류가 생물학적, 유전적인 수준에서 똑같이 유지됐다는 사실이다. 언어에서 구어와 문어의 발전 덕분에 전례 없는 문화적 발달이 이루어졌다. 그러나 우리는 여전히 내부로는 협력하지만, 외부와는 협력하지 않는 소집단의 도덕을 따르고 있다.

얼마 전부터 사회, 물리적 환경이 바뀌었다. 우리 사회에는 백만장자들이 있고, 국경은 이미 전 세계로 확대되었는데 여기에는 후손들뿐만 아니라 인간이 아닌 생명체도 포함된다. 하지만 개인의 도덕적 동기는 변하지 않았다. 민주주의 제도들이 제시한 보편적인 도덕 요구와 원시적인 생존 규칙을 고집하는 개인의 도덕적 동기 사이에 불균형이 존재할 가능성은 없을까?

---

84 다른 생물들이 서로 이익을 주고받으면서 살아가는 관계.

85 A에게 돈을 주고 B와 나눠 가지라고 한 뒤, A가 과연 몇 퍼센트의 금액을 B에게 제안하는지를 지켜보는 게임으로 실험대상이 '공정성'에 얼마나 민감하게 반응하는지를 측정할 수 있다.

86 경제학적으로 자신에게 이익이 되는 선택을 한다는 의미.

이와 관련해서 흄Hume은 "인간의 마음에는 인간의 속성이나 호의 또는 인류에 대한 사랑과 같은 열정이 없다고 장담한다."[27] 고 말했다. 이어 칸트는 "보편적인 인간 사랑에서 호의는 범위로 보면 확실히 크지만, 정도로 보면 가장 작다. […] 이 경우 내가 갖는 관심은 최소한에 불과하다. 단지 나는 그 사람에게 무관심하지 않을 뿐이다."[28] 라고 이해한다.

유명한 작가들은 민주주의 사회의 요구에 부응하도록 오늘날 시민들의 정서 체계를 만들려고 노력한다. 개척자로 조지 E. 마커스 George E. Marcus가 『감상적 시민: 민주 정치의 감정The sentimental citizen: emotion in democratic politics』을 썼고, 이후 샤론 크라우스Sharon R. Krause도 『시민 열정: 도덕적 감정과 민주적 심의Civil Passions. Moral sentiment and democratic deliberation』에서 그 노력을 보여줬다. 그녀는 이 책에서 공정성이 하나의 정서가 될 수 있음을 보여줬다.[29]

따라서 효과적 변화를 위해서는 입법이 필요하지만, 이것은 정치인이 해온 일이고, 유권자들은 시공간적으로 먼 곳의 문제는 별로 관심을 보이지 않는다. 시민들의 관심의 영역을 넓히려면 어떻게 해야 할까?

이 질문에 답변하기 위해서는 먼저 '도덕'의 의미를 명확히 해야 하는데, 사불레스쿠의 대답은 다음과 같다. 도덕은 자신에게 유익한 목적(신중한 이익들)이 전체를 위한 이익(도덕적 이익들)으로 연결될 수 있는 사회를 만들 가능성을 열어준다. 그는 "도덕성을 정의하는 것은 인간의 신중한 목적들을 조화시켜서, 모두를 위한 만족을 찾게 하려는 것이다."라고 했다.[30]

어쨌든 도덕적 동기를 향상하기 위해서는 도덕 교육이 필요하지만, 생의학도 우리에게 새로운 방법을 제공해왔다. 생물학적 기반인 도덕적 경향들이 정서이고, 동기부여와 밀접한 관련이 있다는 것을 알기 때문이다. 정서는 우리 뇌에서 가장 오래된 짐이고, 대부분은 생존에 대한 본능적 행동과 관련이 있다.[31] 분명 그것들은 동기부여에 영향을 끼친다.

전통적 방법은 교육이었지만 수 세기에 걸친 교육에도 불구하고, 지난 2천 년 동안 그 방법은 그리 큰 성공을 거두지 못했다. 그래서 보완할 수 있는 다른 방법이 나타났다. 유전학, 신경 생물학 지식은 도덕적 동기에 대한 생물학적 기반에 직접적인 영향을 주기 시작했다. 이것은 약물과 이식, 유전자 선택, 유전 공학, 뇌나 학습 과정에 영향을 미치는 외부 도구들을 통해 이뤄진다. 이 도덕적 동기는 생물학적 기반이 있어서, 생의학이나 유전자 치료를 통해 영향을 받을 수 있다.

'주고받는' 게임이 제대로 작동하려면 그 안에서 정서들을 적절하게 다뤄야한다. 이런 정서들은 이타심으로 얻은 호의에 전하는 감사, 호의를 갚고 싶다는 바람(이것은 새로운 호의를 베풀 마음을 불러일으킨다), 누군가 타인에게 상처를 입힐 때 내는 분노, 복수심(미래의 공격을 저지함), 양심의 가책, 죄책감, 수치, 자랑스러움, 감탄, 경멸 그리고 용서하는 능력들이다. 사볼레스쿠와 페르손에 따르면, 이런 정서들은 다수에게 확장될 때 유용하다. 우리가 그 정서들을 적절하게 다룰 수 있다면 도덕적 동기를 향상할 수 있을 것이다.

다양한 저자들은 비슷한 증명을 하면서도 서로 다른 제안을 한다.

각각의 제안은 도덕을 이해하는 방식을 나타낸다. 사불레스쿠는 도덕적 동기와 도덕적 행동을 위해 동기를 향상할 필요성에 중점을 둔다. 여기에서 교육과 논증 및 추론은 매우 중요하지만, 동기와 관련된 정서들을 바꾸는 것도 필수적이다. 우리 도덕적 경향은 언어나 법의 이해 같은 문화적 산물이 아닌, 생물학적 기반을 가지고 있다.

우리와 대화를 나눈 저자들에 따르면, 지속적인 연구를 통해 생의학적 방법으로 도덕적 동기를 향상하여 교육을 보완하는 것은 도덕적 의무다.

그러나 지난 수천 년의 교육은 그다지 큰 성과를 얻지 못했고, 도덕적 생물 향상은 이미 시작되었기 때문에 반대하기엔 너무 늦었다. 이 저자들은 과학과 기술이 유용한 방법을 제공하기에 그렇게 시도해봐야 한다고 생각한다. 혹여 도덕적 생명 향상이 실패할 수도 있지만 그래도 그것을 논의하는 것은 중요한 과제다.

정말 유망한 길인가?

물론 생의학적 방법을 통한 도덕적 향상 제안에는 생각해야 할 실효성과 한계가 있다. 우리는 먼저 실효성부터 살펴볼 텐데, 내가 볼 때이것은 진단 단계에 있다.

1) 우리의 도덕적 경향에는 생물학적 기반이 있다는 걸 밝히는 게중요한데, 이것은 각 개인이 적응적 효율성을 추구한다는 의미다. 어떤 면에서는 이것이 도덕적 경향에 영향을 줄 수 있기 때문이다. 만일 우리가 본능적으로 거리가 먼 사람들에게 무관심하거나 그들을 거부한다면, 이것은 뇌에 새겨진 정보들이 그렇게 하라고 '명령하기' 때문이므로 그것들이 강화하고 싶은 정보인지, 행동을 다른방향으로 돌리고 싶어 하는 정보인지를 질문하는 것이 중요하다.[32]

2) 그 생물학적 기반은 위험에 빠진 사회나 물리적 환경에 대응할준비가 되어있다. 그러나 오늘날 상황은 매우 다르다. 이 증명이 신경윤리학의 일반적 논제다.

3) 특정 상황들에서 생존을 준비하는 생물학적 경향의 진화가 문화적 수준에서 도덕적 진보와 일치하지 않는다. 앞서 이미 말했듯이인간은 지난 4천 년 동안 생물학, 유전적 수준에서는 본질적으로 동

일하게 유지되었으나, 문화면에서는 언어의 발달 덕분에 발전을 이루었다.

비록 하버마스나 콜버그가 계통발생학적 과정을 다룰 때 '사회진화론'을 말하지만, 사실 이것은 정의 판단의 형성과 관련된 사회적 도덕성 발달 이론이다. 생물학적 진화와 문화와 도덕적 판단의 진보는 구별해야 한다. 진보는 사고의 영역으로 동기를 부여하지는 않는다.

아마도 수천 년간 뇌에서 만들어진 정서들에 근거한 합리적 신념, 논쟁, 동기 사이의 불균형은 조너선 하이트가 말한 '도덕적 말문 막힘Moral Dumbfounding'에 근거할 것이다. 즉 그는 사람들이 직관적, 자동적, 정서적으로 도덕적 판단을 하지만, 사람들에게 그 판단의 근거를 물어보면 종종 떠올리지 못한다는 걸 확인했다.[33] 이런 상황은 라틴 격언인 '나는 선을 알고 또 좋아하지만, 악을 행한다'와 메데이아의 고백인 "그러나 나도 모르게 새로운 힘이 나를 끌고 간다. 욕망은 이러라 하고, 이성은 저러라고 나를 설득한다. 나는 뭐가 옳은지 알고 수긍도 하는데, 옳지 않은 것을 따른다.", 바울 사도의 고백인 "나는 내가 원하는 선한 일은 하지 않고, 도리어 원하지 않는 악한 일을 합니다."의 바탕이 되었을 것이다.

4) 강화해야 할 경향에 관한 질문은 근본적인 문제를 제기한다. 즉, 우리가 이해하는 '도덕'이 무엇인가, 그리고 이 대답을 진화적 메커니즘에서만 찾아야 하는가. 만일 도덕이 협력 게임으로만 형성된다면 향상을 통해 진화적 메커니즘을 장려하고 강화해야 한다.

조너선 하이트를 비롯한 수많은 저자는 도덕이 개인 이익을 극대화하는 게 아니라, 우리가 사회 속에 있다는 걸 고려해 집단의 이익을 극대화하는 것이라고 이해한다. 그는 뒤르켐주의적 공리주의를 다루면서 다음과 같이 말했다. "도덕 체계는 가치와 덕목, 규범, 관습, 정체성, 제도, 기술 및 진화된 심리적 기제가 서로 연계된 집합이다. 이것은 자기 이익을 억제 또는 규제하고 가능한 한 협조적인 사회를 만드는데 함께 작용한다."[34] 즉 타협할 수 있는 집단만이 무임승차자들을 없애고 성장할 수 있다.

우리가 이해하는 도덕성이 그렇다면, 옥시토신[87] 투여 같은 생의학적 방법은 도덕성을 강화한다. 조너선 하이트에 따르면, "옥시토신은 사람들을 선택적으로 엮는데, 인류 전체가 아닌 자기 집단으로 엮는다. 거울 신경은 타인들, 특히 같은 도덕 매트릭스Moral Matrix를 가진 사람들을 공감하도록 돕는다. 인간이 모든 사람을 무조건 사랑하는 존재로 태어났다면 좋았겠지만, 진화론의 관점에서 보면 이것은 개연성이 떨어지는 말이다. 다른 집단과의 경쟁과 동질감, 공동체 의식 형성, 그리고 무임승차자 억제로 확대된 편향적 사랑이 우리가 달성할 수 있는 가장 큰 사랑이 아닐까 싶다. 도덕성은 하나로 묶고 눈을 멀게 한다."[35]

그러나 내가 이 책에서 변호해 왔듯 우리 시대의 사회적 양심으로 이룬 도덕적 진보 덕분에 인간이 집단을 선택하고, 집단 내 호의적인 협력을 요구할 뿐 아니라, 배제되는 집단들 없이 한 사람 한 사람을 고려하는 '도덕적 경향'을 이해하게 됐다. 그리고 그 연장선에서

---

[87] 신뢰, 동정심, 관대함과 같은 친사회적 행동을 향상시킴.

우리는 따뜻한 덕목들을 통해 그 정서들을 배양해야 한다.[36]

5) 도덕적 사회개선론자들은 부처와 공자, 소크라테스와 나사렛 예수와 같은 위대한 인물들의 사례를 들며 교육이야말로 가장 성공적인 방법이라는 주장을 반박한다. 교육을 통해 나아가려던 수많은 교사와 부모들은 실패를 거듭해왔다. 그러나 생의학적 방법들로 이런 실패를 보완하자는 제안에는 여전히 논란의 여지가 있다.

6) 옥시토신은 신뢰도를 높이고 선택적 세로토닌 재흡수 억제제 SSRI는 협력을 증가시키고 공격성을 감소시키며, 리탈린 Ritalin은 폭력적인 공격성을 감소시킨다. 또한 반사회적 인격 장애도 생물학적 근거가 있을 수 있다. 범죄 행위는 X 염색체에서 모노아민 산화효소 MAO의 돌연변이와 관련이 있는데, 특히 사회적 관계가 파괴된 결핍이 있을 때 그렇다.[37] 하지만 진짜 이것이 도덕적 동기를 향상하는 방법일까?

내가 볼 때, 도덕적 생명 향상 방법에는 다음과 같이 극복해야 하는 심각한 한계들이 있다.

첫째, 이와 관련된 연구는 아직 시작 단계라서 연구 수행 방법과 중장기적인 결과를 예측하기가 매우 어렵다. 사례별로 분석하고 핵심 요소로 사용되는 방법들과 각 측정의 효과를 평가하며 단계적으로 진행해야 한다. 유전자 변형을 시도하는 것은 옥시토신 흡입을 권장하는 것과는 다르다.

그러므로 도덕적 생명 향상 옹호자들은 사실상 아직 생명 향상을 실행하지 않고, 이에 관한 연구를 계속하는 것이 도덕적 의무라고

가난포비아

말한다. 이 말에 완전히 동의하는 이유는 인간에게 권한을 주고, 그들에게 해를 끼치지 않는 모든 방법을 연구하는 일이 도덕적 의무이기 때문이다. 그러나 이것은 불완전한 의무[88]가 될 텐데, 같은 목적을 가진 연구들이 서로 경쟁하고, 각 상황에 따라 투자자와 연구원들은 어떤 연구가 인류에게 더 유익한지를 결정해야 한다.

따라서 향상 가능성을 고려하며 도덕의 생물학적 기반을 계속 연구하는 일은 의무임은 분명하나 불완전하다.

둘째, 도덕적 경향을 향상하기 위한 모든 개입은 그것을 시행할 때 향상의 주체에게 사전 동의를 받아야 한다. 이것은 1947년 뉘른베르크 강령 Nuremberg Code을 역사적으로 중요하게 만들어준 요건이다. 2차 세계 대전 후에 만들어진 이 강령에는 인체 실험에 대한 항목이 등장하는데, 1항에 "실험대상이 되는 사람의 자발적인 동의는 절대 필수적이다."라고 적혀 있다. 벨몬트 보고서 Belmont Report로도 잘 알려진 내용이다. 어쨌든 동의 요구 사항은 하버마스가 말하는 '종種의 윤리적 자기 이해'를 반영하며 이는 자율성에 근거한다.

도덕적 생물 향상 옹호자들의 대답에는 '도덕적 경향을 향상하는 중재를 원하는 사람은 이미 도덕적으로 자극받은 사람'이라는 이의가 제기된다. 그 사람이 원하는 것은 호감과 이익을 양립하는 것이지만, 합리적 신념과 행동을 일치시킬 때 문제에 부딪힌다. 실제로 양극성 장애를 치료하기 위해 리튬을 섭취하거나 더 향상된 결과를 얻기 위해 옥시토신을 흡입하는 것엔 별 차이가 없다. 첫 번째 경우

---

[88] 어떠한 경우에라도 꼭 해야만 하는 의무가 아니고, 완전한 의무가 우선 선행되고 나서 수행되는 의무다.

는 치료고, 두 번째 경우는 향상을 말하긴 하지만 말이다.

그러나 도덕적 사회개선론자들이 원하는 것은 도덕적 행동에 관심 없는 사람들의 동기를 강화하는 것이다. 이런 목표를 달성하기 위해서 제안된 방법은 세 가지다. 국가가 향상 실험대상이 되길 원하는 사람들에게 인센티브를 제공하거나, 전체 인구를 대상으로 도덕적 향상 계획을 준비하거나, 국가별로 교육부가 아이들의 도덕적 동기를 향상을 위한 규정을 만드는 것이다.

첫 번째 경우, 우리는 새로운 버전의 '시계태엽 오렌지A Clockwork Orange[89]'를 갖게 될 것이다. 이것은 외적 인센티브를 통해 행동과 동기 개선에 참여한 사람들이 겪는 이인증Depersonalization[90]의 위험성을 분명히 보여준다.

두 번째 경우, 수많은 도덕적 사회개선론자가 이 민주적 요구에 따라 입법 요구를 주장해도 권위주의적 우생학[91]의 위험이 다시 발생한다. 지구와 후대에 직면한 위험의 해결책으로 도덕적 향상의 필요성이 제기되면서 도덕성 발달에서, 후인습적 단계에 있는 도덕적 동기를 가진 사람이 요구되는데, 이것으로 의도치 않게 전체주의 국가가 필요하게 되지 않을까 하는 걱정이 생긴다.

금세기 초반에 '자유주의적 우생학liberal Eugenics[92]'이 나타났다. 이것은 다른 국가들에서 지난 세기에 실시된 '권위주의적 우생학 Authoritative Eugenics[93]'과 다르다.

자유주의적 우생학이 권위주의적 우생학과 다른 점은 다음과 같다. 자유주의적 우생학은 관련 법을 만들고 강요하는 국가와 달리 국가의 중립성을 지킨다. 자유를 박탈하지 않고, 창의적인 자유를 확대한다. 따라서 유전자 상담사Genetic Counselor[94]는 부모를 지원하는 전문가이기에 국가의 대리인은 아니다. 또한 인간종의 인종적 순수성이 아니라 개인적 향상을 다룬다. 그리고 지지하는 정치적 이념을 따르지 않고, 경제적 효율성을 추구한다. 교육의 경우처럼 결정의 주체는 부모이지 국가가 아니다.[38]

끝으로, 보통 세 번째 경우를 선택할 때가 많다. 이를 위해 교육 과정의 보완을 시도한다. 이 과정은 국가가 조직하는 동시에 학교들도 계획해야 한다. 그러나 동의 없이 사람 행동의 원인을 수정하는 프로젝트는 여전히 너무 지나친 방법처럼 보인다. 만일 폭력적인 사람의 폭력 성향 감소를 위해 신체적으로 개입할 수 있는지를 결정하는 것이 윤리적 문제라고 해보자. 아이들에게 그것을 적용하기 위해 교육법에 생명 향상 조항을 넣는 일은 국가주의[95]를 부활시키는 것과 다름없다. 도덕적 향상에 관해 이야기하지 않은 채 실행한 일은 올더스 헉슬리Aldous Huxley의 『멋진 신세계Brave New World』의 내용처럼 더 많은 디스토피아의 기억을 불러일으킨다.

협력적 동기들에 관한 수정은 도덕적 동기가 되지 않는 것 같다. 도덕적인 이유로 멀거나 가까운 사람들을 친절히 맞아주기 위해서

[89] 인간을 기계처럼 교화시키는 미래사회를 풍자적으로 그린 내용.
[90] 자신이 평소와 달리 매우 낯선 상태로 변화되었다고 느끼는 것.
[91] 인류를 유전학적으로 개량할 것을 목적으로 여러 조건과 인자 등을 연구하는 학문.
[92] 개인의 자유 선택, 다원적 가치, 유전학에 대한 최신 과학 지식을 바탕으로 하는 비강제적 유전 강화.
[93] 사회적 이익 증대를 위해 기획된 국가의 강제적 유전 강화.
[94] 유전자 검사를 통해 얻은 개인의 유전 정보에 따라 예측할 수 있는 일들을 상담해 주고 정서 장애와 질병을 예방하고 관리함.
[95] 국가의 이익을 개인의 이익보다 절대적으로 우선시키는 사상원리나 정책.

는 그것이 단지 서로에게 이익이 되어서가 아니라, 그 자체로 가치 있는 일이기 때문임을 인식하는 능력을 길러야 한다. 칸트는 그것을 그 자체로 가치 있는 것 앞에 보이는 존중감이라고 말했다. 이 느낌을 중요한 경험으로 만드는 것이 바로 열쇠가 될 것이다. 그러나 내가 생각할 때, 이를 이룰 수 있는 생의학적 방법은 없을 것 같다.

미국의 의학 윤리학자 아서 캐플란Arthur Caplan도 향상 가능성에 대해 이와 비슷하게 말했다.

"만일 우리가 제2 언어 수업을 받을 때 고생하지 않고 프랑스어를 할 수 있는 칩을 뇌에 삽입할 수 있게 된다면, 나는 1초도 주저하지 않고 그렇게 할 것이다."

도덕을 향상하는 데도 이런 비슷한 일이 가능할까? 이런 계획은 여전히 공상 과학 소설 속 이야기지만, 중장기적으로 현실이 될 수 있으므로 시민들은 이런 계획들을 알고 토론할 수 있어야 한다. 이 논쟁에서는 다음 질문이 중요할 것이다. 생물학적 개입 말고 인류가 더 좋은 말과 행동을 하게 하는 다른 방법은 없을까? 또는 국가와 기관, 사람들의 자발적인 교육을 대체할만한 도덕적 칩과 약물, 이식이 가능할까?

그 열쇠는 공식 및 비공식 교육과 적절한 제도 구축을 통해 개인 및 사회적 양심을 키우는 것이다. 다음 장에서 이 내용을 다룰 것이다. 그러나 고통과 기쁨을 나누고 연민의 마음을 경험하는 것이 최고의 학교라는 사실은 잊어서는 안 된다.

그런 감정들을 잊었다는 부당한 비난을 받은 작가, 칸트의 말에 따르면,

비록 타인과 함께 괴로워하는 것 (그리고 기뻐하는 것) 그 자체가 의무는 아닐지라도, 그 운명에 적극적으로 동참하는 것은 의무다. [...] 따라서, 의무는 필수품이 부족한 가난한 사람들이 있는 곳을 피하지 않고, 오히려 그들을 찾아가는 것이다. 또 억누를 수 없는 고통스러운 공감을 피하려고 병동이나 빚쟁이들이 있는 감옥에서 도망치는 게 아니다. 공감은 의무라는 생각만으로는 이룰 수 없는 것을 해내기 위해 분명 자연이 우리에게 심어둔 충동 중 하나이기 때문이다.[39]

7장

빈곤 퇴치, 불평등 감소

도덕 감정의 타락은 부자와 권세가는 존경하고
가난하고 낮은 계층은 멸시하거나 무시하려는 경향 때문이다.[1]

교환 사회에서
가난한 사람들

가난한 사람들은 교환 게임으로 이루어진 사회에서 아무것도 되돌려줄 수 없는 존재처럼 보인다. 이 호혜성 게임은 내가 주되, 상대방 역시 어떤 식으로든 되돌려준다는 조건이 붙는다. 이것이 우리 계약주의 사회의 핵심이다. 물론 삭막한 이기심이 지배하는 사회보다는 나은 것처럼 보인다. 하지만 여기서는 가난한 사람들이 배제된다. 이런 사회는 교환 원칙과 "무릇 있는 자는 받아 넉넉하게 되되 없는 자는 그 있는 것도 빼앗기리라."는 마태복음 원리에 충실했기 때문이다.

교환 세계에서 가난한 사람은 거부감을 불러일으킨다. 왜냐하면, 이들은 잘살도록 도와주고 싶어 하는 사람들에게 문제만 일으킨다. 우월한 입장에서 그들을 보면 경멸감이 생기고, 그들이 불안을 조성할 때는 두려움이 생긴다. 심지어 좋은 상황에서도 그들에게서 벗어나기 위해 안달하고 조바심을 낸다. 아텐토 보고서에는 노숙자가 있는 곳을 가리키는 텅 빈 거리 사진들이 연구 자료로 첨부되어있다. 그 결과를 보면 그들은 원래 눈에 안 보이는 존재가 아니라, 눈에 보이지 않게 되어버린 존재들이다.

그런 거부 태도가 진화 과정에서 우리 뇌에 스며들었지만, 그것을 극복하고 싶다면 슈테판 츠바이크를 기억하면서 생산적 형태의 연민에 희망을 걸어야 한다. 연민은 단지 주고받는 게임이 아니라 타인이 평등하다는 인식이며, 여기에는 그 어떤 조약보다도 중요한 유대 관계가 존재한다. 그러나 우리의 뇌에 가난포비아가 새겨져 있어서 이익을 제공하지 않는 사람들을 무시하려는 경향을 타고났다면, 또는 그렇다고 믿는다면, 변화는 각자 삶 전체에서 일어나야 한다. 조상들의 뇌가 변했다고 해도 후대에 그 변화가 유전되지는 않기 때문이다.

평등에 대한 인식의 변화를 일으키려면 미디어를 통한 가정과 학교의 교육이 필수다. 그러나 이런 방향과 일치하는 기관과 제도도 만들어야 한다. 그것들이 공정할 뿐만 아니라 올바른 인격을 형성하는 데 도움이 되기 때문이다. 기관과 제도들은 기본적으로 정당한 일을 하는 동시에 우리를 교육하고 뇌의 형성과 개인 및 사회적 성격에도 영향을 끼친다.

빈곤층에 대한 증오 발언과 범죄에 반대하며 신경민주주의 Neurodemocracy �96 를 강화하는 정치적, 교육적, 문화적 제도를 구축하는 일이다. 하지만 정치, 교육 및 문화만으로는 충분하지 않다. 경제 제도와 전체 경제생활도 매우 중요한데 이것이 사고와 행동 방식 형성에 결정적 영향을 미치기 때문이다. 이를 보면 『국부론 An Inquiry into the Nature and Causes of the Wealth of Nations, 1776』을 쓴 애덤 스미스가 1759년 『도덕감정론』을 출간했다는 것은 전혀 이상한 일이 아니다. 그는 책에서 부자들을 존경하는 반면, 가난한 사람들을 멸시하는 경향에서 비롯된 도덕 감정의 타락에 관해 이야기한다.

이 책의 제목인『가난포비아 Aporofoblia』경향은 분명 우리 시대에도 계속되고, 부분적으로는 다음의 애덤 스미스의 불만과도 일치한다.

"보통 지혜와 덕이 받아야 할 존중과 존경을 부와 권세가 받는다. 그리고 악덕과 어리석음이 받아야 할 그 멸시를 주로 빈곤과 연약함이 받는다."[2]

많은 사람은 인간의 평등한 존엄성이 존중되는 것이 공정하다고 생각한다. 하지만 그렇게 하기 위해서는 이 뜻을 따르는 경제와 이와 연결된 제도 및 조직 구축이 필수다. 물론 기본적으로 경제학은 결핍을 극복하기 위한 학문이지만, 빈곤을 제거하려고 애쓰는 학문이라는 것도 잊어서는 안 된다.

이 시점에서 다음과 같은 질문을 던져보고자 한다. '빈곤 근절은 과연 정의의 의무일까, 자선의 의무일까?'

96 신경과학에 기반을 둔 민주 사회의 모델로 국가는 대뇌 영역 연구 기반인 기술적 여과장치들을 통해 부패한 통치자의 상승을 막거나 방지할 수 있음.

경제적 빈곤 근절은
정의의 의무일까?

인류 역사상 빈곤 근절의 책임은 대부분 특정 사람과 집단, 협회 또는 봉사 기관들이 담당했다. 그러나 지속적이고 자발적인 원조는 정치 세력들 즉, 국가와 유럽연합^{EU}, 국제연합^{UN}과 같은 초국가적 연합들, 다양한 환경에서 만들어지는 연합인 글로벌 거버넌스가 이뤄야 할 정의로 여겨지기도 한다. 이들은 물질 및 정신적 부 창출을 책임지는 정치권력과 경제권력, 경제, 금융 기업과 제도들과 함께 긴밀하게 협력한다. 그것이 정의의 문제인지 자선의 문제인지 분명히 하기 위해서는 아래와 같이 네 가지 과제를 실행해야 한다.

1) 경제적 관점에서 누가 빈곤층인지를 분명히 해야 한다.

2) 빈곤은 피할 수 있는지, 아니면 질병처럼 거기에 익숙해질 수밖에 없기에 축소만 가능한지를 파악해야 한다.

3) 사회가 사람들을 똑같은 출발 조건에 놓는 것이 사람들의 권리인지, 아니면 이익 계산의 문제인지를 명확히 해야 한다. 즉 빈곤 퇴치 조치 시행이 그들이 빈곤에서 벗어나도록 장려하는 것인지, 아니면 그들을 보호하는 것인지를 분명히 해야 한다. 비자발적 빈곤층이 힘든 상황에서 벗어날 수 있도록 힘을 실어주는 것이 정의의 의무

인지, 아니면 심각한 경제적 어려움 앞에 빈곤층을 보호하고 빈곤의 부정적인 외부 요인들로부터 사회를 보호하는 것이 현명한 선택인지를 분명히 해야 한다.

4) 빈곤 제거나 경제적 불평등 축소가 중요한 일이라는 사실을 조사한다. 이것은 우리 시대의 가장 중요한 주제 중 하나다.

빈곤의 이면,
자유의 결여

경제적 관점에서 누가 빈곤층인지 결정하는 건 쉬운 일이 아니다. 하지만 우리는 빈곤과 맞서 싸우는 일이 어떻게 진행되고 있는지 알 수 있는 지표를 찾아야 한다.

원칙적으로 빈곤선Poverty line **97** 설정과 같은 정량적 척도가 있어 우리는 그 이하 수준에 있는 사람을 빈곤층으로 본다. 이와 관련된 연구가와 정치가들은 최소로 필요한 물건들을 선택하고 그것들에 가격을 정하고 계산하여 그 구매 비용을 얻지 못하는 사람들을 빈곤층으로 예측한다. 빈곤을 정량화하는 또 다른 방법은 지역의 평균 총소득(평균 소득, 평균 소비)을 계산한 후, 금액을 반으로 나누어서 그 절반 금액에 미치지 않는 사람 수를 계산하고 통계적으로 그들을 빈곤층으로 본다.

분명히 이러한 지표는 시간에 따라 변하기 때문에 주기적으로 살펴봐야 한다.[3] 이 지표를 평가하고 긴밀히 연관성을 보면 빈곤의 단계적 변화를 알 수 있다. 세계은행World Bank에 따르면, 극심한 빈곤층은 2005년 물가 기준으로 하루 1.25 달러 미만의 수입을 얻고, 중간 빈곤층은 하루에 2달러 미만의 수입을 얻는다.

사실 이 지표의 발견은 혁신적이었으나 빈곤의 정도를 평가하는 '통화 지표'는 많은 비판을 받았다. 이면의 것을 파악할 수 없었기 때문이다.

첫째, 선택된 기본 생필품은 환경에 따라 달라진다. 열대 지방과 극지방 국가에서 보관하는 물건이 다르고, 비공식적 경제Informal Economy⑱가 지배적인 국가와 발달한 국가 사이에 돈의 가치가 달라졌다. 빈곤선을 정하기 위해서는 각각의 상황을 고려하는 것이 필수였기 때문에, '임상 경제학Clinical Economics ⑲'과 '해석학적 경제학Hermeneutical economics'에 대한 논의가 있었다.[4]

둘째, 통화 지표는 기본 생필품에 의지하는 일종의 상품에 대한 맹목적 숭배를 보인다. 여기에서는 그 상품들이 정말 빈곤을 완화하는지 확인하는 것이 중요하다. 셋째, 통화 지표는 사람들 간 비교 없이 큰 숫자만 신경 쓴다.[5]

따라서 소득이나 소비 외에도 문맹과 기대 수명, 영아 사망률, 주택, 음식 또는 환경과 같은 다른 변수들도 포함된 복잡한 지표가 더 적절하다.

제프리 삭스Jeffrey Sachs 같은 경제학자들은 빈곤을 3단계로 구분한다. 1단계인 극빈층 또는 절대적 빈곤은 가족들이 생필품을 얻지 못하고 외부의 도움 없이는 빈곤에서 벗어날 수 없는 상태다. 이 상태

---

⑨ 육체적 능률을 유지하는 데 필요한 최소한도의 생활 수준.
⑱ 고용의 공식적 구조 밖에서 발생하는 보수를 받는 노동의 분류.
⑲ 경제학도 의학처럼 대상의 구체적인 조건을 파악해서 조건화된 처방을 내려야 한다는 주장.

는 개발도상국에서만 발생한다. 2단계인 중간 상태 빈곤은 기본적인 생필품은 얻지만, 여전히 불안정한 상태다. 3단계인 상대적 빈곤은 가족 소득 수준이 평균 국민 소득의 비율보다 낮은 경우다.[6]

한편, 아마르티아 센은 빈곤을 자유의 결여로 보았다.[7] 물론 극빈층은 생필품이 부족한데[8], 이런 사람들에게는 '일차적인 것이 최우선'이다. 전통적인 욕구 이론에 따르면, 일차적 욕구는 기본 욕구들을 채워주고 거기에서 벗어나게 해주는 것이다.[9]

그러나 사실 더 넓은 빈곤 개념 안으로 들어가 보면 거기에는 자유가 없고, 가치 있는 삶의 계획들을 이룰 수 없는, 즉 자기 인생을 책임지는 데 필요한 기본 능력이 부족한 사람들이 있다. 자기 삶의 주체가 될 수 없고, 운이 좋아야 자연적이거나 사회적 행운을 얻고, 자신이 원하는 길을 따라 행복을 추구할 수 없어서 원치 않는 결과를 겪는 사람들을 말한다.

빈곤은 자기 삶을 만들고 행복을 추구하는 매우 기본적인 능력을 갖춘 사람들이 가하는 부정적인 차별로 이어진다. 일부 사람만이 그럴 수 있는 수단을 가졌기 때문이다. 여기에서 다시 앞서 우리가 던졌던 질문이 떠오른다. 스스로 행복한 삶의 계획을 세우고 이뤄나갈 수 있는 타율이 아닌 자율적 존재, 즉 자기 삶의 주인이 되는 데 필요한 기회를 제공하는 것이 사회 정의의 의무일까? 이 주제는 21세기에 빈곤을 정말 피할 수 있는지에 대한 문제를 제기할 때만 의미가 있다.

피할 수 있는 빈곤

"가난한 사람들은 [...] 그림 속에서 어두운 부분과 같다. 필요한 대조를 제공하는 셈이다."
- 필립 헤퀏Philippe Hecquet

"우리의 꿈은 가난 없는 세상이다."
- 1990년 이후 세계은행 표어.10

비록 일부 법령들에서 행복에 대한 권리가 선포되지만 실제로 그 권리는 존재하지 않는다. 대중의 인기를 얻기 위한 쇼일 뿐이다. 사회적 환경은 행복을 얻는 데 중요한 요소다. 하지만 환경에 좌지우지되지 않는 두 가지 요소가 있다. 바로 개인의 결정과 운명이다.

이 의미에서 그리스 윤리의 과제는 안락한 삶을 위해 현명하게 선택하고, 현명한 선택을 위해 인간이 개발해야 하는 덕목을 깊게 탐구하는 것이었다. 다름 아닌 좋은 품성을 길러내는 것이었다. 그러나 동시에 우리가 운명의 손안에 있다는 것도 잊지 말아야 한다. 행복은 품성의 단련과 천성을 통해 얻을 수 있는데, 전자는 우리의 손에 달려 있고 후자는 우리가 주관할 수 있는 부분이 아니다. 운명은 사람이 만드는 게 아니라, 사람에게 일어나는 일이다. 따라서 우리 인간은 자율성과 취약성으로 뒤섞인 존재다.11

이처럼 그리스 윤리 세계에서 안락한 삶은 부에 달린 게 아니었으며, 부를 소유한다고 덕을 얻을 수 있는 것도 아니었다. 물론 아리스토텔레스가 관조적 삶⓾을 살려면 물질이 필요하다고 하긴 했으나 행복은 부의 소유로 정해지는 게 아니다. 아리스토텔레스 이후의 도덕 학파들인 에피쿠로스파(쾌락주의자), 스토아파(금욕주의자), 견유학파(냉소주의자)들도 진정한 행복은 자급자족과 자신의 주인이 되는 능력에 있다고 주장했다. 이들은 부에 마음을 두는 것은 어리석은 일이라고 본 것이다.

그뿐만 아니라 세네카Seneca 같은 저자들은 책에서 부로 인해 정신적 일에 걸림돌이 될 수 있다고 봤다. 오히려 그들은 빈곤이 행복의 조건이 될 수 있다고까지 주장했다. 세네카는 루킬리우스Gaius Lucilius⓫라는 젊은 벗에게 보내는 편지에서 빈곤의 선에 관한 내용을 썼는데, 철학에 헌신하기 위해 가난을 극복할 때까지 기다리지 말라고 조언한다. 빈곤은 바람직한데, 절박한 필요만 채워도 만족하게 되고 정신적인 일에 생을 바칠 수 있게 해주기 때문이다.

세네카는 "부를 얻기 위해 애쓰는 것은 자기 빈궁의 끝을 의미하는 게 아니라, 타인의 빈궁과 맞바꾸는 것이다."라는 에피쿠로스파의 성찰을 통해 철학에 헌신하려면 '자발적 빈곤'⓬인 검소함에서 시작하고 "가난하거나 가난과 비슷한 상태여야 한다."라고 생각했다. 그리고 지혜가 부를 대신할 수 있다고 여겼다. 부는 어리석은 사람들에게 주어진다고 보았기 때문이다.[12] 세네카는 심지어 루킬리우스에게 빈곤의 유익함에 관한 편지를 써 빈곤의 두려움에서 벗어나라 조언한다. 빈곤한 사람들은 부자들의 두려움과 걱정을 느끼지 못하는데, 그런 상황에서 그는 "영혼은 스스로 자라고, 스스로 영향을 공급받는다. 너를 좋게 만들 수 있는 모든 것은 너와 함께 있다."[13] 라고 이야기한다.

세네카의 검소함에 대한 성찰은 소비를 생산 동력으로 삼는 야만적인 자본주의에 맞서서 다른 형태의 삶과 소비를 장려하는 사회 운동에 좋은 참고가 된다.[14] 정작 루킬리우스에게 그런 삶을 권유한 세네카 자신은 빈곤을 선택하지 않은 것 같지만, 이런 삶은 스토아학파 비전과 매우 일치한다. 어쨌든 그의 제안과 부에서 벗어나서 자급자족하라고 촉구했던 견유학파 사람들의 제안은 비자발적이 아닌, 자발적인 선택을 말한다.

확실히 서양뿐 아니라 동양에서도 비자발적 빈곤은 자기 삶의 주체가 되는 데 걸림돌이라 봤다. 빈곤을 겪는 사람은 그것을 악이라고 생각했다. '그것은 피할 수 없는 악이다.' 빈곤은 항상 있을 것이고, 사회 불평등으로 빈곤이 생겨났기에 '고쳐야 하는 악'이라는 확신이 널리 퍼져있었다. 이 생각은 사회적 이유로 비자발적 빈곤이 생기거나, 빈곤층은 좋은 삶을 살아갈 권리가 있고, 사회가 그렇게 해줄 의무가 있다는 의견과는 거리가 멀었다. 이런 생각은 18세기 말까지는 나타나지 않았는데, 그 시기에 세계적인 빈곤 문제 전문가인 마틴 라발리온Martin Ravallion이 말한 '빈곤에 대한 첫 번째 계몽'이 일어났다.

몇 세기 전까지도 전반적인 인류의 상황은 빈곤이었다. 무한한 부

---

[100] 아리스토텔레스는 관조적·관상적 생활을 인간에게 최고의 행복한 생활로 여김.
[101] BC 2세기 사투라의 창시자인 로마의 시인.
[102] 최대한 부를 지양하고 단순하고 풍요로운 삶을 지향함.

의 창출은 새로운 산업 기술과 석탄 에너지, 시장력, 사회 이동성, 도시화, 가족 구조의 변화 및 분업 덕분에 나타난 최근 현상이다. 여기에 이동성과 진보[15]의 환경을 만드는 정치적 사건들이 함께 나났는데, 영국 의회의 출현과 사회를 시민들의 뜻으로 만들어졌다고 생각한 홉스Hobbes의 사회 계약설의 출현이 이에 해당된다. 이 이론들은 자연권 [103]의 개념을 세속화하고, 당시의 초기 정치 공동체인 국가의 손에 보호를 받았다.

이 모든 것과 이후 나타난 현상들 덕분에 지난 180년 동안 지구의 총 경제 활동은 49배로 증가해 기아를 근절할만한 충분한 자원이 생겼다. 인구 증가와 그들의 필요를 충족시키는 수단 사이의 관계를 걱정한 토머스 로버트 맬서스Thomas Robert Malthus [104] 같은 사람들은 무한한 발전이 끝없는 부를 창출하고, 그 논쟁에서 콩도르세Marquis de Condorcet [105] 가 옳았다는 사실을 숨기지 않는다.

자발적 빈곤은 피할 수 있다. 특히 경제 불평등 연구 협회 대표인 마틴 라발리온은 『빈곤의 경제학The Economics of Poverty』에서 빈곤에 관한 생각은 초기 빈곤에 관해 이야기한 저자들 이후 급격히 변화하고 있다고 했다. 그는 이 장 서두에 쓴 두 문구처럼 인상적인 인용구를 예로 든다.[16]

라발리온은 그의 책에서 빈곤에 관한 생각 전환에 대한 중요한 두 단계를 말한다. 이것을 '빈곤에 대한 첫 번째와 두 번째 계몽'이라고 부르는데, 이 둘 사이에는 약 20년의 기간이 있다.[17]

18세기 말에 나타난 첫 번째 계몽 단계에서는 빈곤을 개인이나 집단뿐만 아니라 사회적 문제로 보고 빈곤층을 신경 썼다. 경제는 빈곤층도 누릴 수 있는 복지를 만들어야 했다. 이것은 애덤 스미스의 비전이기도 하다. 더불어 모든 사람은 존엄하고, 단순히 가격이 아닌 존재 자체로 가치가 있기에 도구화되어서는 안 된다고 강조한다. 빈곤에 대한 개념이 바뀔 수 있는 기반을 마련했다. 이에 칸트의 정언명령 공식은 빈곤층이 자율권을 가질 권리가 있고, 국가가 행동해야 한다는 주장의 토대를 가장 잘 표현한 것이다. 이것은 "인간은 절대적인 가치를 지닌 인격체로서, 다른 목적을 위한 수단이 아니라, 그 자체가 목적이며 그에 합당한 존엄한 대우를 받아야 한다."[18]라는 유명한 공식에서 나왔다.

그러나 두 번째 계몽 단계에서는 빈곤을 피할 수 있는 것으로 보고, 이를 제거하는 것이 국가의 의무라고 봤다. 1960~1970년대에는 빈곤이 사람들의 자유와 자기만족을 방해한다는 생각이 퍼졌다. 빈곤은 용납될 수 없다는 확신에 대한 동의가 있었고, 빈곤 제거 방법에 대한 논의가 계속 이루어졌다.

이런 의미에서 2000년도 유엔이 2015년에 달성될 목적으로 선포하며 세운 유명한 '밀레니엄 개발 목표[MDGs]'는 희소식이었다. 이것은 절대 빈곤과 기아 근절을 첫 번째 목표로 삼았다. 물론 나머지 일곱 가지 목표 실행도 시급하지만, 절대 빈곤과 기아 문제를 해결해야 다른 목표들도 달성할 수 있으므로, 이 문제를 가장 먼저 해결

---

[103] 인간이 태어날 때부터 자연적으로 가지는 천부의 권리.

[104] 영국의 경제학자이며 인구 문제를 처음 경고한 인물.

[105] 과학기술의 발전에 따라 식량은 점차 늘어나며, 인간이 이성적으로 판단하여 더 인구를 늘리지 않음으로써 인구가 억제되어 인간의 행복은 이뤄질 수 있다고 주장함.

해야 했다.

　유엔은 2015년에도 다시 2030년까지 달성할 '지속가능 개발 목표SDGs'를 제안했다. 여기에서도 '빈곤 종식'이 첫 번째 목표로 세웠고 이는 경제, 기업, 정치계의 과제임을 뜻한다. 절대 빈곤의 감소뿐만 아니라, 빈곤 종식을 의미한다.

사회 보호를 넘어
인류 보호로

빈곤 퇴치 정책은 사람이나 사회를 보호하는 수단 또는 사람들이 빈곤에서 벗어나도록 장려하는 수단이다.[19] 이것은 사람을 보호하는 조처로 생활필수품을 제공하기 때문에, 생명을 보호하는 일시적 경기대책으로 쓰인다. 그러나 긴급한 필요가 충족되면 이런 빈곤[106] 퇴치 정책은 만성적 빈곤을 유발할 수 있는데, 이것을 '빈곤의 함정 Poverty trap'이라고 부른다.

사람들이 생활필수품을 충분히 얻지만, 이것은 빈곤 탈출을 위한 게 아닌 것이다. 많은 정치적 포퓰리즘 정책으로 사람들은 그 함정에 빠지게 된다. 이들은 발전하지 못하고, 도와줄 것으로 생각되는 후원자들에 전적으로 의존하게 되며, 그들의 생존권을 쥐고 있는 사람들에게 무조건 투표하게 된다. 자율적인 시민이라는 개념과는 정반대인 일이 벌어지는 셈이다. 따라서 훌륭한 빈곤 퇴치 정책은 사람들이 그것을 벗어날 수 있도록 장려하는 정책이다.

그러나 보호는 사회의 몫이라고 생각할 수 있다. 이것은 역사상 가장 자주 채택된 방법이다. 고대 세계에서는 빈곤의 외부 비용으로

---

[106] 계속 빈곤선 상태로 있으려고 함.

부터 사회 전체를 보호하기 위해 빈곤 퇴치 조처가 있었다. 이런 외부 비용이 사회적 갈등, 시민 불안 또는 범죄의 원인이 될 수 있었기 때문이다. 예를 들어, 기원전 500년에 공자는 빈곤이 사회 질서를 어지럽힌다고 보고, 이것을 국가가 막아야 할 '여섯 가지 재앙' 중 하나로 여겼다. 또한 고대 인도 정치가인 카우틸랴는 기원전 300년경에 쓴 저서 『아르타샤스트라Arthaśāstra』 [107] 에서 정권의 안정을 위해 왕들에게 사회 보호 정책을 만들도록 조언한다. 그리고 이를 위해서는 계급과 불평등을 유지해야 했다.[20]

아리스토텔레스 역시 인간들 사이에 자연적인 계층 질서가 있기에 종은 주인에게, 여성은 남성에게 종속되어야 한다고 생각했다. 주인과 남성을 이성적인 존재로 보고, 더 뛰어난 사람이 다스리는 것이 서로에게 좋다고 여겼기 때문이다. 빈곤층은 정치 생활 속에서 하나의 사회 계층을 이루고, 정치는 그들을 다수 및 민주주의와 연결한다. 이어 그는 빈곤층이 수준이 떨어지고 이성의 지배를 받기 어려워하기에 통치자의 자리에 있지 말아야 한다고 봤다. 차라리 중산층이 지배하는 정치가 낫다고 생각한 것이다.[21] 물론 인간과 동물 사이에는 없는 평등이 종과 주인 사이에는 어느 정도 있다는 걸 인정했지만 말이다.[22]

16세기 초. 빈곤층을 보호하는 정책, 특히 사회를 보호하는 정책이 더 활발하게 시작됐다. 이때 영국과 유럽에서는 빈곤층, 거지, 도적, 매춘부와 마법사, 마녀들의 수가 매우 증가했다. 이렇게 빈곤 문제가 사회 질서에 위협이 되자 1526년에 빈곤에 관한 구체적인 첫 조약이 발표됐다. 벨기에의 브뤼허 시는 유명한 인본주의자인 발렌시아 출신의 후안 루이스 비베스Juan Luis Vives에게 글을 써달라고 요청하고, 발렌시아대학교에서 가장 유명한 이 학생의 손에서 <빈민원조에 대하여De Subventione Pauperum, 1525>라는 보고서가 탄생했다.

'빈민 구호 조약'은 원칙적으로 빈곤층의 수와 유형을 파악하여 적절한 데이터를 보유하고 빈곤을 완화하고 합리성을 도입하는 조치들의 제안을 목표로 한다. 그것들은 도둑과 전염병, 마법사, 협잡꾼으로부터 사회를 보호하기 위한 가장 우선적인 조치다. "나라를 통치하는 사람들은 이런 사람들을 데리고 있지 말아야 한다. 따라서 그런 사람들이 여기저기로 퍼지지 않게 하려고 그런 병들에 대한 대책을 제시한다. 사실 쓸모없을 뿐만 아니라, 자신과 타인에게 피해를 주는 도시의 수많은 빈곤층이 다니도록 허락하는 것은 공동선의 유익함도, 현명한 통치자의 일도 아니다."[23]

그러나 이 조약은 빈곤층의 상황을 분석하는 데 그치지 않는다. 이들이 사회 전체로 퍼지는 것을 막는 조치를 제안할 뿐만 아니라, "자선을 베풀어야 할 의무가 있는 우리 기독교인들은 우리 중에 가난한 사람들과 거지들이 많다는 것에 부끄러워해야 한다. 당신이 눈을 돌리는 곳마다 수천의 가난한 사람과 필요들, 구걸할 수밖에 없어서 강제로 내미는 수천의 손이 보일 것이다."라며 참회했다.[24]

보호와 장려라는 양쪽 뿌리를 바탕으로, 루이스 비베스는 빈곤과의 싸움에 위대한 발을 내디뎠다. 그는 빈곤을 자선 기관과 개인에게 맡겨서는 안 되고, 공권력(이 경우에는 시의회들)이 이 일을 맡고, 그 상황에 관한 연구를 바탕으로 해야 한다고 주장한다.

---

107 실리론, 인도의 정치·외교·군사 지도서.

스페인의 법학자 무뇨스 마차도Muñoz Machado가 말한 것처럼, 루이스 비베스의 제안은 "사랑의 실천이 전통적 방법에서 벗어나 사회적 지원의 관료화"25로 향하게 했다. 이것을 통해 빈곤에 대한 첫 번째 계몽과 몇 세기 후 복지 국가를 이룰 싹이 움텄다.

16세기 영국의 '엘리자베스 빈민통제법The Elizabethan Poor Law'은 보호를 목표로 하는 조치였다. 이것은 부의 분배뿐만 아니라 빈곤층이 빈곤의 함정에서 벗어나는 것도 허락하지 않았지만, 이것을 통해 개인적 자선 방법이 사회적 보호 방법으로 바뀌었다. 60~70년대 두 번째 계몽이 일어났는데, 이때 빈곤 퇴치 정책(임금 상승, 교육 체계, 합리적으로 잘 운영되는 금융 시장)은 정치 체제와 사회적 안정을 보호할 뿐만 아니라, 빈곤층이 그 상황에서 벗어나도록 장려하는 것이었다.26

기부인가, 정의인가?

확인한 것처럼 빈곤은 적절한 근절 방법들이 있어서 피할 수 있지만 그렇다고 근절이 의무가 되는 것은 아니다. 무언가가 될 수 있다고 확인했다고 반드시 그렇게 되어야 한다는 뜻은 아닌 것이다. 가능성이 의무가 되기 위해서는 반드시 개인이나 사회적 양심이 필요하다. 빈곤을 경험하는 사람은 거기에서 벗어날 권리가 있고, 사회는 그렇게 할 수 있도록 장려해야 하기 때문이다. 다행히도 빈곤 퇴치가 인간의 의무라는 사회적 양심은 전 세계적으로 확대되고 있고, 이것은 국제적 행동주의activism를 촉진한다.

실제로 유대교와 기독교, 이슬람과 같은 일신교에서도 빈곤은 문제이고, 자기 재산을 공유함으로써 빈곤을 없애기 위해 노력을 하는 것을 믿음과 결부된 의무로 본다.[28]

구약에서는 가난한 자, 고아와 과부, 아포로이(가난한 사람)를 무시하는 사람들에 대한 야훼 ⑩⑧의 정죄는 단호하고 끝이 없으며, 인간에게 "내가 긍휼을 원하고 제사를 원하지 아니하노라(마태복음 9장 13절, 개역개정)."라는 메시지를 전한다. 야훼를 예배하고 아포

---

⑩⑧ 이스라엘 사람들에게 계시된 하느님의 이름.

로이를 보살피는 것이 올바른 실천이기 때문에, 예언자들은 위험을 감수하면서 이 사명을 완수한다. 따라서 하버마스가 비판 이론^{Critical} Theory⑩의 뿌리 중 하나인 독일관념론이라는 유대인 유산에 호소하며 "유대인의 독일관념론은 비판적 유토피아의 도화선이 됐다."라고 하고, 미국의 정치철학자 마이클 왈저^{Michael Walzer}가 해석학의 수단 중 하나로 예언적 방법을 언급한 것은 어색하지 않다.²⁹

신약 성서를 보면 배고픈 사람, 목마른 사람, 순례자에게 음식을 주는 사람들에게 천국의 문이 열린다. 그리고 가난하고 부자가 있는 세상에서 가난한 자의 편에 서면 행복할 거라고 말한다. 성서에서 예수가 설교한 팔복의 내용을 해석하는 건 어렵지만, 더 작은 자들에게 관심을 기울이는 것이 기독교의 본질임은 분명히 알 수 있다.³⁰

이 모든 것을 '자선'이라고 할 수 있을까? 물론 아니다. 그건 '정의'라고 말할 수 있고 또 그렇게 불려야 한다. 그런 일은 정치적 공동체의 의무가 아닌, 개인이나 집단의 요구로 벌어진다. 이런 의미에서 마르크스와 엥겔스, 블로흐^{Ernst Bloch}가 언급한 토마스 뮌처^{Thomas} Münzer⑩의 상징적 사건처럼, 가난한 사람들과 교회 정화에 주의를 기울이는 수많은 기독교 운동의 반란은 중세 시대 개척적인 사건이 됐다.

중세와 르네상스 시대에는 개인의 권리에 대한 담론과 시민들을 위한 정치 공동체의 의무가 정당성을 얻지 못했다. 루이스 비베스는 빈곤층에 대한 도움에 관한 글에서, 가난의 비참함이 퍼지는 걸 막기 위해서는 공권력이 개입해야 한다고 주장한다. 가난한 사람들을

가난포비아

돌보는 것이 기독교인들만의 몫은 아니기 때문이다. 그러나 빈곤층이 빈곤에서 벗어날 권리가 있고, 정치 공동체가 그 권리를 지켜줄 의무가 있다고는 보지 않았다.

그것은 바로 '개인의 시대'라는 말이 잘 어울리는 현대의 특이성이다. 고대와 중세 시대와는 반대로 현대 세계의 핵심은 자기 권리를 지닌 개인이다.[31] 그런 권리들이 보호되는 모습을 보고 싶은 열망 때문에 국가를 탄생시키는 계약서에 가상으로 도장을 찍게 된다. 이런 국가에서 시민들은 권리를 지켜주는 국가에 자신들의 의무를 다할 준비를 한다. 이것이 바로 17세기와 18세기에 태어난 법의 규칙이다.

[109] 생활세계와 체계의 관점을 통해서 사회의 병리를 인식하고, 그것에 대한 극복 방안을 제안함.
[110] 민중이 압제자에게서 해방된 신정 정치를 실현하려고 농민 반란을 이끈 급진 종교개혁의 대표적인 인물.

자유로운 삶에 대한 권리

사람들이 사회로부터 빈곤에서 벗어나도록 도움받을 권리가 있다는 생각은 이미 살펴본 것처럼 그 역사가 길다. 18세기에는 모든 인간이 존엄하고 가격으로 매겨질 수 없다고 주장했지만, 20세기까지는 그 존엄성의 권리를 인정한 결과가 사회적으로 드러나지 않았다. 19세에 '사회적 문제'는 공장을 비롯한 산업 생산 세계에서 발생하는 착취이지, 가난과 기아 종식이 아니었다. 1948년에 채택된 '세계인권선언'에 따르면, 모든 인간의 생존권 보호는 의무이고, 다양한 국가적, 초국가적, 국제적 권력 기관들이 그것을 보호해야 할 의무가 있다.[32]

이 선언은 인권을 주관적 권리 **⑪** 로 규정했다. 이것은 18세기 칸트와 함께 태어난 의무론^{Deontology} **⑫** 의 전통에 따르고, 권리들의 계산에 따르려는 시도에 맞선다. 의무론은 궁극적으로 폐지 못할 권리가 없다는 제러미 벤담^{Jeremy Bentham}의 생각을 인정하는 공리주의적 전통을 반대하며 인권이 집단의 이익보다 우선함을 옹호한다. 그것은 인간의 존엄성에 대한 확신에서 비롯됐다. 이 칸트주의 전통에서 존 롤스는 정의론을 설명할 때 의무론과 목적론을 구분한다.

그는 정의론 설계는 옳음과 좋음^善의 개념이라는 두 가지 근본적 가치에 기초한다. 따라서 이 이론을 설계할 때 이 둘 중 하나로 시작할 수 있다. 만일 시민들을 위한 좋음(행복과 이익)의 개념에서 설계한다면, 그 선을 극대화하는 게 옳은 일이며, 이것은 벤담의 공리주의와 후생경제학Welfare economics⑬과 일맥상통한다. 벤담은 인권이란 '죽마에 올라탄 헛소리'이고, 폐지 못할 권리는 없다고 생각한다. 만일 인권 폐지로 이익이 최대화되는 공공복지가 실현된다면 그것이 가장 옳은 계획이 된다. 물론 이 제안은 보수주의적 입장을 비판하고 바꾸려는 의도가 있지만, 중대한 결함을 초래한다. 의도하지 않게 인간의 권리를 침해할 수도 있기 때문이다.

한편 의무론은 정의론 설계의 출발점이 시민의 권리 즉, 각 개인이 행복한 삶의 계획을 갖고 만들어갈 권리에 있다고 본다. 이런 의미에서 옳음이 좋음보다 우위에 있다고 확신한다.

이런 맥락에서 존 롤스는 시민들이 정의 원칙을 결정하는 사회적 계약의 개념을 말하면서 자신의 기본 생각을 밝혔다. 다시 말해 사회는 시민들에게 기본 재화와 확실한 자유와 권리 보호, 자존감을 지킬 수 있는 사회 기반, 기회의 평등, 그리고 사회 조직을 보장해야 한다. 그리고 이 사회 조직은 최소 수혜자들의 권리를 지켜줄 때 공정해진다. 이런 기본 재화들은 자신이 원하는 삶의 계획을 세우고 발전하고자 하는 모든 사람이 원하는 것이다. 조세 부담과 이익의 분배로 최소 수혜자들에게 더 혜택이 갈 때 공정한 사회가 될 것이다.

⑪ 국가에 적극적인 작위 또는 소극적인 부작위를 요구할 수 있는 권리.
⑫ 행위의 결과와는 상관없이 도덕 법칙을 존중하고 따라야 할 의무를 강조함.
⑬ 인간의 경제활동 핵심 목표가 행복추구라는 전제하에 사회구성원의 효용 또는 후생증가를 목표로 경제문제를 분석하는 학문.

아마르티아 센도 의무론을 따른다. 그는 자신의 유명한 에세이에서 '평등, 어디에서?, 평등, 왜?'라는 질문을 던졌다. 지난 세기의 70년대 이래 일부 저자들은 경제 분야에서 구체적이진 않지만, 그 질문에 답해 왔다. 그리고 그들은 모든 인간이 받아야 하는 동등한 배려와 존중을 위해서는 사회적 평등이 필요하다는 데 동의한다. 이런 평등은 기본 재화^{존 롤스}와 기본 욕구 만족^{스트리튼Streeten, 갈퉁Galtung, 가스퍼Gasper}, 특정 자원^{드워킨Dworkin}, 인권 보호^{포기Pogge} 또는 기본 역량 강화^{센Sen, 누스바움Nussbaum, 크로커Crocker, 코밈Comim, 페레이라Pereira}로 이루어질 수 있다.

어떤 경우든지 빈곤 근절과 불평등 감소는 20세기와 21세기 경제계의 피할 수 없는 목표다.

불평등 감소,
21세기를 위한 제안

'정보 통신 시대', '엑세스^{Access} 시대', '지속가능한 발전 시대', '디지털 시대'라고 불리는 오늘날의 경제는 다음과 같은 새로운 도전에 직면해 있다.

1) 세계화 현상이 불균형적인 이유는 오로지 사회 계층에 따라 다른 혜택을 주고, 불평등과 기아 및 빈곤층 배제가 일어나기 때문이 아니다. 복지 국가 ⑭ 에 반^反하는 신자유주의 ⑮ 가 주도하는 경제 세계화 및 세계화된 정책과 윤리의 부재 사이의 불균형이 일어나기 때문이다.

2) '실물경제^{Real Economy} ⑯ '를 악화시키는 경제 금융화^{Financialization} ⑰ 는 불확실성을 높이고 금융 및 기업 활동을 왜곡한다.[33]

3) 새로운 지정학적 질서는 더는 양극화가 아닌 다극화로 가고, 신흥국들은 발전과 퇴보를 반복해 가며 경제 및 정치적 힘을 얻게 된다.[34]

---

⑭ 경제 발전과 빈곤 추방을 위해서는 정부의 개입이 필요하다고 여김.
⑮ 국가권력의 시장개입을 비판하고 시장의 기능과 민간의 자유로운 활동을 중시하는 이론.
⑯ 상품과 서비스의 생산, 유통, 소비 등과 관련된 경제활동.
⑰ 한 국가의 금융 부문이 전체 경제에서 차지하는 비중이 커지는 현상.

4) 인류만큼이나 오래된 정치적 난민과 가난한 이민자의 위기는 갈수록 심각해지고 우리의 정의 감각을 철저하게 시험대에 올린다.

5) 새로운 기술의 도전과 디지털화의 발전, 환경과 사람을 돌보는 지속가능한 발전을 위한 도전이 일어난다.[35]

6) 빈곤 지속을 근절하고 불공평한 불평등을 제거하기에 충분한 자원을 보유한 세계에서 빈곤과 불평등이 지속된다.

이러한 도전 앞에 선 우리는 새로운 경제, 빈곤을 종식하는 경제 생활을 일구기 위해 다음과 같은 청사진을 제안한다.

첫째, 빈곤 근절 및 성장하는 방법을 통해 불평등을 줄인다. 빈곤은 피할 수 있다. 빈곤 근절 의무는 빈곤층이 부유층의 번영에 해를 끼칠 수 있는 위협 때문도, 이것이 빈곤의 부정적 외부효과로부터 보호하는 수단이기 때문만도 아니다. 보통 빈곤층이 경제적, 정치적으로 큰 영향을 끼친다고들 한다. 일이나 생산을 하지 않는 사람들, 비참한 상황에 놓인 사람들은 빈곤 감소와 분배 개선, 그리고 경제 성장 사이의 도덕적 관계에 참여하지 않기 때문이다.[36]

문제는 전략과 신중함의 문제가 아닌, 정의에 관한 것이다. 빈곤 탈피는 사회적 의무인 동시에, 빈곤한 사람들이 요구해야 할 권리다. 이것은 인간이 가격이 아닌, 존엄성을 가지고 있다는 인식에서 비롯된 것이다. 이 권리를 보호하는 것은 사회적 평화에 긍정적 영향을 끼치는 훌륭한 소식이며, 가난의 함정에서 벗어나는 것은 사람들이 자유로운 삶을 살 수 있는 권리를 갖는 것이다.

그러나 빈곤층에 힘을 실어주기 위해서는 무엇보다도 불완전한 시장, 부정확한 정부, 생산적 또는 재정적 투입Input에 대한 불평등한 접근과 같은 외부 요인을 없애야 한다. 이 의미에서 그나마 큰 도전 중 하나가 불평등 감소다. 불평등은 그 자체 또는 그것이 유발하는 빈곤 때문에 바람직하지 않기 때문이다.

알폰소 노발레스Alfonso Novales가 지적했듯, 불평등이 증가하면 부는 가난한 사람들을 피해가고, 불평등 상승은 성장을 저해한다. 따라서 '다보스 세계경제포럼'의「2014 세계 위기 보고서Global Risks」작성에 참여한 700명의 세계 전문가들은 소득 불평등의 요소가 향후 10년 동안 세계 경제에 가장 큰 영향을 끼칠 수 있다고 봤다. 아마 이것은 기후 변화와 높은 실업률, 재정 위기 및 지정학적 위험성보다 더 큰 문제가 될 것이다.[37]

불평등 원인에 관한 연구는 프랑스의 경제학자인 토마 피케티 Thomas Piketty의 연구를 비롯한 여러 연구에서 가장 논란이 되는 주제 중 하나다.[38] 불평등은 그 자체로도 부당하지만, 그 결과도 심각하다. 불평등이 심해지면 시민들은 불공평한 제도를 신뢰하지 않고, 다양한 분야의 경제 성장이 저해되며, 정치 및 경제 제도들은 권력 집단의 유익을 위해 사용된다.[39]

정확히 말하면, 권력 집단이 더 유리한 이득을 얻는 것은 '클리엔 텔라 경제Clientela Economy [118]'의 결과인데, 이것은 균등한 기회를 얻는 데 걸림돌이 된다. 이런 부패한 관행은 기본적으로 불균형적인데,

---

[118] 후견인과 피후견인 관계의 바깥에 있는 집단은 공공의 이익 분배에서 소외됨.

특정 기업에만 기회가 주어지는 동시에 공공 자원이 비효율적으로 사용되기 때문에 빈곤을 유발하고, 결국 사회 전체 성장을 저해한다. 부패는 그 자체가 부도덕한 관행일 뿐만 아니라, 시민권과 동등한 성장 기회를 저해하는 부정적 결과를 초래한다. 그러니까 이것은 이론적 관점뿐만 아니라 경험적 관점에서도 성장 중심 경제 정책과 평등 중심 경제 정책 사이에서 일반적으로 말하는 정책의 이분법이 거짓임을 보여준다.[40]

일부 저자의 관점을 포함해 기회의 평등 개선을 위한 정책들은 경제 성장을 촉진하려는 정책들보다 빈곤 감소에 더 효과적일 수 있다.[41] 따라서 불평등은 형평성과 사회 정의 때문만이 아니라, 경제적 성장과 경제 불평등 단계들 사이의 분명한 연관성이 있기 때문에 중요하다.[42]

따라서 불평등 감소는 새로운 시대의 주요 목표 중 하나다. 개발도상국을 도울 때는 공동개발 형태로 조직된 개발 원조를 통한다. 이것은 그들에게 원치 않는 삶의 방식을 강요하지 않고, 그들의 역량 강화가 목적이 아닌 그저 기부 국가들의 양심을 잠재우는 수단으로써 불필요한 재화를 쌓도록 강요하지 않기 위해서다. 따라서 그것으로 도움을 받는 국가들과 함께 개발 대책을 강화하는 것이 효과적이고 공정하게 행동하는 유일한 방법이다.[43]

그러나 그중에서도 최고의 원조는 개발도상국의 자체 시장을 보호하기 위해 재화에 무관세 혜택을 부여하는 것이다. 그러나 이 방법은 미국의 트럼프 전 대통령을 비롯한 많은 지도자 때문에 사라질 위기에 처했다.

각 국가에서는 효과적이고 효율적일 수 있게 투명성을 높임으로 클리엔텔라 경제와 부패 관행을 없애는 것이 시급하다. 금융 경제의 역할을 줄이는 실물경제를 강조하고, 비례세 제도를 기본으로 해야 한다. 또 이미 몇몇 국가에서 시행 중인, 모두가 진정한 자유를 추구하도록 시민에게 기본 소득⑲을 제공하는 것과 같은 복지 국가에서 도입한 사회 정책들을 강화해야 한다.[44]

동등한 기회를 위해서는 교육 및 건강에 대한 동등한 접근, 사업 프로젝트 개발과 인적 자본의 축적에 자금 조달을 위한 신용, 정부에 의한 모든 시민의 동등한 대우가 필요하다.[45] 빈곤을 없애고 불평등을 줄이는 제도를 만드는 것이 가난포비아를 근절하는 데 이바지할 수 있는 가장 좋은 방법 중 하나일 것이다.

둘째, 세계화된 세상에서 경제의 힘을 보편적 이상과 결합한다. 그런 경제는 기원전 4세기(아리스토텔레스), 오이코스(집[oikós])와 연관이 있고⑳, 근대로 넘어오면서 경제는 국가의 부와 빈곤을 걱정했으며(애덤 스미스), 세계화 시대를 만드는 데 도움이 됐다. 세계화 과정은 정보 기술의 진보와 경제의 확장, 특히 금융 시장의 권한 강화와 이동성으로 인해 가능해졌다.

부분적으로 변하지 않는 세상에서, 우리 문명이 바라는 가치와 시민 윤리 가치를 실현하기 위해 새로운 자원들을 유익하게 이용하는 것이 현명하고 옳은 일이다. 이런 가치들은 이미 모든 사회 및 경제

---

⑲ 재산, 노동 여부와 상관없이 모든 국민에게 개별적으로 무조건 지급하는 소득.

⑳ 경제라는 단어는 그리스어인 오이코노미아(oikonomia)에서 시작되고, 오이코스(oikos, 집)와 노미아(nomia), 관리의 합성어임.

활동 속에 깊숙이 들어있는데, 이것들이 올바른 행동으로 옮겨져야 한다. 다행히도 이러한 가치들은 도덕적 다원주의 사회의 시민 윤리와 공유되며 초국가적인 가치가 되고 있다.

이런 의미에서 1999년 당시 UN 사무총장인 코피 아난Kofi Annan이 다보스 세계경제포럼에서 발의한 유엔 글로벌콤팩트UNGC**121**의 다음과 같은 제안들을 받아들여야 한다.

> "우리는 시장의 힘을 보편적 이상의 권력과 결합하기로 한다. 우리는 민간 기업의 창조적 힘을 불리한 사람들의 요구 및 미래세대의 요구와 조화시키기로 선택한다."

이 길에 밀레니엄 개발 목표와 지속가능한 발전 목표가 있고, 이는 기업들을 지역 및 세계 시민이 되도록 초대한다.[46] 그러나 또한 존 러기John Ruggie**122**가 발표한 이행지침UN Guiding Principles인 '보호, 존중, 구제'를 받아들이는 것이 중요한데, 여기에서는 인권 방어를 위한 정부와 기업의 공동 행동을 제안한다. 정부는 인권을 보호해야 하지만, 기업은 이를 존중하고 불공정한 개입을 해결해야 한다. 더 나아가서 그들은 결함이 있는 법을 바꾸고 그 영향력을 평가하며 정의의 주체가 되기 위해 최선을 다해야 한다.[47]

셋째, 기업의 사회적 책임CSR을 겉치레가 아닌 신중함과 정의의 문제로 받아들인다. 일부 저자들은 기업의 사회적 책임을 '계몽된 자기 이익Enlightened Self-interest**123**'에 따른 행동으로 보지만, 이는 큰 실수다. 아리스토텔레스의 말처럼 신중한 사람은 잘사는 법을 생각하기 때문에, 잘 입증된 신중함의 덕을 행사한다. 그리고 적절히 변형한다무타티스 무탄디스, mutatis mutandis. 칸트의 말처럼 도덕적 감수성이 없는 악마들도 지능이 있다면, 갈등이 있을 때 협력을 선호할 것이다.

한편 일반적으로 '주주Stakeholders' 또는 '회사에 내기를 건 사람'이라고 불리는 '이해 관계자'라는 용어는 '회사에 대해 합법적 기대를 걸고 있으면서 회사 활동에 영향을 받는 사람들'을 뜻한다.[48] 오늘날 용어로는 '이익 집단'이라고 하지만, 회사는 합법적이라면 활동에 영향 받는 사람들의 기대에 부응해야 하는 게 맞다. 그것은 공정하고 신중한 일이다.

기업의 사회적 책임이 분명한 비판을 받았지만, 이것은 훌륭한 관리 도구와 신중함의 척도, 정의에 꼭 필요한 도구가 될 수도 있다.[49] 이 세 가지 축은 소기업과 중기업, 대기업뿐만 아니라 아주 작은 기업들에도 유용하다. 이는 유형 자산과 무형 자산으로 구성된 기업 이익 획득을 통해 좋은 사회 구축을 돕는 방법이다.

기업은 생존뿐만 아니라 불확실한 환경에서 경쟁력을 유지하도록 이익을 얻어야 한다. 그러나 여기서 중요한 점은 합법적인 방법으로 그것을 수행하는 동시에 가장 지능적이어야 한다. 그래야 중장기 생존 가능성을 높이고, 활동에 영향을 받는 모든 사람의 이익을 추구할 수 있기 때문이다.

따라서 스페인의 정치철학자 헤수스 코닐Jesús Conill이 지적한 바와 같이, 가장 적합한 기업 모델은 모든 비용으로 주주 이익을 극대화하는 경제학적 모델도, 이미 진화 메커니즘을 통해 우리 뇌가 가지고 있는 계약적 모델의 요구를 드러낸 제도적 모델도 아니다. 가장

---

[121] 유엔 산하 전문기구로 인권, 노동, 환경, 반부패 등 4개 분야의 10대 원칙준수를 통해 기업과 사회단체의 참여를 이끈 국제네트워크.

[122] 하버드 케네디 스쿨의 국제관계학 교수로 글로벌 거버넌스의 최고 권위자.

[123] 단기적으로 손해가 되더라도 장기적으로 보면 기업에도 이익이 되는 행동은 할 가치가 있음.

적합한 모델은 다름이 아닌 그 활동에 영향받는 모두의 이익을 고려한 모델이다.[50] 적보다 동맹자를 찾는 것이 더 신중하고 옳은 일이기 때문이다.

넷째, 기업 모델에서 다원주의를 장려하는 게 중요하다. 도덕 및 정치적 다원주의가 하나의 자산이지만, 기업 모델들의 다원주의도 예외는 아니다. 다원주의 경제에서는 영리 기업이 활동할 수 있는 환경을 만들지만, 이익을 추구하지 않는 경제적 실체Economic Entity [124] 들도 부가가치 즉 부를 창출할 수 있다.[51]

전통적 기업들, 즉 법적 형식이 무엇이든 수익성을 우선 과제로 삼는 기업들과 함께, 전통적 기업 외부에 있는 활동 즉, 수익성 추구 뿐만 아니라 사회적 필요를 충족시키고 배제를 피하는 활동을 강화해야 한다. 이것이 경제학자 호세 앙헬 모레노José Ángel Moreno가 말한 '대안 경제의 씨앗'으로, 경제 활동이 도구인 곳에서 기업과 소비 및 투자의 새로운 모델이다. 그들은 경제 활동을 통해 새로운 세계 구축을 제안한다.[52] 2009년, 경제학 박사인 페레스 데 멘디구렌Pérez de Mendiguren은 여기에 '사회 및 연대적 경제'라는 이름을 붙일 것을 제안했다.

이런 기업의 특징을 살펴보면 다음과 같다. 이들은 사람들의 권한을 강화하는 것을 목표로 경쟁보다 협력을 우선으로 두고, 민주적으로 의사를 결정하며, 환경을 돌보고 고용 창출을 최우선으로 생각하며, 윤리적으로 활동을 이끌도록 노력한다.[53] 이 기업들 목록을 보면 오랜 역사를 가진 사회적 경제 기업들이 있다. ·

그러나 또한 사회적 기업들 또는 사회적 기업가 연대, '공동선을 위한 경제Economy for the Common Good', 그리고 소유보다 사용을 공유하는 협력 경제Collaborative Economy, 사회적 화폐⑫⑤의 생산 및 교환 시스템, 사회적 투자에 전념하는 대안 금융도 있다.

이러한 새로운 경제 방식에도 주의사항과 분쟁이 있지만, 사회적이고 연대책임을 지는 경제는 이미 많은 일자리와 물질적 부를 창출하고 있다. 이것은 사회와 경제 부문 간의 만남의 장소이며 가난한 사람들에게 힘을 실어주는 좋은 수단이 될 수 있다.[54]

다섯 번째, 마지막으로 경제와 기업은 경제적 합리성Economic rationality⑫⑥의 다양한 동기를 만들어야 한다. 자기 이익은 경제 세계의 동력이다. 애덤 스미스의 유명한 글에서도 이 사실을 찾아볼 수 있다. "우리가 음식을 먹을 수 있는 건 정육업자, 양조업자, 제빵업자들의 호의 때문이 아니라, 그들이 자기 이익을 추구한 덕분이다. 우리는 그들에게 인도주의적 감정들이 아닌, 그들의 이기심을 불러일으킨다. 또 우리는 그들에게 우리의 필요가 아닌, 그들의 이익을 말해준다."[55]

그러나 자기 이익만을 위한 행동은 곧 자살 행위고, 호혜성 및 협력, 계약하고 이행하는 능력과 강력한 제도를 만드는 것이 꼭 필요하다. 이것은 호혜성 능력과 공감, 그리고 인간의 존엄성을 알기에

---

⑫④ 경제활동의 주체로 영리 기관뿐만 아니라, 비영리기관도 포함됨.
⑫⑤ 사회 관계적 자산을 쌓고 늘리는 데 도움이 되는 모든 것으로, 종류와 형태는 다양하며 부여할 수 있는 가치는 주관적임.
⑫⑥ 주어진 목표를 가장 잘 달성할 수 있는 수단을 찾는 것.

타인의 빈곤을 없애고 힘을 실어주기 위해 애쓰는 노력, 우리 시대 매우 취약한 자연을 돌보는 노력을 말한다.[56]

자기애뿐만 아니라 연민과 책임을 포함한 21세기 경제 활동에서 동기의 다원성은 경제적 합리성과 감성이라는 뇌 기반의 특징들을 고려해서, 자체 원칙들로부터 경제를 강화하는 것을 의미하는데, 이는 신경경제학Neuroeconomics⑫⑦의 다양한 연구에서도 나타난다.[57]

이미 보았듯이 생물학적 진화는 삶의 투쟁에서 적을 제거하고 생존하려는 방향으로 진행됐다. 자기 이익을 극대화하는 개인주의적 호모 오이코노미쿠스의 특징인 경제적 합리성의 신화는 이미 신뢰를 잃었다. 오히려 인간은 경제적 인간인 호모 오이코노미쿠스와 협력하는 법을 알고 계약의 위반자와 이행자를 구별해 전자를 처벌하고 후자에게 보상하는 호혜적 인간 호모 레시프로칸스가 뒤섞인 존재다.

하지만 경제 및 정치 생활에서 불가피한 계약의 합리성이 획기적인 건 아니다. 왜냐하면, 그것이 기존 계약들을 인정하지만 새로운 요구를 찾기 위해 노력하지 않고, 주고받는 교환 게임에서 제외된 사람들에게는 관심을 두지 않기 때문이다. 즉, 여전히 경제 활동에 제한이 많고 배제되는 아포로이들을 신경 쓰지 않기 때문이다.

반면, 따뜻한 이성의 윤리는 정치, 경제, 사회생활에 대한 계약의 가치와 이런 생활이 동맹 즉, 인간관계에 뿌리를 두고 있다는 것을 분명히 안다. 이런 동맹 관계에서는 인간을 가격이 아닌 존엄성 있는 존재로, 그리고 서로를 취약한 존재이자 정의뿐 아니라 돌봄과

연민이 필요한 존재로 인식한다.[58]

8장

세계시민적 환대

"인간은 교육이 필요한 존재이
교육이 인간을 인간답게 만든다."[1]

- 칸트의 교육학 강의 중에서

망명과 피난의 위기

칸트는 인류에게 특히 어려운 두 가지 문제, 즉 기업지배구조 문제와 교육 문제가 있다고 주장했다. 그에 따르면 후자는 여전히 전자보다 더 복잡한 문제인데, 현재를 위한 교육과 더 나은 미래를 위한 교육 사이에서 결정해야 하기 때문이다. 그리고 미래를 위한 교육이라면 창조적 안목이 필요하다. 훌륭한 철학자인 칸트의 선택은 더 나은 세상을 위한 교육이었다.

그리고 그 세상은 그 누구도 배제되었다고 느끼거나 깨닫지 않는 세계시민사회 Cosmopolitan Society였을 것이다. 그곳은 사람들과 국가들 사이의 평화가 보장되는 사회이기도 하다. 시리아와 아프가니스탄, 이라크, 리비아, 이스라엘 또는 팔레스타인처럼 전쟁으로 전체 인구와 생활이 파괴될 때뿐만 아니라, 세계 곳곳에서 테러 공격이 일어나는 오늘날에도 여전히 그 평화는 필요하다.

이 모든 일은 난민 탈출이라는 비극적인 결과를 낳았고, 가난한 이민자들의 이동과 연결되어 있다. 이 책 서두에서 말했듯이, 분명한 가난포비아 사례는 포퓰리즘 정당과 단체의 증오 발언을 통해 종종 나타난다. 이런 발언들을 계속 듣다 보면 일말의 양보도 없이 낯선 이들로부터 자신들을 보호하려고 애쓰는 공동체의 이기심 속에

간힌 수렵-채집인들의 대단한 노력이 떠오른다. 우리의 기본적인 뇌 구조가 수 세기 동안 바뀌지 않은 것처럼, 그들은 본래 생물학적 이기심을 유지하고 인류가 정복한 도덕적 진보를 의식적으로 무시하려고 애쓴다. 즉 그들은 극심한 고통 때문에 도망쳐온 사람들을 막기 위해 국경 문을 닫으라고 주장한다.

분명 경제 이민자와 정치적 난민 탈출은 세계화된 세상에서 우리에게 던져진 가장 큰 도전 과제 중 하나다. 스페인의 경우, 초국가연합인 유럽연합EU의 국가 기관들의 중간 수준과 국제기관들의 거시적 수준에서 발생하는 문제들은 공동 작업 없이는 해결할 수 없다.

일자리나 더 나은 삶을 찾기 위해 고향을 떠나 지중해를 건너 이탈리아, 그리스 및 스페인 해안까지 오는 경제 이민자들은 특히 아프리카 대륙의 불행한 상황들 때문에 기하급수적으로 증가했다. 그 결과 불법 조직들이 판을 치게 됐다. 작은 배는 난파되거나, 거기에 탄 어른과 아이들은 바다에서 죽음을 맞거나, 바리케이트를 마주하거나 외국인 수용센터CIE에 머문다. 외국인 수용센터는 2012년 5월 그리스에서 가장 먼저 난민들을 며칠간 머물게 하려는 목적으로 문을 열었다. 그러나 최근에 일어난 수용센터 내 폭동과 항의들은 비인간적 환경과 장기간의 체류로 인해 더 증가했다.

이 문제는 여러 방면에 영향을 미친다. 인명이 손실되고 전쟁으로 어쩔 수 없이 자기 나라를 떠나야 하는 고통도 생긴다. 1951년 유엔에서 채택되고 1967년 수정된 난민의 지위를 보면, "인종, 종교, 국적, 특정 사회 집단 또는 정치적 견해를 이유로 개인의 생명이나 자유가 위협받을 우려가 있는 자"다. 이들은 불법 조직과 접근 국가의 국경 통제 시스템 및 망명 권리와 관련된 법률문제에 도움을 청한다. 이 모든 상황은 인도주의적 문제 앞에 유럽연합의 공통 정책이 혼란스럽고 부족함을 여실히 보여준다. 유럽연합 국가들은 문제를 겪지만 대처할 능력이 없는 사람들에게 계속 집중하고 있다. 그리고 그 입장은 매일 달라진다.

이슬람 지하드 무장단체의 공격은 이런 힘든 상황을 더 악화시키는 요인 중 하나인데, 이 때문에 많은 회원국에서 민족주의자와 제노포비아 집단의 세력이 점점 커지고 있다. 독일의 메르켈 총리가 소속당인 기독민주당과 사회민주당에게 받은 비판들, 당시 영국 총리였던 데이비드 캐머런David Cameron의 난민 수용 거부, 프랑스의 극우정당인 국민전선당의 놀라운 상승세, 오스트리아, 헝가리 또는 폴란드의 포퓰리즘 증가는 분명한 유럽 연대 약화의 조짐이다. 비인간적 이기심을 보이거나 아주 적은 숫자의 난민을 받아들이는 걸 자랑하면서, 할당 시스템으로 부과된 난민들을 받아들이는 일을 거부하는 현상은 유럽의 연대에 균열이 나고 있음을 드러내고 있다.

이런 태도 때문에 수많은 사람의 삶과 복지가 위태로워지지만, 유럽연합이 그들의 가치에 걸맞게 이 위기를 극복하지 못해도 유럽의 정체성은 위험에 처한다. 우리가 가치에 충실한 유럽연합 요새에 살고 있다는 걸 잊지 말아야 한다.

1948년 '세계인권선언'과 관련해, 이민 위기 앞에 생긴 질문은 매우 취약한 상황에서 필요 때문에 온 사람들을 받아들이는지 그 '여부'가 아니라, 그들을 '어떻게' 받아들이는 가다. 이것은 긴급한 일이다. 그리고 오르테가Ortega의 유명한 구별법으로 보면, 이것은 긴급한 일과 중요한 일 중 중요한 일에 속하는데, 모든 인간이 서로 한 시민임을 알고 느끼는 세계시민적 사회를 구축하는 일이기 때문이다. 이런 사회 건설은 스토아 철학자들의 소망에 뿌리를 두고 있는데, 이들은 자국 시민들과 세계시민들을 동시에 알고, 기독교 전통을 관통하며, 계몽주의에서 확고해지며, 우리 시대의 가장 큰 도전 중 하나가 됐다.

그 전통에서는 환대의 가치가 중요한데, 이것은 하나의 덕목, 환대의 덕목으로 이해될 수 있다. 이것은 개인적 태도인 환대의 의무이고 이미 법적, 정치적, 사회적 제도들 및 국가의 의무들에서 언급된 환대의 권리와 상통한다. 또한 의무와 법 '이전에' 있지만, 그것들을 통해 구현되어야 하는 무조건적 환대와도 통한다.

칸트가 개념 없는 직관이 맹목적이고, 직관 없는 개념이 공허하다고 말한 것처럼, 법과 정치적 행동이 없는 무조건적 환대 요구는 공허하지만, 무조건적 환대 요구가 없는 망명 및 외국인 법은 맹목적이다. 그런 모순 속에서 우리는 자신을 발견하고 자기 자신과 직면해야 한다. 유럽이 계속 유럽이길 바란다면, 우리 안에서 태어난 환대 요구를 강화하고 나라 안에서의 환대뿐만 아니라 제도적이고 보편적인 환대도 강화해야 하기 때문이다. 그들은 같은 동전의 보완적인 두 얼굴이기에, 그중 하나도 포기할 수가 없다.

문명화의 표시

알려진 바와 같이, '환대^{Hospitality}'라는 용어는 그리스어로 '필록세니아^{Philoxenia}'인데, 낯선 사람에 대한 사랑 또는 애정을 포함하는 말이다. 또 라틴어인 '호스피아레^{Hospitare}'에서 유래하며 '손님으로 맞는 것'을 의미한다. 스페인어 사전에 따르면, 이것은 '순례자와 궁핍하고 무력한 자들을 맞아주고, 필요를 따라 돕는 덕목'이다. 동의어로는 '맞아들임, 보호, 비호, 받아줌' 등이 있고, 반의어로는 '거부, 적대감'이 있다.

외국인을 자기 집으로 기꺼이 맞아주는 환대는 고대 동서양의 덕목이었다. 정당성을 따지지 않는 덕목이었다. 또 이방인과 도움이 필요한 자를 맞아주는 것은 친절함과 때에 따라서는 종교성의 표시였다. 그래서 도움이 필요한 이방인을 거부하려면 정당한 이유가 있어야 했다. 맞아주는 태도가 사회적으로 명백하게 용인된 태도였기 때문이다.

환대하는 태도에 관한 이야기는 그리스와 로마뿐만 아니라 성서를 비롯한 서양 전통에 아주 많다. 음식이나 피난처가 필요한 이방인은 신성한 존재이고, 환대는 이런 이방인이 왔을 때 보이는 당연한 반응이었다. 일리아드와 오디세이아라는 호머의 서사시, 필레몬과 바우키스의 환대 이야기들은 성서의 내용과 일치한다.

필레몬과 바우키스 신화에서 쉴 곳을 찾아다녔던 자들은 제우스와 헤르메스였다. 그리고 필레몬과 바우키스 부부만이 그들을 유일하게 맞아주었다. 다른 사람들의 외면에 화가 난 신들은 노부부의 집을 제외한 모든 도시를 홍수로 잠기게 했다. 성서 창세기의 유명한 '마므레의 상수리나무' 이야기를 보면, 아브라함과 사라가 세 명의 순례자들에게 물과 음식을 주고 태양 빛을 피하도록 쉼터를 내준 덕분에 자녀를 갖게 될 것을 알게 됐다. 이 이야기에서 세 명의 손님 중 하나가 야훼인지는 알 수 없지만, 분명한 건 사라가 그 말에 비웃었음에도 아브라함의 환대 덕분에 좋은 소식을 얻었다는 사실이다.[2] 여기에서 히브리서의 유명한 구절인 "손님 대접하기를 잊지 말라. 이로써 부지중에 천사들을 대접한 이들이 있었느니라."가 나온다.[3]

구약 성서 전체에 걸쳐 하느님은 이스라엘 백성들에게 환대를 해야할 의무를 반복해서 말했고, 그들이 이집트 땅에서 이방인이었음을 상기시켰다.[4] 그리고 신약 성서에서도 "나그네 되었을 때 영접하였고"[5]라며 환대를 높이 평가한다. 이방인은 성스러운 존재로 보고 그런 사람을 환대하는 것을 당연한 태도로 여긴다.

이런 것들에서 환대는 개인 덕목처럼 보이지만, 이방인과 도움이 필요한 사람, 취약한 상황에 놓인 사람의 필요를 인식해야 하는 의무이기도 하다. 환대는 그런 무력한 상황 앞의 반응을 말하는 것으로, 환대만이 인간이 할 수 있는 유일한 반응이다.

기아와 전쟁으로 인한 대량 집단 이동으로 생기는 문제와 점진적인 지구 사막화로 수많은 인구가 물 부족을 겪는 예측할 수 없는 문제들 앞에서 개인적 환대가 꼭 필요하다. 따라서 많은 가족과 집단이 제도적 조치만 기다리지 말고 타지에서 온 사람들을 환대하는 것이 중요하다. 그러나 이것만으로는 충분치 않고, 개인적 반응뿐만 아니라 환대의 제도화가 필요하다. 루이스 비베스는 빈곤 문제 해결에는 정치 기관들(그의 경우에는 지방 자치 단체들)이 관여해야 하고, 여러 이유로 발생한 대량 이민에 제도적인 해결책이 필요하다고 주장했다.[6]

공존의 덕목

여전히 인간 세상에는 개인의 환대 덕목이 필요하지만, 21세기 대량 집단 이동에 제대로 대응하기 위해서는 이것만으로는 부족하다. 임마누엘 칸트와 같은 중요한 철학자는 '환대'라는 용어를 제시했는데, 서로 연결되어 있으면서도 다른 환대의 두 가지 측면을 이야기한다. 첫 번째는 공존에 필요한 덕목으로서의 환대이고, 두 번째는 권리와 의무로서의 환대이다. 물론 둘 다 현시점에 도움이 되지만, 두 번째가 첫 번째보다 더 도움이 될 것이다.

공존의 덕목으로서의 환대를 분석할 수 있는 기준은 『도덕형이상학』의 덕론 부분 단락 48⑫⑧인데, 물론 이런 덕목을 담고 있는 칸트의 『윤리학 강의』를 참고해도 좋다.[7] 사회적 덕목은 처음에 있던 윤리적 의미와 우리가 말한 환대 개념의 종교적 의미를 상당 부분 잃어버린 공존의 덕목이다.

칸트에 따르면, 사회적 덕목은 본래는 덕목으로 간주 될 수 없다. 그것들은 "그 누구의 기본적 필요를 해결해 줄 생각이 없고, 그저 편안하도록 도와주고 인간관계를 즐겁게 하려고 하기 때문이다."[8] 즉, 이것은 가난한 사람들을 돌보고 필요한 피난처를 제공하는 게 아니라, 공존을 즐거워하는 습관일 뿐이다.

이런 덕목에 대한 칸트의 메시지는 모호하다. 한편으로 그는 각 개인이 여러 원 중에 가장 바깥에 해당하는 모든 것을 포용하는 세계시민사회 안에 있다는 사실을 깨닫고, 자신한테서 나오긴 하지만 타인들과 연결되는 것을 덕목으로 본다.[9] 그러나 다른 한편으로, 그는 대인 관계를 더 매끄럽게 하는 이런 덕목들을 도덕적 덕목으로 보지 않는다. 이 경우는 공존을 촉진하고 더 친절하고 매력적인 덕목을 만들긴 하지만, 도덕적 덕목의 목표인 의무 이행 정신을 강화하지 않기 때문이다.

이런 덕목은 상호 의사소통과 선량함, 화해 정신, 사랑, 상호 존중 즉 친절함, 대접, 예의를 길러준다. 칸트는 이것들을 미적 인간성 Humanitas Aesthetica이라고 불렀다. 그는 이러한 덕목들이 큰 교화력을 가지고 있다고 확신한다. 우리는 보통 다른 사람들의 예의와 친절한 대우를 원하기 때문이다. 그러나 도덕적 관점에서, 칸트는 그것들을 외부 장식품, 아무도 달랠 수 없는 별로 값어치 없는 동전 정도로 치부한다.

그러나 그는 이러한 습관들에 대한 모호한 평가를 계속하면서도 그 덕목의 감정은 찬성한다고 덧붙였다. 분쟁 없이 반박하는 법을 아는 사람의 다정함과 사교성, 예의, 환대, 호의가 비록 도덕적 덕목의 겉모양이지만, 그 덕목에 최대한 다가가게 하기 때문이다.[10] 그것들은 교육을 통해 인간을 인간답고 교양있게 만들어서, 도덕적 원칙의 도덕적 힘을 경험할 수 있게 한다.[11] 그것들은 교제 방식이지만, 적어도 타인에게 귀중한 덕을 끼치는 데 영향을 준다.[12]

128 사교의 덕에 대해서.

이 글을 보면서 오늘날의 관광 윤리 규범이 환대를 아주 중요한 가치로 보고, 평범한 삶의 즐거움을 누리게 해주며, 생존을 위한 필수품이 아닌, 친절한 대우를 받고자 하는 손님의 욕구를 만족시켜주는 공존의 덕목이라고 생각하기는 어렵다.

그러나 그런 경험 때문에 '환대학Hospitality Sciences'이라는 지식 분야가 생겨났고, 관련한 많은 연구와 학위들, 교수진이 생겼다. 그들은 많은 사회 활동에서처럼 주인이 손님이 원하는 것들을 감지하는 것에 더 많은 관심을 기울인다. 이익의 극대화를 내려놓을수록 넓은 의미로는 수익성이 증가할 거라고 가르친다. 다시 말하지만, 이런 분별력과 신중함은 상대에게 친절을 베풀고, 더 잘 대접하게 해준다는 사실이다.

다시 칸트의 글로 돌아가서, 한 개인이 동심원들(가장 큰 원은 세계시민사회에 해당한다) 속에 살고 있다는 생각은 환대의 덕목에 더 높은 도덕적 기준을 제시하고, 아무도 배제하지 않는 사회를 향한 길을 보여줄 것이다. 하지만 그렇다고 해도, 공존에 대한 개인 덕목은 자기 필요를 찾아 일어나는 대규모 이동의 문제를 해결하기에는 충분하지 않다.

성서와 그리스 및 로마 세계가 인정한 환대 인식은 세계시민사회 구축 요구를 통해 조정되어야 한다. 이를 이루기 위해서는 칸트가 다른 맥락에서 다루는 환대의 두 번째 개념, 즉 세계시민법Ius Cosmopoliticum 구축이라는 환대 개념을 참고해야 한다. 이 법은 개인 덕목을 보완해주고, 이방인 환대를 제도적 의무로 전환한다. 즉 개인적 환대의 의무는 법적 의무가 되며, 이는 외국인이 받을 권리에 해당한다.

환대에 대한 법적 제도화를 요구하는 이 과제에는 칸트가 소환되는데, 오늘날 레비나스Lévinas나 데리다Derrida 같은 저자들도 성서적 세계에서 나왔지만, 제도화되어야 하는 '맞아들임'의 무조건적 요구를 잊지 않는다.

권리와 의무로서의 환대

칸트의 환대를 다시 다루지만, 이번엔 법적 의무로서의 환대를 다루려고 한다. 기본적으로 '세계시민법'의 설계도를 만드는 두 책 『도덕형이상학』의 법론과 『영구평화론』안에서 살펴볼 것이다. 이 책에서는 전쟁 원인이 없어지지 않으면 영구평화는 없다는 메시지를 전달한다. 그리고 그에 따르면, 이것은 세계시민사회가 조직되는 방식과 관계없이 모든 인간이 배제없이 서로 시민임을 알고 느끼는 세계시민사회에서만 이루어질 수 있다.

이런 사회를 이루기 위해서 '세계시민법'은 보편적 환대를 위한 조건을 정해야 한다. 단순한 박애가 아닌, 법적 권리에 해당하는 법적 의무가 되어야 한다. 이것은 칸트주의적 제안의 특징으로 당시 영구평화 계획에 대한 글에 기록되었는데, 프랑스 성직자 생 피에르Abbé de Saint-Pierre가 쓴 『유럽 영구평화를 위한 방안Projet de paix perpétuelle en Europe, 1713』도 그중 하나다.

　세계시민주의가 항상 긍정적으로 평가되는 건 아니다. 철학 교수인 마시모 모리Massimo Mori에 따르면, 프랑스 작가 루이-샤를 포제렛드 몽브롱Louis-Charles Fougeret de Monbron의 『세계시민주의 또는 세계시민Le cosmopolitisme ou le citoyen du monde』에서는 세계시민을 지역사회에 대한 헌신을 거부한 채, 개인적 이익이나 관심만 따르는 급진적 개인주의자로 본다. 모리 교수는 이 작품에 다음 의견을 덧붙인다. "내가 맑은 하늘을 즐기고 임기가 끝날 때까지 나 자신을 잘 지킬 수 있는 한 모든 국가는 나에게 똑같다. 나는 내 의지의 주인이고 아주 독립적이다. 거주지와 관습 및 기후가 바뀌는 변덕스러움도 있지만, 나는 내 모든 것을 고수한다."[13] 사실, 프랑스어 『아카데미 사전 Dictionnaire de la Académie, 1762』에는 "세계시민은 좋은 시민이 아니다."라고 나온다. 루소도 "그런 세계시민들은 자기 주변의 일은 무시하며 멀리에서 의무들을 찾는다."라고 적었다.[14]

그러나 18세기에는 볼테르Voltaire [129], 샤프츠베리 Shaftesbury [130], 레싱 Lessing [131], 칸트 등의 작가들 덕분에 세계시민주의를 긍정적으로 바라보는 시선이 강해졌다. 보통 칸트가 바라보는 세계시민주의 성격은 좀 더 문화적이지만, 그는 세계시민주의 역사에 본질적으로 이바지하기 위해서는 이것을 법적인 문제로 봐야 한다고 강조한다.

즉 이 문제는 법적으로 인간과 국가 사이 관계를 정의하지 않으면 해결할 수 없다.[15] 그러나 내가 볼 때, 칸트주의적 제안에는 많은 한계가 있다. 그것에 관한 법을 만드는 것만으로는 충분하지 않고, 윤리와 정치가 필수적으로 따라야 하기 때문이다. 이를 증명하기 위해 앞에서 말한 칸트의 두 책을 참고해서 이런 환대의 법적 개념을 분석할 것이다.

[129] 프랑스 계몽주의를 대표하는 작가이자 사상가.
[130] 영국 도덕학파의 중심인물로 이론가이자 정치가.
[131] 독일의 계몽주의 대표적 극작가.

1795년, 칸트는 인간들 사이의 영구적 평화의 토대를 마련하는 것을 목표로 하는 『영구평화론』이라는 책을 냈다.[16] 이 책의 서문에서 칸트는 <영구평화>라는 한 여관의 간판명을 비꼬았는데⑬, 거기에는 중요한 의미가 있다.[17]

알려진 바와 같이, 칸트는 홉스주의자와 밀접한 관련이 있는 자연상태⑬에 대해 부정적인 견해를 갖고, 사람들이 자율성을 개발하거나 평화로운 공존을 이룰 수 없게 하는 영구 전쟁 상태에서 벗어나는 것을 도덕적 의무로 여긴다.[18] 그러므로 정치 공동체인 시민 국가를 이루는 협정에 서명하는 것이 도덕적 의무다.

그러나 그 협정으로 우발적 평화만 초래할 수는 없다. 영구평화라는 개념은 생 피에르의 영구평화 방안과는 달리, 유토피아가 아닌 규제 개념이기 때문이다. 이론적으로 영구평화의 가능성을 확인하거나 부정할 수는 없지만, 실천적 관점에서 볼 때 그런 방향으로 가는 것이 도덕적 의무다. 칸트의 실천이성은 '전쟁이 없어야 한다.'라는 전쟁에 대한 강한 거부권을 주장하기 때문이다. 또 그것은 각자가 자기 권리를 추구해야 한다고 여기는 방식이 아니기 때문이다.[19] 여기서 홉스의 분명한 목소리를 들어보자.

전쟁은 전투 또는 싸움 행위로만 이루어지는 게 아니라, 일정 기간에 걸쳐 전투 의지가 충분히 있다면 그 기간은 전쟁 상태에 있는 것이다. 따라서 기후의 본질처럼 전쟁도 시간의 개념으로 고려해야 한다. 실제로 악천후란 한두 번의 소나기가 내릴 때가 아닌, 며칠 동안 비가 내리는 경향이 있을 때를 말한다. 마찬가지로 전쟁의 본질도 실제 전투 여부가 아닌, 불안한 상태로 있는 모든 기간에 전투가 벌어질 가능성에 달려있다. 그 외의 기간이 평화다.[20]

그러므로 전쟁 가능성이 있는 상황에서는 평화를 말할 수 없고,

꼭 전투 의지가 사라졌다는 보장이 되어야 한다. 홉스는 주권자에게 절대 권력을 실어주는 조약을 통해 평화가 보장된다고 생각한다. 한편 칸트는 영구평화를 위한 예비조항 6가지와 확정조항 3가지를 제안한다. 이 확정조항 중 첫째는 모든 국가의 '정치법'과 관련 있는데, 공화제를 제안한다. 둘째는 '만민법'과 관련 있는데, 국가와 국민의 관계와 관련해 국가들의 연방 체제를 형성할 것을 제안한다. 마지막으로 '세계시민법'을 통해 세계시민사회를 만들 것을 제안한다. 평화를 보장하는 방법은 군비를 늘리는 것도, 예방 전쟁을 준비하는 것도 아니다. 이것은 모든 국가 체제를 공화제로 하고 이들 사이의 관계를 준비하며 세계시민사회가 되길 열망하는 것이다.

영구평화와 세계시민주의에 대한 규제적 개념은 본질적으로 칸트 철학과 관련 있는데, 평화는 세계시민주의를 매력적으로 만든다. 이 입장은 논쟁의 여지가 있는데, 세계시민사회에 대한 열망은 그 자체로 가치 있는 규제적 개념이라고 이해하기 때문이다. 이것이 바로 또 다른 역사 철학의 작품들과 『교육학 강의』의 연구들이 전하는 내용이다.

어쨌든 이 세 번째 확정조항에서는 '환대'라는 개념이 명시적으로 나타난다. 이 조항은 다음과 같다.

세계시민법은 보편적 환대의 조건 규정에 국한되어야 한다.[21]

---

132 '영구평화'라는 말은 당시 묘지 비명으로 사용되었고, 이런 평화는 사후에나 얻을 수 있다고 생각했음.
133 홉스는 인간의 자연 상태를 전쟁 상태로 정의함.

이것으로 대인 관계를 넘어선 환대의 개념이 태어났는데, 여기서 말하는 환대는 교양과 공존의 덕목이 아닌, 국가와 국가 거주자들의 의무다. 물론 이것은 칸트가 제안하는 세계시민법의 열쇠들이 담긴 수수께끼 같은 문장이다. 그렇다면 여기서 말하는 보편적 환대란 무엇일까? 이 주제를 다루기 위해서는 오늘날 우리가 따르는 해석 전에, 칸트가 제안한 세계시민주의에 대한 두 가지 해석을 기억해야 한다.[22]

첫 번째 해석에 따르면, 모든 국가가 공화제가 되고 <영구평화>의 두 번째 조항을 따르며, 국제연맹League of Nations [134]의 규정들을 따른다면, 국제시민적 환경이 조성될 것이다. 두 번째 해석에서는 세계시민사회를 세계국가World State [135]로 생각한다. 세계적 국가는 세계시민법 발전의 결과가 된다. 이것은 『도덕형이상학』의 법론에서 나온 내용으로, 여기서는 사람들을 세계시민 지위로 인식한다.

두 번째 가설은 1793년과 1795년 칸트학파의 글들과 그의 책 『판단력 비판Kritik der Urteilskraft』에서 지지를 얻는다. 이 책 제83절에 따르면, 문화의 목표는 '전체 세계시민' 형성이다. 그러나 이 두 번째 해석이 아주 그럴듯해 보이지는 않는다. 세계시민법이 말하는 것은 모두가 서로 알고 시민임을 느끼는 세계적 국가가 아니라, 시민들이 다른 나라에 갔을 때 환대받고 평화롭게 있을 권리와 특정 조건이 충족되는 한 본래 주민들이 이방인들을 거부하지 않을 의무이기 때문이다.[23] 세계시민법은 그 자체로 국가들이 다 다르고 세계적 국가가 존재하지 않는 것으로 여긴다. 그리고 건설하려는 세계시민사회의 핵심은 보편적 환대. 그 의미에 대해서는 칸트가 해석의 열쇠를 줄 것이다.

처음에 우리는 낯선 땅으로 가는 사람들의 권리에 관해서 이야기했다. 박애적 제안들이 아닌, 세계시민법의 특징을 추적해 나가기 때문이다. 이것은 외국에 가는 사람이 환대를 받을 권리 즉, 낯선 땅에 왔다는 이유로 적대적 대접을 받지 말아야 할 권리다. 이것은 다양한 국가가 있고, 본주민들과 이방인의 권리 사이에는 차이가 있다는 뜻이다. 또한 외국인이 원주민에게 우호적으로 행동하고 이동해 온 국가의 조건을 잘 따르면 적대적으로 대우받지 않을 권리가 있다는 뜻이다.

우리 시대 상황을 고려하지 않은 채 난민과 이민자들이 환대받을 권리가 있고, 본래 주민들이 이들을 적대적으로 거부할 권리가 없다고 단언하기는 어렵다. 그것을 확증하는 건 아주 민감한 작업처럼 보이는데, 본주민들은 이방인에게 피해를 주지 않는 선에서 그들을 거부할 수도 있기 때문이다.

그러나 만일 그 거절로 인해 이방인들이 불행하거나 죽게 되었다면 어떨까? 오늘날의 상황을 살펴보지 않으면 이 대답을 제대로 할 수 없다. 18세기 말에는 살아남기 위해 고군분투하던 많은 이민자가 칸트의 고향인 쾨니히스베르크나 나머지 유럽 국가에 오지 않았기 때문이다. 칸트는 무역뿐만 아니라 식민지화를 위해 낯선 나라를 침입한 정복자들을 떠올리며 그들에게는 방문의 권리는 있지만, 손님의 권리는 없다고 말한다. 이 차이는 매우 중요하지만, 내가 볼 때

---

134 1차 세계 대전 후 국제 협력의 촉진과 국제 평화 및 안전을 유지한다는 일반적·정치적 목적으로 만들어진 국제 기구.

135 전 세계를 하나의 단위로 하며, 인류 전체를 그 국민으로 하는 이상 국가.

사람들이 항상 잘 이해하는 개념은 아닌 것 같다.

방문의 권리는 '모든 사람이 사회에 나타날 권리'이며, 여기에는 매우 다른 중요한 두 가지 이유가 있다. 첫째, 지구 표면을 공통으로 소유할 권리로, 본래는 그 누구도 지구상의 특정 장소에 대해 다른 사람보다 우선적인 권리를 가지고 있지 않다.[24] 둘째, 지구 표면이 둥글어서 사람들은 다른 사람 옆에 쭉 서서 무한대로 뻗어 나갈 수가 없다.[25]

두 번째 이유는 첫 번째 이유에 따라 달라진다. 만일 원래 지구가 공동 소유이고, 그 누구도 다른 사람보다 특정 장소에 있을 권리가 더 많은 게 아니라면, 자신이 살던 곳이 열악해서 다른 곳에서 잘살아 보고 싶어 하는 사람이 나타날 수도 있다. 또 그런 사람은 사람이 살지 않는 땅을 찾으려고 노력하겠지만 지구 표면의 유한함을 고려할 때, 다른 주민들을 만나게 되는 게 당연하다. 그리고 본주민은 그 이방인이 우호적이라면, 적대적으로 대우해서는 안 된다. 원래는 그들도 다른 사람들처럼 똑같은 주인이기 때문이다.

각 사람이 태어난 장소는 우연히 정해진 것이기 때문에 모두 자기가 태어난 곳과 다른 곳에 있을 권리가 있다. 이것은 칸트가 『도덕형이상학』에서 강조한 내용이다.

모든 사람은 원래(즉, 법적 중재 행위 전에) 토지를 합법적으로 소유하고 있다. 즉 (의지와 상관없이) 자연이나 우연으로 놓인 장소에 있을 권리가 있다.[26]

그러므로 자연권Natural right **135**이 있는데, 이것은 모든 인간이 둥글고 유한한 지구 표면을 차지할 수 있는 권리다. 고대 자연법적 전통에서 지구의 공통 소유는 신의 선물이다. 이런 지구의 공통 소유권에 관한 가정은 자연이나 신이 표시한 경로를 따라 정치법, 만민법 및 국제시민법까지 퍼져가며 법론 전체를 재구성하는 전선과 같다.[27] 인간에 대한 존엄성 인식과 더불어 환대하는 사회는 꼭 필요하다. 그렇다면, 방문의 권리는 있지만 손님의 권리가 없는 이유가 무엇일까?

손님의 권리를 갖기 위해서는 외국인에게 한동안 새로운 땅에 정착할 권리를 부여하는 계약이 필요하다. 그러나 18세기에는 계약이 체결될 때마다 다른 땅에 거주할 수 있는 권리는 가장 취약한 사람들을 지킨다는 이유로 제약을 받았다. 식민국들이 다른 나라를 점령할 권리를 제한하는 것은 유럽인들이 인정받는 법적 최대치를 방문의 권리로 하고, 가난한 나라들이 방문 허락 권리를 갖고 있다는 의미다.[28]

칸트가 말하는 환대 제안은 다른 국가에 온 사람들의 방문 권리를 강조하기 때문에 획기적이다. 이것은 그 방문자가 적대적인 대우를 받지 말아야 한다는 뜻이고, 결국 보편적 공동체^{Universal Community}를 위한 길을 열어준다. 칸트는 이런 우호적 방식으로 "지구에서 멀리 떨어진 지역들이 평화적 관계를 맺을 수 있고, 이것이 결국 합법적이고 공개적인 관계가 되는 것이며, 그로 인해 점차 인류는 세계시민 체제에 근접할 수 있었다."고 확언했다.[29]

---

136 인간이 태어날 때부터 자연적으로 가지는 천부의 권리.

이 세계시민 체제는 이룰 수 없는 꿈도, "환상적이거나 터무니없는 해석"도 아니다. 한편으로는 이미 지구의 국가 간 공동체 설립이 이루어졌고, 그 결과 지구의 한 부분에 대한 권리 침해가 다른 모든 사람에게 영향을 미치기 때문이다. 정치법과 만민법 ⑬⑦ 을 보완하고 영구평화에 접근하기 위한 조건을 갖추는 공법 ⑬⑧ 의 비공식 법규를 준수하기 위해서는 세계시민법이 필요하다.

분명 이 환대의 권리 계획에 대해 많은 의문이 생길 수 있다. 특히 21세기에 이것을 적용해야 한다면 더 그럴 것이다. 칸트는 적어도 두 가지 주장에서 필요에 따라 맞아들여질 권리를 입증해야 했다. 즉 인간의 존엄성과 땅의 본래 소유 보호 주장이다. 그러나 블라초스 Vlachos가 말한 것처럼, 실용주의는 종종 까다로운 윤리의 힘을 정치에서 잘라낸다.[30]

반면 '헤이그 총회' 같은 단체들이 겪은 실패 경험은 국가 연방 가능성과 칸트가 볼 때 전제적일 수밖에 없는 세계국가의 꿈 사이에 항상 윤리의 힘을 둔다. 어쨌든, 계속 다양한 국가가 존재하는 한 국가들은 시민들을 보호하는 동시에 평화롭게 외부에서 온 사람들의 방문을 허락해야 한다. 특히 외부에서 온 사람들에 대한 거부가 그들의 파멸을 초래할 수 있다면 더욱 그래야 한다.

그럼에도 불구하고, 20세기 레비나스 및 데리다와 같은 또 다른 저자들은 국가가 윤리적 요구인 무조건적 환대 가능성을 크게 제한한다고 주장한다. 그 주장에 따르면, 빗나간 신자유주의 Neoliberalism ⑬⑨ 의 개인주의적 선언들이 있었지만, 인간의 기본 특징은 타인에 대한 개방성이다. 여기에서 도움이 필요한 사람들을 환대하라는 무조건적 요구가 나온다. 무조건적이고 무한한 환대의 법은 조약과 계약들을 초월하고, 그것을 필요로 하는 사람에게 정치적 보호소를 열게 한다. 즉 윤리적 요구는 법적 의무와 권리보다 우선한다.

137 국적이 서로 다른 민족들 간의 법률관계를 규율하는 일반적인 법.

138 국가의 조직이나 공공단체 상호간 또는 이들과 개인의 관계를 규정하는 법률로 헌법·행정법·형법·소송법·국제법 등이 이 법에 해당.

139 국가권력의 시장개입을 비판하고 시장의 기능과 민간의 자유로운 활동을 중시하는 이론.

무조건적 환대,
윤리적 요구

레비나스가 '환대'라는 단어를 자주 언급하지 않지만, 그의 타자에 대한 개방, 즉 맞아들임에 관한 생각은 다른 저자들이 환대를 언급하도록 영감을 주었다.[31] 그에 따르면, 이 개방은 가정이나 도시, 나라에서 외국인을 맞아들인다는 뜻이 아니라, 타자에게 문을 열고 다른 점 즉 타자성을 받아주는 것이다. 타인을 향한 개방이 최우선이고 거부는 그들이 올 때 문을 닫는 것을 의미한다. 사실 처음부터 관계가 존재했고, 나는 타자의 인질 **140** 이기 때문이다.[32]

레비나스는 전체가 개인보다 앞서는 서구 전통을 버리고, 야훼라는 절대자가 타자의 얼굴을 통해 드러나는, 타자에 대한 책임을 요구하는 히브리 전통으로 돌아간다. 그에 따르면, 유럽 문명은 도시 체제 이후 타자와 우리 사이에 분열, 타자를 배제하는 분열이 생겼다. 오이코스*집의 안전을 신경 쓰는 서구는 정착 생활을 선호하기 때문에, 순례와 유목 생활은 위협적인 요소가 된다.

반대로 레비나스는 인간적인 것에 우선순위를 둔다. 즉 인간은 무엇보다 먼저 타인과 함께 있고, 타인과 관계를 맺으며, 타인을 책임진다. 타인에 대한 책임은 타인을 주체로 여기는 것이다. 책임은 단순히 주관적 속성이 아니라, 마치 이전에 스스로 존재했던 것처럼,

윤리적 관계보다 앞선다.[33] 책임은 '자신을 위한 것'이 아니라 '타인을 위한 것'이다. 이것이 환대와 맞아들이고 맞아들여짐 철학의 궁극적 기초가 될 것이다.[34]

따라서 모든 종류의 전체성Totality [141] 과 전체화Totalization [142] 보다 더 높은 기준이 있는데, 바로 인간성Humanity이 아닌, 타자의 얼굴과 말이다. 그리고 이 기준은 전체성의 절대주의를 깨뜨린다. 인간은 단지 존중해야 하는 법의 대상만이 아니다. 그 존중은 타자의 얼굴 [143] 에 대한 반응이다. 칸트와 레비나스는 모두 보편적 평화를 만들려고 애썼다.

데리다도 이들과 매우 비슷한 생각을 하는데, 모든 후속 활동의 열쇠인 개방과 맞아들임으로 시작하는 환대 정책 및 윤리를 분석한다.[35] 데리다는 소크라테스에서 시작해 칸트에서 절정을 이루고, 외국인 환대로 계속 이어지는 세계시민적 전통을 연장한다. 그러나 그의 환대는 이제 타인에게 '예스'라고 말하면서 존중하고 맞아들이는 것을 의미한다.

그리고 환대의 법과 윤리는 무조건적이고 무한하며, 환대 조약들을 깨뜨리고, 법을 무너뜨리며, 집을 열게 하고, 행동으로 옮기게 한다. 그러나 이것이 유토피아로 끝나지 않으려면 법제화되어야 하는

---

[140] 레비나스는 '타자'가 존재함으로써 '나'는 윤리적 책임을 가지고 살아갈 수 있다고 말한다. 이는 타자에 의해 자신이 부정되는 것은 아니지만, 다른 말로는 '타자의 인질'이 되는 것을 말한다. 나는 윤리성을 지키기 위해 타자의 생명과 고유성이 다치지 않도록 수호하는 볼모된 자다.

[141] 타자의 다름을 인정하지 않고 오직 하나의 체계 속에, 동일자의 논리로서 포섭하려는 일체의 시도.

[142] 어떤 문제나 사건을 특정한 상황이나 흐름 속에서 일반화하여 받아들이는 것.

[143] 레비나스가 말하는 타자는 내 존재의 원천이고, 세계를 존재하게 하는 원칙이기 때문에, 타자의 얼굴을 통해 자신을 발견함.

데, 이것은 칸트가 영구평화를 고려한 세계시민법에서 보편적 환대 조건이라고 말한 전통에 따라 결정된다.[36] 환대의 권리는 절대적 환대를 제한한다.

무조건적 환대가 단순한 유토피아로 머물지 않기 위해서는 구체적인 법이 필요한데, 무조건적 환대는 조건부의 법들에 의미를 불어넣어 준다. 따라서 여기서 정치적 책임은 이 두 환대 사이를 중재하는 계기를 창출하는 것이다. 그 원칙이 유토피아에 머물지 않고, 책임에 대한 지상명령과 같은 조건들을 설정하는 것이다. 이런 정치적 책임과 창출은 가능한 한 덜 나쁜 법안을 찾는 것이다.

긴급한 일,
중요한 일

실제로 무조건적 환대가 환상으로 끝나지 않으려면 꼭 법으로 구체화 되어야 한다. 이때 바로 윤리와 정치적 책임이 필요한데, 자비로운 환대의 윤리 원칙과 국가와 초국가 연합 및 세계적 환경에서 법제화하는 조건들 사이를 조정해야 한다.[37] 긴급한 단계뿐만 아니라 좀 더 시간이 필요한 단계에서도 똑같이 조정이 필요하다.

첫 번째는 맞아들임 및 통합 정책 단계로 스페인은 환대의 요구 앞에 유럽연합이 규모와 인구, 신청, 실업률과 같은 변수를 고려해서 할당해준 많은 정치 난민들을 책임져야 한다. 모든 유럽연합 회원들에게 갈수록 복잡한 책임을 지우는 유럽 의회를 변호하는 것뿐만 아니라, 비례세 방안도 검토해야 한다. 생명을 구하는 것은 필수불가결한 원칙인데도, 이들을 통합하는 과정에서 외국인 수용센터 CIE에 들어가거나 삶을 포기하는 일이 끊임없이 발생하고 있다.

또 이미 진행 중인 이민자의 인신매매 방지 전략을 수립하되, 사법 및 경찰 강화, 정보 교환, 인신매매 방지, 제3국과 보다 큰 협력을 촉진해야 한다. 오늘날은 합법적으로 이주하기가 매우 어려우므로 이민 가능성을 법적으로 정당화시켜야 한다. 도착한 국가들이 망명 신청자를 제대로 등록하고 거부된 사람들에게 적절한 귀국을 보장하는 등의 빠른 대처가 필요하다.

이민자 수용과 관련해, 고국에서 추방된 난민들을 수용하는 시민단체들이 정부 기관과 일할 때 장애물을 만난다는 건 말도 안 되는 일이다. 환대의 덕목을 실천하는 건 막을 수 없는 일이기 때문이다. 스페인과 유럽연합은 가장 먼저 이민자와 난민 수용에 대한 더 큰 경제적 약속을 책임져야 한다. 이것은 세금이나 기타 절차들을 통한다. 연대책임에는 경제적 협력이 요구되기 때문이다.

두 번째는 장기적 단계로, 유럽연합은 예를 들어 모든 수단을 동원해 주민 절반 이상이 추방되고, 25만 명 이상이 죽은 시리아와 같은 나라들의 평화 구축 과제에 참여해야 한다. 최근 유럽연합의 어려움이 커지고 제45대 미국 대선에서 트럼프의의 승리로 인해 그 과정이 더욱 어려워지는 것처럼 보이지만, 평화 구축은 피할 수 없는 과제고 이를 위해서는 유럽연합이 필요하다.

동시에 글로벌 거버넌스, 민주적인 세계국가 또는 국가 연맹의 입장에서 UN 2030 의제를 추진하면서 범세계적 사회를 만들어가야 한다. 그러나 정의 의무로써 이 세상을 전 인류의 집으로 만들 보편적 환대라는 열쇠는 쥐고 있어야 한다.

세계시민적 환대,
정의와 연민

그러나 실현 조건들을 통해 타인을 무조건 환대하는 윤리를 제안하는 레비나스로 되돌아가서, 그가 지적한 서양 문명과 '우리'와 '타자'를 구별하는 열쇠가 집 짓기와 정착 생활이었다는 것에 대한 비판은 짚고 넘어갈 필요가 있다. 반면 이전 장에서 살펴본 것처럼, 수렵-채집인의 소규모 집단 형성은 낯선 사람들인 '타자' 앞에서 '우리'에 대한 보호를 강화하는데, 이런 특징은 그리스의 오이코스 문화보다 훨씬 이전에 있었다. 그리고 그것은 서구 문명 출현보다 훨씬 전에 인간의 뇌에 새겨져 있었다. 이것을 단순히 이런저런 문명 탓으로 돌릴 수는 없지만, 이것은 분명 호모 사피엔스Homo Sapiens와 함께 태어난 생문화적Biocultural 행동 규범이다.

인간은 고립이 아닌 관계 속에서 태어났다. 홀로 고립된 원자처럼 태어난 게 아니다. 그러나 그들은 다음 세대와의 연대와 이방인에 대한 방어 덕분에 살아남았다. 그것이 제노포비아적인 뇌의 열쇠였다. 그러다가 그들은 점차 대가를 얻을 수 있는 사람들과 협력하고, 교환 게임에서 이익을 주지 못하는 아포로이(가난한 사람)들을 제외하는 상호 교환을 통해 서로 이익이 되는 '우리'를 형성했다.

이것이 바로 가난포비아의 뿌리, 가난포비아적 뇌의 시작이다. 지금 환경은 원시 사회들과는 매우 다르지만, 인류는 지난 4천 년 동안 생물학적 및 유전적 수준에서는 본질적으로 동일하게 유지되었고, 서로 이익이 되는 집단들 사이의 도덕을 계속 유지한다. 도덕적 진보는 상속되지 않고, 각자 삶에 유익한 부분에 관한 필수 학습을 통해 이루어진다.

그러나 다행히도 우리 뇌는 가소성이 매우 뛰어나기 때문에 보편적 환대의 열쇠인 연민 인식을 통해 모든 타자를 향한 개방성을 키울 수 있다. 이것은 단지 모든 사람이 지구의 모든 곳을 방문할 권리가 있음을 확인하는 걸 말하는 게 아니다. 『윤리형이상학』의 단락 13에서 볼 수 있듯이, 그들이 원래 소유자이며, 그 누구도 다른 사람보다 특정 장소에 있을 권리가 더 많은 건 아니기 때문이다. 또한 이것은 칸트를 따리 계속 취약한 사람들이 권리가 침해받지 않도록 방어만 하는 것도 아니다. 그렇다고 마치 타자가 주도권을 쥔 것처럼, 타자의 얼굴에 마음이 움직이는 걸 느끼는 사람의 개방성만 주장하는 것도 아니다.

무조건적 윤리 요구는 자신과 타인이 단순히 가격이 아닌 존엄성을 지닌 존재임을 인식하는 것에서 시작된다. 그것은 특히 취약한 상황에 있는 사람들에 대한 연대책임에서 비롯된다. 모든 인간이 약한 존재이지만, 분명 시대와 장소에 따라 생명을 유지하고 좋은 삶을 사는데 다른 사람들보다 특히 더 많은 도움이 필요한 사람들이 있기 마련이다.[38] 이런 경우 할 수 있는 윤리적, 정치적 대응은 보편적 환대의 요구뿐이고, 이것은 늘 조건화된 법과 정치적 제도 구축을 지향한다.

만일 도움이 필요한 사람과의 연대를 포함해 모든 인간의 내적 가치인 존엄성 인식뿐만 아니라, 원래 우리의 삶이 연결되어 있어서 타인에 대한 연민을 갖는 것이 중요하다는 따뜻한 인식도 있다면, 그 대응이 훨씬 더 많겠지만 말이다.[39]

공동 책임 윤리는 배제되는 사람이 없는 세계시민사회 구축을 추진하게 하고 연민 인식을 통해 법과 정치적 상황을 이끌어 간다. 이것은 꼭 필요한 교육의 목표로, 가족과 학교에서 시작해 다양한 공공 생활 영역에서 계속 이어져야 한다.

내가 볼 때, 21세기 교육은 특정 시간과 장소, 세계적 개방에 맞추어 사람들을 교육해야 한다. 오늘날 유럽에서는 피난처를 찾는 사람들의 고통을 헤아리는 것을 중요한 도전으로 받아들인다. 이미 18세기에 모든 국가가 절대 빈곤과 기근, 취약한 자들의 무방비 상태, 수백만 명의 조기 사망과 질병 방치라는 슬픈 상황을 경험했고, 그 결과 자신의 나라에 온 사람들에게 환대를 베풀어야 한다는 걸 잘 알고 있기 때문이다. 오늘날엔 교육을 통해 고통받는 사람들의 마음을 헤아리는 능력, 특히 그들을 책임질 줄 아는 연민을 가진 시민들을 양성해야 한다.

1장 이름 없는 골칫거리

1 가르시아 마르케스(García Márquez), 1969, p. 9.

2 츠바이크(Zweig), 1957, p. 7.

3 코르티나(Cortina), 2013.

2장 빈곤층 증오로 인한 범죄

1 글룩스만(Glucksmann), 2005, p. 96.

2 *스페인의 증오 범죄 관련 사건 보고서*, 2014. 내무부, 2015, p.3.

3 차크라보티(Chakraborti), 갈란드(Garland), 하디(Hardy), 2014.

4 유럽인종차별위원회(European Commission against Racism and Intolerance, ECRI, 2007) 권고 7번에 따르면, 증오 발언이란 인종, 피부색, 언어, 종교, 국적 또는 출신 국가 또는 민족성 근거에 대한 모욕, 대중 명예 훼손뿐만 아니라 폭력, 증오 또는 차별에 대한 대중의 모욕을 암시하는 표현이다. 제4장 형법 전용으로, 법률은 인종과 피부색, 언어, 종교, 국적 또는 출신 국가 또는 민족에 따라 개인이나 개인들의 범주에 대해 폭력, 증오 또는 차별에 대한 대중 선동, 공개적 모욕, 명예 훼손, 위협에 대해서 처벌해야 한다. 유럽 인권 법원(European Court of Human Rights)이 내린 증오 발언의 정의는 유럽 평의회 장관위원회의 권고 (1977) 20번에 나온다. 여기에서는 '인종적 증오, 제노포비아, 이교 배척으로 인한 반유대주의와 다른 형태의 증오, 공격적 민족주의, 자민족 중심주의, 소수자와 이민자, 이민으로 태어난 사람들을 향한 차별과 적대감의 유포, 촉구, 조장 또는 정당화하는 모든 형태의 표현'을 다 포함한다. (법, 2015, p. 53, 주석 4).

5 아텐토 연구소(Observatorio Hatento), 2015 a, p. 29.

6 코르티나(Cortina), 2000.

7 이 첫 세 가지 특징은 2006년 파레크(Parekh, 2006)에서 발췌한 것이다. 이 저자에 따르면 증오 발언은 다음과 같다. ① 이슬람교도, 유대인, 극빈자, 성소수자 등 특정 집단을 대상으로 한다. ② 그 집단에 비방적인 고정 관념을 부여하며 낙인을 찍는다. ③ 이러한 특징으로 인해

그 집단은 사회에 통합될 수 없으며 경멸과 적개심을 받을 수밖에 없다.

8   차크라보티(Chakraborti), 2011.

9   코르티나(Cortina), 1986, 6장; 2001, 9장.

10   아텐토 연구소, 2015 b, p. 38.

11   증오 범죄 관련 세 번째 보고서, 2015, p. 62.

12   아텐토 연구소, 2015 b, p. 16.

13   위와 동일.

3장 증오 발언

1   이 장은 세비야의 안달루시아 로욜라대학교(Universidad Loyola)에 있는 후안 A. 카릴요
     (Juan A. Carrillo)와 페드로 리바스(Pedro Rivas)가 이끄는 '증오 발언들에 대한 소수 민족
     보호' 연구 프로젝트의 워크숍에서 발표한 강의(2016년 10월 6일)와 '정치 및 도덕 과학 왕
     립 아카데미' 부문 참여(2016년 11월 25일)를 바탕으로 한다.

2   제1장. '국민의 권리와 의무'. 민권 및 정치적 권리에 관한 국제 규약 스페인 헌법 제 19조 3
     항에는 표현의 자유와 제한은 다음과 같은 목적으로 법에 명시적으로 설정되어야 한다. a) 타
     인의 권리와 명성에 대한 존중을 보장하기 위해 b) 국가 안보, 공공질서 또는 공중 보건 또는
     도덕의 보호를 위해. 1950년 유럽 인권 조약 제10조 2항에는 《기밀 정보 공개를 방지하거나
     사법부의 권한과 공정성을 보장하기 위한 국가 안보, 영토 보존 또는 공공 안전, 질서 및 범죄
     예방, 건강 또는 도덕 보호, 타인의 평판 또는 권리 보호》라고 적혀있다.

3   아텐토 연구소, 2015 a, p. 29.

4   차별금지 법 사례들이 증오 발언에서 나왔다는 결정을 위해, 레이(Rey) 참조, 2015; 카릴요
     (Carrillo).

5   카릴요(Carrillo), 2015, pp. 208-211.

6   베세릴(Becerril), 2015, pp. 11-12.

7   이런 의미에서, 스페인어 왕립 아카데미의 산티아고 무뇨스 마차도(Santiago Muñoz
     Machado)의 소득에 대한 담화(2013)인 언어 자유의 여정들(Los itinerarios de la libertad

*de palabra)*은 매우 예시적이다. (무뇨스 마차도, 2013)

8　레이(Rey), 2015, pp. 49

9　롤스(Rawls), 1996, pp. 85-89; 마르티네스-토론(Martínez-Torrón), 2016, p. 29.

10　예를 들어, 하레&와인스틴(Hare&Weinstein), 2010.

11　레이(Rey), 2015.

12　레이(Rey), 2015.; 카릴요(Carrillo), 출판물.

13　미겔 레벤가(Miguel Revenga), 2015 b. 미국과 유럽 연합의 입장이 점진적으로 비슷해지고 있지만, 막스 베버(Max Weber)의 관점에서 처음 두 모델을 이상적인 유형으로 유지한다.

14　무뇨스 마차도(Muñoz Machado)가 말한 것처럼, 말의 자유는 먼저 의회의 자유로 나타나며, 이 회의 구성원들은 토론에서 제기된 의견들에 대한 책임으로부터 의회 회원들을 보호해야 한다. 1521년에 헨리 8세에게 처음 자유를 제기한 사람은 모로(Moro)였다. 그러나 커뮤니케이션의 통제 문제를 제기한 것은 인쇄술의 도입이었다(무뇨스 마차도, 2013, 제4장). 북미의 상황으로 보면, 로크(Locke), 트렌차드어(Trenchard), 고든(Gordon)(5장)의 계보를 따른다.

15　1952년에서 1978년까지 미국에서 표현의 자유의 발전을 살피려면, 워커(Walker), 1994, 6장을 참조하라.

16　또한, 스페인 헌법재판소는 STC 174/2006에서, FJ 4는 "표현의 자유에는 이끄는 사람에게 불손하고 무례하며, 불안하고 불쾌하게 할 수 있을 때조차도 비판의 자유가 인정된다. 왜냐하면, 이를 위해서는 다원주의, 관용 및 개방성이 요구되며, 그것들 없이는 민주주의 사회가 존재하지 않기 때문이다." (레벤가, 2015 b, p. 24, 주석 20)

17　칼 뢰벤슈타인(Karl Loewenstein) 1937 a y b.

18　바버(Barber), 2004; 코르티나(Cortina), 1993, pp. 102-107.

19　존 밀턴(John Milton), 2011.

20　콩스탕(Constant), 1989.

21　레벤가(Revenga), 2015, p. 30.

22　칸트(Kant), 1989, p. 15.

23　칸트(Kant), 1989, p. 40.

24　헤겔(Hegel), 1975, 문단 33.

25　코닐(Conil), 2004; 코닐&곤살레스(Conil&Gonzales), 2004; 코르티나(Cortina), 1993; 코르티나&가르시아-마르사(Cortina&García-Marzá), 2003; 가르시아-마르사(Gracia-Marzá), 2004; 그라시아(Gracia), 1989; 로사노(Lozano), 2004; 마르티네스 나바로

(Martínez Navarro), 2000.

26 코르티나(Cortina), 1993.

27 아펠(Apel), 1985; 하버마스(Habermas), 1985.

28 코르티나(Cortina), 2007.

29 오스틴(Austin), 1982; 설(Searle), 1980.

30 아펠(Apel), 1985; 하버마(Habermas)스, 1985; 코닐, 2006; 코르티나(Cortina), 2007; 가르시아-마르사(García-Marzá), 1992; 호네트(Honneth), 1997; 리쾨르(Ricoeur), 2005; 시우라나(Siurana), 2003.

31 아펠(Apel), 1985, II, p. 380.

32 2013년 8월에 채택된 유엔 인종차별철폐위원회의 일반권고 35호에서는 "인종차별적 증오 발언의 거부와 표현의 자유 허용 사이의 관계는 상보적으로 봐야 한다. 하나에 중점을 두면 다른 하나가 희생해서 결국 제로섬 게임의 표현이 아니다."라고 강조한다. (권고 P.11, 레이(Rey), 2015, p. 86). 그 방향으로 향하는 시민 윤리가 없으면 불가능하다.

4장 우리 뇌에는 가난포비아가 있다

1 이글먼(Eagleman), 2013, p. 224.

2 센(Sen), 2000; 코닐(Conill), 2004.

3 코닐(Conill), 2004.

4 코르티나(Cortina), 1986, 2001.

5 테일러(Taylor), 1993.

6 마샬(Marshall), 1998.

7 코르티나(Cortina), 1997; 포기(Pogge), 2005.

8 코르티나(Cortina), 1997; 포기(Pogge), 2005.

9 콜버그(Kohlberg), 1981.

10 아란구렌(Aranguren), 1994.

11 오비디우스, *변신 이야기(Metamorfosis)*, 제7장, 19-21.

12 사도바울, 로마서, 7장, 19.

13 코르티나(Cortina), 2011, 2012.

14 아모르 판(Amor Pan), 2015, pp. 23-27; 블랑코(Blanco), 2014.

15 아모르 판(Amor Pan), 2015, p. 53.

16 아모르 판(Amor Pan), 2015, pp. 43, 44 y 45.

17 초우두리(Choudury) 외, 2009; 초우두리&슬래비(Choudury&Slaby), 2011; 가르시아-마르사(García-Marzá), 2012.

18 처칠랜드(Churchland), 2011,3; 술러&처칠랜드(Suhler&Churchland), 2011, p. 33.

19 샹제(Changeux), 1985 y 2010; 에델만&토노니(Edelman&Tononi), 2002; 에버스(Evers), 2010, 2015; 푸스테르(Fuster), 2014.

20 이글먼(Eagleman), 2013, pp. 131-134.

21 이글먼(Eagleman), 2013, p. 182.

22 에버스(Evers), 2015, pp. 1 y 2.

23 에델만(Edelman), 1992.

24 에버스(Evers), 2015, p. 4.

25 다마시오(Damásio), 2011, pp. 51-52.

26 처칠랜드(Churchland), 2011, p. 14.

27 처칠랜드(Churchland), 2011; 코르티나(Cortina), 2011; 다마시오(Damásio), 2011; 에버스(Evers), 2010, 2015; 하이트(Haidt), 2012; 하우저(Hauser), 2008; 레비(Levy), 2007.

28 에버스(Evers), 2015, p. 4.

29 누스바움(Nussbaum), 2001, pp. 301-302.

30 리촐라티(Rizzolatti), 시니갈리아(Sinigaglia), 2006; 자코보니(Jacoboni), 2009.

31 스미스(Smith), 1997, p. 52; 센(Sen), 1977, 2002, pp. 35-37.

32 에버스(Evers), 2015, p. 5.

33 윌슨(Wilson), 1993.

34 예를 들어 그린(Greene), 2007; 가자니가(Gazzaniga), 2006, pp.172-173; 모라(Mora), 2007, pp. 79

35   그린(Greene), 2012; 가자니가(Gazzaniga), 2006, pp. 172-173; 모라(Mora), 2007, pp. 79

36   다윈(Darwin), 2009, pp. 171-172.

37   하우저(Hauser), 2006, 7장; 코르티나(Cortina), 2011, 4장; 2012, pp. 9-38.

38   해밀턴(Hamilton), 1964 a, 1964 b.

39   노왁&지그문트(Nowak&Sigmund), 2000, p. 819; 코닐(Conill), 2012.

40   칸트(Kant), 1985, p. 38.

41   코디나(Codina), 2015.

42   로우즈 르원틴&카민(Lewontin, Rose&Kamin), 1996.

43   코르티나(Cortina), 2007, p. 125.

5장   **양심과 평판**

1   카를로스 푸엔테스(Carlos Fuentes), 2003, p.10. 이 단락은 '왕실 도덕 및 정치 과학 아카데미(Real Academia de Ciencias Morales y Políticas)' 회의 참여로 시작됐다. 2015년 3월 17일, 《양심과 명성 Conciencia y reputación》, 엘 파이스(El País) 신문, 2015년 8월 22일.

2   《나쁜 부름보다 나쁜 양심에 대처하는 게 더 쉽다 Man wird mit seinem schlechten Gewissen leichter fertig, als mit seinem schlechten Rufe》, 니체(Nietzsche), 1999, 단락 52, p. 416.

3   플라톤(Platón), 1969, 제2권, 360c.

4   양심의 개념에 대해서 다룬 역사의 흐름을 분명히 하려면 로메스(Gómez) 참조, 1998; Hill Jr., 1998; 오자칸가스(Ojakangas), 2013. 특히 주비리(Zubiri)에 주목, 코닐(Conill), 2009.

5   몰(Moll), 2002, p. 2730; 2005, p. 807.

6   하이트(Haidt), 2012, p. 220.

7   하이트(Haidt), 2012, p. 220.

8   로버트 아우디(Robert Audi)가 말한 것처럼 자연주의의 좋은 특징은 다음과 같다. "물리적
    세계로 이해되는 자연이 전부이다. 둘째, 기본적인 유일한 진실은 자연의 진실이다. 셋째, 유
    일하게 실질적인 지식은 자연적 사실에 대한 지식이다.". (아우디, 2015, p. 28). 윤리적 자연
    주의에 대한 논쟁을 위해 다음 저자들을 참고. 누체텔리&시어(Nuccetelli&Shea), 2012; 조
    이스(Joyce), 2014; 키쳐(Kitcher), 2014; 오르테가(Ortega), 2016.

9   다윈(Darwin), 2009, p. 125.

10 프란스 드 발(Frnas De Waal), 1992, 2006.

11 다윈, 2009, p. 171.

12 리샤(Richart), 2016.

13 진화론적 관점에서 양심에 대한 해석들을 모으려면 다음 저자들 참고, 프란스 드 발(F. B. M.
    de Waal), 처칠랜드(P. S. Churchland), 피에바니(T. Pievani), 파르미지아니(S. Parmigiani
    (eds.), 2014.

14 《미스터 베인(Bain)이 증명한 것처럼, 인간의 경우 이기심과 경험, 모방은 분명 공감 능력에
    추가된다. 왜냐하면, 타인에게 긍휼을 베푼 대가로 이익을 얻고 싶은 바람을 촉진하고, 그 긍
    휼은 관습에 크게 강화되기 때문이다. 이 감정의 기원은 복잡한데, 도움을 주고받고 서로를
    지켜주는 모든 동물에게 아주 중요하기 때문이다. 자연 선택을 통해 늘어나야 했다. 왜냐하
    면, 더 많은 긍휼을 베푸는 사람들이 모인 공동체들이 더 번영하고 가장 많은 자손을 생산했
    기 때문이다.》(다윈, 2009, pp. 137-138).

15 트리버스(Trivers), 1971.

16 우리가 사회 규칙을 내면화하고 이것이 이타심을 기른다는 확신을 다음의 작가들도 갖고 있
    다. 사이먼(Simon), 1990, 깅티스(Gintis), 2003, 킴벨(Campbell).

17 알렉산더(Alexander), 1987.

18 보엠(Boehm), 2012, p. 14.

19 다윈(Darwin), 2009, p. 141.

20 만일 그렇다면, 흄(Hume)이 인간의 본성 연구에서 자부심과 열등감이 공감과 관련이 있는
    인간의 자연스럽고 독창적인 열정임을 확신하는 것은 일리가 있었다. 개인은 자신의 미덕, 부
    와 권력을 생각할 때 자랑스러워하고, 이런 자부심을 즐기지만, 열등감은 반대 느낌을 준다.
    우리는 타인의 의견을 경험하며 "다른 사람들과 비슷할 때 더 행복하고 덕스럽고 아름답다고
    믿고, 여전히 우리 기쁨보다 더 많은 미덕을 자랑한다."(흄, 1977, p. 472) 인간의 가장 기본
    적인 감각이 유쾌와 불쾌라면, 자부심은 기쁨을 주고, 열등감은 불쾌함을 준다. 그리고 이것
    들은 도덕 생활과 밀접한 관련이 있다.

21 보엠(Boehm), 2012, cap. VI.

22   알렉산더(Alexander), 1987, p. 102.

23   보엠(Boehm), 2012, p. 113.

24   처칠랜드(Churchland), 2011, p. 192. 처칠랜드는 "도덕성은 자연생물학에 뿌리를 두고 지역 생태학에 따라 구성되며, 문화적 발전으로 수정된 자연 선택의 힘에 제한되는 자연 현상이다. 이것은 형이상학적 생각에 의존하지 않는다."라고 확신한다(ibí., p. 191)

25   보엠(Boehm), 2012, p. 32; 롤스(Rawls), 1971, 단락 67. 평판 기반 의사 결정의 기초가 되는 신경 기반을 위해 참고., 이주마(Izuma), 2012.

26   노왁&지그문트(Nowak&Sigmund), 2000.

27   알렉산더(Alexander), 1987.

28   액슬로드(Axelrod), 1984.

29   베데킨트&밀린스키(Wedekind&Milinski), 2000; 세이넨&슈람(Seinen&Schram), 2006; 이글먼&피쉬이바흐어(Engelmann&Fischbacher), 2009; 이토, 후지, 우에노, 코세키, 타쉬로, 모리(Ito, Fujii, Ueno, Koseki, Tashiro, Mori), 2010-2011; 이주마(Izuma), 2012.

30   그러나 에른스트 페르(Ernst Fehr)와 페데릭 쉬나이더(Frédéric Schneider)는 이타적이거나 친사회적인 행동을 유발하기 위한 눈 신호(eye signals)의 힘에 대해서 다른 입장을 유지한다. 페데릭&슈나이더, 2010.

31   베르그송(Bergson), 1996.

32   다윈(Darwin), 2009, 참조 27, pp. 145-146.

33   《자기 존중으로 불리는 또 다른 덕은 지금 문명국가들에 많은 가치를 평가받고 있지만, 한 부족의 행복에는 영향을 미치지 않았다(사실은 그럴 수도 있지만).》(다윈, 2009, p. 153).

34   비록 모순처럼 보일 수 있지만, 그는 공개적으로 이렇게 말한다. 《나는 나에 대한 의무를 다하는 만큼 타인에 대한 의무도 다해야 한다고 생각한다. 왜냐하면, 내가 강요받는다고 생각하는 법은 모든 경우 내 실천이성(절대적으로 타당한 도덕의 보편적 법칙에 따르는 능력-역주)에서 나오기 때문인데, 내가 강요받은 법인 동시에 내가 나에게 강요한 법이다.》(칸트, 1989, p. 275).

35   칸트(Kant), 1946; 코르티나(Cortina), 2007, 2011, 2013.

1 이 장은 다음 책을 바탕으로 한다《도덕적 생명 향상은 윤리적 명령인가? Es la biomejora moral un imperativo ético?》, en Sistema, n.º 230 (2013), pp. 3-14;《도덕적 생명 향상: 실패한 교육의 대안일까? Neuromejora moral: ¿un camino prometedor ante el fracaso de la educación?》, 왕실 도덕 및 정치 과학 아카데미 연보(Anales de la Real Academia de Ciencias Morales y Políticas), n.º 90, 2013, pp. 313-331.

2 해리스(Harris), 2009.

3 사피어(Safire), 2002, pp. 3-9; 코르티나(Cortina), 2011, pp. 36-39.

4 뷰캐넌(Buchanan), 2011, p. 23.

5 사불레스쿠(Savulescu), 2012, pp. 313, 314.

6 사불레스쿠(Savulescu), 보스트롬(Bostrom), 2009, pp. 1-24.

7 보스트롬(Bostrom), 2005.

8 헉슬리(Huxley), 1927.

9 더글러스(Douglas), 2008, p. 228. 그러나 더글러스는 일부 저자들이 모든 종류의 향상이 아닌 선택적으로 향상을 반대하는 것임을 인정한다. (ibíd., 참조 7, p. 243).

10 샌델(Sandel), 2007; 후쿠야마(Fukuyama), 2002; 카스(Kass), 2004.

11 뷰캐넌(Buchanan), 2011, p. 13.

12 앨런 뷰캐넌은 '향상(증강) 기업(enhancement enterprise)'에 올라타라고 제안한다. 이곳은 늘 향상하려는 시도가 있다. 향상 기술을 발전시키고, 공공 자원을 연구하며, 주제에 관한 공개적이고 정보에 근거한 토론을 하고, 주제에 대해 도덕적으로 가능한 정책을 개발하기 위해 개인과 조직에 자유를 주는 사회를 만들려고 한다.

13 샌델(Sandel), 2007, pp. 89-92.

14 더글러스(Douglas), 2008, p. 229.

15 더글러스(Douglas), 2008, p. 233.

16 사불레스쿠(Savulescu), 2012, p. 216.

17 사불레스쿠(Savulescu), Persson, 2012.

18 아펠(Apel), 1985, p. 342.

19 요나스(Jonas), 1994.

20 셀라&아얄라(Cela&Ayala), 2001, 11장; 코르티나(Cortina), 2011, 4장.

21 토마셀로(Tomasello), 2010.

22 사불레스쿠(Savulescu), 2012, p. 231.

23 해밀턴(Hamilton), 1964, 1964 b; 액설로드&해밀턴(Axelrod&Hamilton), 1981; 액설로
    드 1984; 스카이엄스(Skyrms), 1996; 노왁&지그문트(Nowak&Sigmund), 2000, p. 819;
    레비(Levy), 2007; 하우저(Hauser), 2008, p. 340; 토마셀로(Tomasello), 2010, 코르티나
    (Cortina), 2011.

24 코닐(Conill), 2012; 카너먼(Kahneman), 2011.

25 이 게임에서 인간의 합리성이 이익을 극대화하려는 것이라면, 합리적 응답자는 0보다 크기만
    하면 이 제안을 받아들여야 하며, 합리적인 제안자는 더 많은 수익을 내기 위해 가능한 한 0
    에 가장 가까운 금액을 제시해야 한다. 그러나 응답자는 30% 미만의 제안을 거부하는 경향
    이 있다. 왜냐하면, 굴욕적인 금액을 받느니 차라리 아무것도 받지 않는 편이 낫다고 생각하
    기 때문이다. 따라서, 제안자는 일부분이라도 얻기 위해서는 전체의 40-50%의 금액을 제안
    하는 경향을 보인다((Nowak, 그 외, 2000.) 최후통첩 게임은 독재자 게임과 비슷하다.

26 젠슨(Jensen), 콜&토마셀로(Call&Tomasello), 2007, pp. 107-109; 도마셀로(Tomasello),
    2010, pp. 56-57.

27 흄(Hume), 1977, p. 704.

28 칸트(Kant), 1989, p. 321.

29 마커스(Marcus), 2002; 크라우스(Krause), 2008.

30 사불레스쿠(Savulescu), 2012, p. 216.

31 모르가도(Morgado), 2010.

32 코르티나(Cortina), 2011, 9장.

33 하이트(Haidt), 2012, 2012b; 코르티나(Cortina), 2011, pp. 61-65.

34 하이트(Haidt), 2012, p. 220.

35 하이트(Haidt), p. 201. 패트리샤 처칠랜드(Patricia Churchland)는 옥시토신이 도덕성의
    생물학적 기반 중 하나로 돌봄과 관련이 있다고 본다. 처칠랜드(Churchland), 2011.

36 코르티나(Cortina), 2007; 코디나(Codina), 2015; 피레스(Pires), 2015.

37 사불레스쿠(Savulescu), 2012, pp. 240 y 241.

38 아거(Agar), 1999; 하버마스(Habermas), 2002.

39 칸트(Kant), 1989, p. 329.

7장 빈곤 퇴치, 불평등 감소

1   스미스(Smith), 1997, p. 338.

2   스미스(Smith), 1997, p. 138.

3   토르토사(Tortosa), 2002, p. 282.

4   삭스(Sachs), 2005; 코닐(Conill), 2009.

5   센(Sen), 1985; 코르티나&페레이라(Cortina&Pereira), 2009, pp. 17-19.

6   삭스(Sachs), 2005, pp. 51-55.

7   센(Sen), 2000.

8   아리스토텔레스(Aristóteles), 1985, p. 20.

9   스트리튼(Streeten), 1981.

10 라발리온(Ravallion), 2016, p. 9.

11 코르티나&코닐(Cortina&Conill), 2016.

12 세네카(Seneca), 1966a.

13 세네카(Seneca), 1966b, p. 610.

14 코르티나(Cortina), 2002.

15 라발리온(Ravallion), 2016.

16 모렐(Morell), 2002. 빈곤에 관한 생각의 역사를 살펴보기 위해서 참고.

17 라발리온(Ravallion), 2016, pp. 593 y 594, *passim*.

18 칸트(Kant), 1946, p. 84.

19 드로즈&센(Drèze&Sen), 1989; 라발리온(Ravallion), p. 29.

20 라발리온(Ravallion), 2016, p. 4.

21 아리스토텔레스(Aristóteles), 1970, VI, cap. 11.

22 아리스토텔레스(Aristóteles), 1970, I, cap. 6.

23 비베스(Vives), 2006, p. 173.

24 비베스(Vives), 2006, p. 174.

25 무뇨스 마차도(Muñoz Machado), 2013, p. 25.

26 라발리온(Ravallion), 2016, p. 593.

27 이글레시아스(Iglesias), 2008, p. 141.

28 이글레시아스(Iglesias), 2008, p. 140.

29 하버마스(Habermas), 1975, p. 57; 왈저(Walzer), 1993.

30 가르시아 로카(García Roca), 2016, 1998.

31 르노(Renaut), 1993.

32 센(Sen), 2004.

33 고메스-베사레스(Gómez-Bezares), 2001; 안소테기, 고메스-베사레스, 곤살레스 파브레
    ((Ansotegui, Gómez-Bezares, González Fabre), 2014.

34 라모 데 에스피노사(Lamo de Espinosa), 2014.

35 삭스(Sachs), 2015.

36 이글레시아스(Iglesias), 2007.

37 노발레스(Novales), 2015, p. 1.

38 피케티(Piketty), 2014.

39 노발레스(Novales), 2015, pp. 1-2.

40 테르세이로(Terceiro), 2016.

41 올린토, 라라, 사베드라((Olinto, Lara, Saavedra), 2014.

42 테르세이로(Terceiro), 2016, p. 3.

43 크로커(Crocker), 2008.

44 반 파레이스(Van Parijs), 1995; 라벤토스(Raventós), 1999, 2001; 피닐라(Pinilla), 2004,
    2006.

45 노발레스(Novales), 2015, p. 2.

46 에스쿠데로(Escudero), 2005; 삭스(Sachs), 2015.

47 러기(Ruggie), 2013; 가르시아-마르사(García-Marzá), 2009.

48 가르시아-마르사(García-Marzá), 2004, 2014.

49 비베스(Vives), 2010.

50 코닐(Conill), 2004.

51 사마그니(Zamagni), 2014, p. 223.

52 모레노(Moreno), 2014.

53 모레노(Moreno), 2014, p. 294.

54 가르시아 델가도(García Delgado), 트리게로(Triguero), 히메네스(Jiménez), 2014.

55 스미스(Smith), 1982, p. 17.

56 프란시스코(Francisco), 2015.

57 코닐(Conill), 2012.

58 코르티나(Cortina), 2001, 2007, 2013.

.

8장 세계시민적 환대

1   칸트(Kant), 1983, pp. 29 이 장은 2015년 10월 8일, 정치 및 헌법 연구 센터(Centro de
    Estudios Políticos y Constitucionales)에서 발표된 내용과 2015년 12월 5일, 엘 파이스(El
    País) 신문에 기고했던 〈세계시민적 환대〉라는 글을 바탕으로 한다.

2   창세기, 18장 1-15절.

3   히브리서, 13장 2절.

4   성서에 나오는 환대에 대해서 알아보기 위해서는 다음을 참고. 토랄바(Torralba), 2004-
    2005.

5   마태복음 25장 35절

6   비베스(Vives), 2006.

7   칸트(Kant), 1988, pp. 283-285; 1989, 단락 48.

8   칸트(Kant), 1988, p. 283.

9   칸트(Kant), 1989, p. 350.

10 칸트(Kant), 1989, pp. 350 y 351.

11 칸트(Kant), 1988, p. 284.

12 칸트(Kant), 1989, p. 351.

13 포제렛 드 몽브롱(Fougeret de Monbron), 1970, p. 30.

14 루소(Rousseau), 1969, IV, p. 249.

15 모리(Mori), 2006, p. 308.

16 이 짧은 책에는 윤리, 정치, 법 및 역사 철학에 관한 칸트의 연구가 통합되어 있고, 기본적으로
    《세계시민적 의미에서 보편적 역사에 대한 생각(Idea de una historia universal en sentido
    cosmopolita), 1784》과 같은 글들과 연관이 있다. 주제에 관해서는 《이론적으로는 맞을 수
    도 있지만, 실제로는 유용하지 않다(Tal vez eso sea correcto en teorí, pero no sirve para
    la práctica) 1793》, 《도덕형이상학, 1797》, 《칸트의 교육학 강의, 1803》참고.

17 《묘지가 그려져 있는 네덜란드의 한 여관의 간판에 쓰인 이 풍자적 안내판 문구가 일반적인
    인간들과 관련된 말인지, 전쟁에 질리지 않는 특별한 국가 통치자들과 관련된 말인지, 또는
    달콤한 꿈만 꾸는 철학자들과 관련된 말인지 결정하는 문제는 우선 보류해 둘 수 있다.》(임마
    누엘 칸트 1985, p.3).

18 코르티나(Cortina), 1989, XV-XCI.

19 칸트(Kant), 1989, p. 195.

20 홉스(Hobbes), 1980, p. 102.

21 칸트(Kant), 1985, p. 27.

22 하버마스(Habermas), 1999, pp. 147-188; 르노&사비단(Renaut&Savidan), 1999, pp.
    189-192; 코르티나(Cortina), 2005.

23 르노&사비단(Renaut&Savidan), 1999, pp. 189-192.

24 칸트(Kant), 1985, 27; 1989, p. 78.

25 칸트(Kant), 1985, p. 27.

26 칸트(Kant), 1989, p. 78.

27 Bertomeu, 2004.

28 칸트(Kant), 1985, p. 28; 1989, p. 193; 르노&사비단(Renaut&Savidan), p. 197.

29 칸트(Kant), 1985, p. 28.

30 블라초스(Vlachos), 1962, pp. 284 y 285.

31 레비나스(Lévinas), 1977, 1991.

32 데리다(Derrida), 2001.

33 레비나스(Lévinas), 1991, p. 90.

34   산체스 메카(Sánchez Meca), 2006, p. 488.

35   자크 데리다; 안 뒤푸르망텔(Jacques Derrida; Anne Dufourmantelle), 2000.

36   비셋(Biset), 2012, p. 256.

37   코르티나(Cortina), 2015; 코르티나&토레블랑카(Cortina&Torreblanca), 2016.

38   코르티나&코닐(Cortina&Conill), 2016.

39   코르티나(Cortina), 2007.

참고 문헌

1장 이름 없는 골칫거리

- 아델라 코르티나(Cortina, Adela), 《아포로포비아(Aporofobia)》, 《윤리적 창조Creación Ética》, *ABC Cultural 신문*, 1995년 12월 1일

- —, (coord.): 윤리. 도덕 생활과 윤리적 성찰(Ética. La vida moral y la reflexión ética), Santillana Secundaria, Madrid, 1996, pp. 70-71.

- —, 《아포로포비아(Aporofobia)》, 엘 파이스(El País) 신문, 2000년 3월 7일, p.14.

- —, 윤리는 어디에 쓰일까?(¿Para qué sirve realmente la ética?), Paidós, Barcelona, 2013.

- 가브리엘 가르시아 마르케스(Gabriel García Márquez), 백년 동안의 고독(Cien años de soledad), Sudamericana, Buenos Aires, 1969.

- 에밀리오 마르티네스 나바로(Emilio Martínez Navarro), 《아포로포비아Aporofobia》, 헤수스 코닐(Jesús Conill), (coord.), 상호문화 사회를 위한 용어집(Glosario para una sociedad intercultural), Bancaja, Valencia, 2002, pp. 17-23.

- 슈테판 츠바이크(Stefan Zweig), 초조한 마음(La impaciencia del corazón), Círculo de Lectores, Barcelona, 1957.

2장 빈곤층 증오로 인한 범죄

- 후안 안토니오 카릴요 도나이레(Carrillo Donaire, Juan Antonio), 《표현의 자유와 종교적 '증오 발언': 후기 세속 시대의 관용 구축 Libertad de expresión y 'discurso del odio' religioso: la construcción de la tolerancia en la era postsecular》, 사회진흥잡지(Revista Fomento Social), vol. 70, n.° 278, 2015, pp. 205-243.

- 닐 차크라보티(Chakraborti, Neil), 《범죄 희생 증오 Hate Crime Victimisation》, 세계 피해자학회지(International Review of Victimology), 12, 2011, pp. 1-4.

- —, 존 갈런드(John Garland)와 스티브-제이드 하디(Stevie-Jade Hardy), 레스터 증오 범죄 프로젝트:결과 및 결론(The Leicester Hate Crime Project: findings and conclusions), 증오 연구 레스터 센터(The Leicester Centre for Hate Studies), University of Leicester,

2014.

- 뱅자맹 콩스탕(Constant, Benjamin), 《현대인의 자유와 비교한 고대인의 자유 De la libertad de los antiguos comparada con la de los modernos》, 정치저술(*Escritos políticos*), 헌법연구센터(Centro de Estudios Constitucionales), Madrid, 1999, pp. 257-285.

- 아델라 코르티나(Cortina, Adela), 《여성, 가족 경제 및 복지 국가 Mujer, economía familiar y Estado del Bienestar》, 가족의 경제적, 사회적 차원(*Dimensiones económicas y sociales de la familia*), 아르헨티나 재단(Fundación Argentaria), Visor, 2000, pp. 253-268.

- ―, 최소 윤리. 실천 철학 개론(*Ética mínima. Introducción a la filosofía práctica*), Tecnos, Madrid, 1986.

- ―, 동맹과 계약(*Alianza y contrato*), Trotta, Madrid, 2001.

- 로널드 드워킨(Dworkin, Ronald), 자유주의적 평등(*Sovereign Virtue. The Theory and Practice of Equality, Harvard University Press*), Cambridge, Ma., Londres, 2000.

- 앙드레 글룩스만(Glucksmann, André), 증오 발언(*El discurso del odio*), Taurus, Madrid, 2005.

- 제임스 제이콥스(Jacobs, James), 제임스 B(James B)., &킴벌리 포터(Kimberly Potter), 범죄 증오: 형법과 정체성 정치학(*Hate Crimes: Criminal Law and Identity Politics*), Oxford University Press, Nueva York, 1998.

- 임마누엘 칸트(Kant, Immanuel), 도덕형이상항(*La Metafísica de las Costumbres*), Tecnos, Madrid, 1989.

- 아텐토 연구소(Observatorio Hatento), 많은 질문. 일부 대답. 노숙자들에 대한 증오 범죄 (*Muchas preguntas. Algunas respuestas. Los delitos de odio contra las personas sin hogar*), RAIS 재단, Madrid, 2015,〈www.hatento.org〉.

- ―, 조사 보고서(*Informe de investigación, RAIS Fundación*), Madrid, 2015 b.

- 미겔 레벤가(Revenga, Miguel), 표현의 자유와 증오 발언(*Libertad de expresión y discursos del odio*), 민주주의와 인권 의장(Cátedra de Democracia y Derechos Humanos), Madrid, 2015.

- 페르난도 레이(Rey, Fernando), 《증오 발언과 유동적 인종차별 Discurso del odio y racismo líquido》, 미겔 레벤가(dir.), 표현의 자유와 증오 발언(*Libertad de expresión y discursos del odio*), 민주주의와 인권 의장, Madrid, 2015, pp. 51-88.

- 미리암 로드리게스-이스키에르도(Rodríguez-Izquierdo, Myriam), 《인터넷을 통한 증오

발언El discurso del odio a través de internet〉, 미겔 레벤가(Miguel Revenga), *표현의 자유와 증오 발언(Libertad de expresión y discursos del odio)*, 민주주의와 인권 의장, Madrid, 2015, pp. 149-183.

- 내무부 보안부 장관(Secretaría de Estado de Seguridad del Ministerio del Interior), *스페인, 2013년 증오 범죄 진화 관련 보고서(Informe sobre la evolución de los delitos de odio en España)*, 2013, 내부무, Madrid, 2014

- ─, 스페인, 2014년 증오 범죄 관련 사건 보고서, 2014, 내무부, Madrid, 2015.

- ─, 스페인, 2015년 증오 범죄 진화 관련 보고서, 2015, 내무부, Madrid, 2016.

3장 증오 발언

- 칼-오토 아펠(Apel, Karl-Otto), *철학의 변형(La transformación de la filosofía)*, Taurus, Madrid, 1985.

- 존 오스틴(Austin, J. L.), *단어로 일 처리하는 법(How to do things with words)*, Paidós, Barcelona, 1982.

- 벤자민 바버(Barber, Benjamin), *강한 민주주의(Strong Democracy: Participatory Politics for a New Age)*, Almuzara, Granada, 2004.

- 카릴요 도나이레(Donaire, Carrillo), 후안 안토니오(Antonio, Juan), 《표현의 자유와 종교적 '증오 발언': 후기 세속 시대의 관용 구축 Libertad de expresión y 'discurso del odio' religioso: la construcción de la tolerancia en la era postsecular》, *사회진흥잡지(Revista Fomento Social)*, vol. 70, n.° 278, 2015, pp. 205-243.

- ─, 후안 안토니오(Juan Antonio,), 《증오 발언 대한 권리 보호: 억압적인 법에서 차별금지 공공 정책까지 La protección de los derechos frente a los discursos del odio: del derecho represivo a las políticas públicas antidiscriminatorias》, 후안 안토니오 카릴요 도나이레(Juan Antonio Carillo Donaire)(ed.), 증오 발언에 대한 권리 보호: 형사상 보호부터 공공 정책까지(*La protección de los derechos frente a los discursos del odio: de la protección penal a las políticas públicas*), Athenaica.

- 닐 차크라보티(Chakraborti, Neil), 《증오 범죄 괴롭힘 Hate Crime Victimisation》, *세계 피해자학회지(International Review of Victimology)*, 12, 2011, pp. 1-4.

- 닐 차크라보티(Chakraborti, Neil), 존 갈런드(John Garland)와 스티브-제이드 하디(Stevie-Jade Hardy), 레스터 증오 범죄 프로젝트:결과 및 결론(The Leicester Hate Crime Project: findings and conclusions), 증오 연구 레스터 센터(The Leicester Centre for Hate Studies), University of Leicester, 2014.

- 헤수스 코닐(Conill, Jesús), 환상적인 동물의 수수께끼(El enigma del animal fantástico), Tecnos, Madrid, 1991.

- —, 윤리적 경제의 지평(Horizontes de economía ética), Tecnos, Madrid, 2004.

- —, 해석학적 윤리(Ética hermenéutica), Tecnos, Madrid, 2006.

- — 빈센트 곤살베스(Vicent Gozálvez), 미디어 윤리(Ética de los medios), Gedisa, Barcelona, 2004.

- 뱅자맹 콩스탕(Constant, Benjamin), 《현대인의 자유와 비교한 고대인의 자유 e la libertad de los antiguos comparada con la de los modernos》, 정치저술(Escritos políticos), 헌법연구센터, Madrid, 1989, pp. 257-285.

- 아델라 코르티나(Cortina, Adela), 적용 윤리 및 급진적 민주주의(Ética aplicada y democracia radical), Tecnos, Madrid, 1993.

- —, 따뜻한 이성의 윤리(Ética de la razón cordial), Nobel, Oviedo, 2007.

- —, 그리고 도밍고 가르스사-마르사(Domingo García-Marzá) (eds.), 공공 이성과 적용 윤리. 다원주의 사회에서 실제 이성의 경로(Razón pública y éticas aplicadas. Los caminos de la razón práctica en una sociedad pluralista), Tecnos, Madrid, 2003.

- 도밍고 가르스사-마르사(Domingo García-Marzá), 윤리 경영. 대화에서 신뢰로(Ética empresarial. Del diálogo a la confianza), Trotta, Madrid, 2004.

- 앙드레 글룩스만(Glucksmann, André), 증오 발언(El discurso del odio), Taurus, Madrid, 2005.

- 디에고 그라시아(Gracia, Diego), 생명 윤리 기초(Fundamentos de Bioética), EUDEMA, Madrid, 1989.

- 위르겐 하버마스(Habermas, Jürgen), 도덕의식과 소통적 행위(Conciencia moral y acción comunicativa), Península, Barcelona, 1985.

- —, 《실천이성의 실용적이고 윤리적이며 도덕적인 사용 Del uso pragmático, ético y moral de la razón práctica》, 담론윤리에 대한 설명(Aclaraciones a la ética del discurso), Trotta, Madrid, 2000, pp. 109-126.

- 이반 하레(Hare, Ivan), &임스 와인스틴(Weinstein, James) (eds.), 극단적 발언과 민주주의

(*Extreme Speech and Democracy*), Oxford University Press, 2010.

- 헤겔(Hegel, Georg Wilhelm Friedrich), 법철학 또는 자연법과 정치 과학의 원리들 (*Principios de la Filosofía del Derecho o Derecho Natural y Ciencia Política*), Editorial Sudamericana, Buenos Aires, 1975.

- 악셀 호네트(Honneth, Axel), 인정 투쟁(*La lucha por el reconocimiento*), Crítica, Barcelona, 1997.

- 제임스 B 제이콥스(Jacobs, James B.), &킴벌리 포터(Kimberly Potter), 증오 범죄: 형법과 정체적 정치학(*Hate Crimes: Criminal Law and Identity Politics*), Oxford University Press, Nueva York, 1998.

- 임마누엘 칸트(Kant, Immanuel), 도덕형이상학(*La Metafísica de las Costumbres*), Tecnos, Madrid, 1989.

- 칼 뢰벤슈타인(Loewenstein, Karl), 《전투적 민주주의와 기본권(Militant Democracy and Fundamental Rights)》, 미국정치학회보(*American Political Science Review*), vol. 31, n.º 3, 1937 a, pp. 417-432.

- ─, 《전투적 민주주의와 기본권》, 미국정치학회보(*American Political Science Review*), vol. 31, n.º 4, 1937 b, pp. 638-658.

- 호세 펠릭스 로사노(Lozano, José Félix), 비즈니스 세계의 윤리 규범(*Códigos éticos para el mundo empresarial*), Trotta, Madrid, 2004.

- 에밀리오 마르티네스 나바로(Martínez Navarro, Emilio), 국민 발전을 위한 윤리(*Ética para el desarrollo de los pueblos*), Trotta, Madrid, 2000.

- 하비에르 마르티네스-토론(Martínez-Torrón, Javier)《표현의 자유와 불쾌감 주는 말: 법적 분석의 실제 기준 Libertad de expresión y lenguaje ofensivo: algunos criterios prácticos de análisis jurídico》, 법의 사회 민주적 국가의 연대기(*El Cronista del Estado social y democrático de derecho*), n.º 60, 2016, pp. 26-33.

- 존 밀턴(Milton, John), 아레오파지티카(*Areopagitica*), Tecnos, Madrid, 2011.

- 토케로 모레톤(Moretón Toquero), 아란사수(M.ª Aránzazu), 《'사이버증오', 증오 메시지의 새로운 얼굴: 사이버 범죄와 표현의 자유 사이 El 'ciberodio', la nueva cara del mensaje de odio: entre la cibercriminalidad y la libertad de expresión》, 카스티야 이 레온의 법률 잡지(*Revista Jurídica de Castilla y León*), n.º 27, 2012, pp. 1-18.

- 산티아고 무뇨스 마차도(Muñoz Machado, Santiago), 말의 자유의 여정(*Los itinerarios de la libertad de palabra*), 왕립 스페인어 아카데미(Real Academia Española), Madrid, 2013.

- 아텐토 연구소(Observatorio Hatento), *많은 질문. 일부 대답. 노숙자들에 대한 증오 범죄 (Muchas preguntas. Algunas respuestas. Los delitos de odio contra las personas sin hogar)*, RAIS 재단, Madrid, 2015 a, ⟨www.hatento.org⟩.

- ―, 연구 보고서*(Informe de investigación)*, RAIS 재단, Madrid, 2015 b.

- 비쿠 파레크(Parekh, Bikuh), *다문화주의를 다시 생각하기: 문화 다양성과 정치 이론 (Rethinking Multiculturalism: Cultural Diversity and Political Theory)*, Harvard University Press, 2002.

- ―, 《증오 발언. 금지 사안이 있는가? Hate speech. Is there a case for banning?》, *공공정책 리서치(Public Policy Research)*, vol. 12, Issue 4, 2006, pp. 213

- 로버트 포스트(Post, Robert), 《증오 발언 Hate Speech》, 이반 하레와 제임스 와인스틴 (Ivan Hare, James Weinstein) (eds), *극단적 발언과 민주주의(Extreme Speech and Democracy)*, Oxford University Press, Nueva York, 2009, pp. 129-138.

- 존 롤스(Rawls, John), *정치적 자유주의 (El liberalismo político)*, Crítica, Barcelona, 1996.

- 알랭 르노(Renaut, Alain), *개인(La era del individuo)*, Destino, Barcelona, 1993.

- 미겔 레벤가(Revenga, Miguel) (dir.), *표현의 자유와 증오 발언(Libertad de expresión y discursos del odio)*, 민주주의와 인권 의장(Cátedra de Democracia y Derechos Humanos), 알칼라 대학과 옴부즈만(Universidad de Alcalá y Defensor del Pueblo), Madrid, 2015 a.

- ―, 《증오 발언과 형용화된 민주주의: 관용적, 비타협적, 전투적? 민주주의 Los discursos del odio y la democracia adjetivada: tolerante, intransigente, ¿militante?》, 미겔 레벤가(Miguel Revenga), *표현의 자유와 증오 발언(Libertad de expresión y discursos del odio)*, 민주주의와 인권 의장, 알칼라 대학과 옴부즈만, Madrid, 2015 b, pp. 15-32.

- 페르난도 레이(Rey, Fernando), 《증오 발언과 유동적 인종차별 Discurso del odio y racismo líquido》, 미겔 레벤가(Revenga, Miguel), *표현의 자유와 증오 발언(Libertad de expresión y discursos del odio)*, 민주주의와 인권 의장, 알칼라 대학과 옴부즈만, 2015 a, pp. 51-88.

- 폴 리쾨르(Ricœur, Paul), *인식 과정(Caminos del reconocimiento)*, Trotta, Madrid, 2005.

- 존 설(Searle, John), *발화 행위(Actos de habla)*, Cátedra, Madrid, 1980.

- 내무부 안전부 장관, 2013년 증오 범죄 진화 관련 보고서, 내무부, Madrid, 2014.

- ―, 2014년 증오 범죄 진화 관련 보고서, 내무부, Madrid, 2015.

- 후안 카를로스 시우라나(Siurana, Juan Carlos), *도덕 생활을 위한 나침반(Una brújula para la vida moral)*, Comares, Granada, 2003.

- 찰스 테일러(Taylor, Charles), *다문화주의와 《인정의 정치학》(El multiculturalismo y la 《política del reconocimiento》)*, FCE, México, 1993.

- 사무엘 워커(Walker, Samuel), *헤이트 스피치. 미국 논쟁의 역사(Hate Speech. The History of an American Controversy)*, University of Nebraska Press, 1994.

4장 우리 뇌에는 가난포비아가 있다

- 호세 라몬 아모르 판(Amor Pan, José Ramón), *생명 윤리와 신경과학(Bioética y Neurociencias)*, 보르하 생명윤리 연구소(Institut Borja de Bioètica)/바르셀로나 라몬 율(Ramon Llull)대학교, Barcelona, 2015.

- 호세 루이스 아란구렌(Aranguren, José Luis), 《윤리 Ética》, 전집 II, Trotta, Madrid, 1994, pp. 159-502.

- 카를로스 블랑코(Blanco, Carlos), *신경과학의 역사(Historia de la Neurociencia)*, Biblioteca Nueva, Madrid, 2014.

- 장 피에르 샹제(Changeux, Jean-Pierre), *뉴런맨(Neuronal Man)*, Pantheon Books, Nueva York, 1985.

- —, *진실하고 아름답고 좋은 것에 대해(Sobre lo verdadero, lo bello y el bien)*, Katz Editores, Madrid, 2010.

- 수파르나 초우두리(Suparna Choudhury) 외, 《비판적 신경과학: 비판 연습을 통한 신경과학과 사회연결 Critical Neuroscience: Linking Neuroscience and Society through Critical Practice》, 바이오소사이어티스(BioSocieties), 4.1, 2009, pp. 61-77.

- 패트리샤 처칠랜드(Churchland, Patricia S.), *브레인트러스트(Braintrust)*, Princeton University Press, Princeton, 2011.

- 호세 코디나(Codina, M.ª José), *따뜻한 미덕에서의 신경 교육. 우리의 말과 행동을 조정하는 방법(Neuroeducación en virtudes cordiales. Cómo reconciliar lo que decimos con lo que hacemos)*, Octaedro, Barcelona, 2015.

- 헤수스 코닐(Conill, Jesús), *윤리 경제의 지평(Horizontes de economía ética)*, Tecnos, Madrid, 2004.

- —, 《신경경제학 Neuroeconomía》, 아델라 코르티나(Adela Cortina) (ed.), *실용철학 코마레스 가이드(Guía Comares de Filosofía Práctica)*, Comares, Granada, 2012, pp. 39-64.

- 아델라 코르티나(Cortina, Adela), 최소 윤리(Ética mínima), Tecnos, Madrid, 1986.

- —, *세계 시민들. 시민화 이론을 향하여(Ciudadanos del mundo. Hacia una teoría de la ciudadanía)*, Alianza, Madrid, 1997.

- —, *동맹과 계약. 윤리와 정치 및 종교(Alianza y contrato. Ética, política y religión)*, Trotta, Madrid, 2001.

- —, *신경 윤리와 신경 정치. 도덕 교육을 위한 제안들(Neuroética y neuropolítica. Sugerencias para la educación moral)*, Tecnos, Madrid, 2011.

- — (coord.), *실천적 신경철학 코마레스 가이드(Guía Comares de Neurofilosofía práctica, Comares)*, Granada, 2012.

- 안토니오 다마시오(Damásio, António), *스피노자를 찾아서. 감정과 느낌의 신경생물학 (En busca de Spinoza. Neurobiología de la emoción y los sentimientos)*, Destino, Barcelona, 2011 (edición original de 2003).

- 찰스 다윈(Darwin, Charles), *종의 기원(El origen del hombre)*, Crítica, Barcelona, 2009.

- 데이비드 이글먼(Eagleman, David), *인코그니토(Incógnito. Las vidas secretas del cerebro)*, Anagrama, Barcelona, 2013.

- 제럴드 M. 에들먼 (Edelman, Gerald M.), *신경과학과 마음의 세계(Bright air, brilliant fire: On the matter of the mind)*, Basic Books, Nueva York, 1992.

- —, 줄리오 토노니(Giulio Tononi), *의식은 언제 탄생하는가?(El universo de la conciencia)*, Crítica, Barcelona, 2002.

- 조나단 에반스(Evans, Jonathan St. B. T.), 《추론, 판단 및 사회적 인식에 대한 이중 처리 계정Dual-processing accounts of reasoning, judgement, and social cognition》, *연간임상심리학리뷰(Annual Review of Psychology)*, 59, 2008, pp. 255-278.

- 카틴카 에버스(Evers, Kathinka), *신경윤리학(Neuroética)*, Katz, Buenos Aires, 2010.

- —, 《우리는 후성유전학적으로 능동적일 수 있는가? Can We Be Epigenetically Proactive?》, T. Metzinger&J.M. Windt (eds.), Open Mind: 13 (T), Fráncfort del

Meno: MIND Group, 2015, pp. 1-21.

- 호아킨 푸스테르(Fuster, Joaquín M.), *뇌와 자유(Cerebro y libertad)*, Ariel, Barcelona, 2014.

- 도밍고 가르시아-마르사(García-Marzá, Domingo), 《신경정치학: 힘에 대한 비판적 시각 Neuropolítica: una mirada crítica sobre el poder》, 코르티나(A. Cortina) (coord.), *실천적 신경철학 코마레스 가이드(Guía Comares de Neurofilosofía práctica)*, Comares, Granada, 2012, pp. 77-96.

- 마이클 가자니가(Gazzaniga, Michael S.), *윤리적 뇌(El cerebro ético)*, Paidós, Barcelona, 2006.

- 조슈아 그린(Greene, Joshua D.), 《신경적 "존재"에서 도덕적 "의무"까지: 신경과학적 도덕 심리학의 도덕적 영향은 무엇일까? (Del "es" neuronal al "debe" moral: ¿cuáles son las implicaciones morales de la psicología moral neurocientífica?)》, 코르티나 아델라(A. Cortina) (coord.), *실천적 신경철학 코마레스 가이드(Guía Comares de Neurofilosofía práctica)*, Comares, Granada, 2012, pp. 149-158.

- —, 《지적 및 도덕적 윤리를 넘어서: 왜 (신경)인지 과학이 윤리에 중요한가? Beyond Point-and-Shoot Morality: Why Cognitive (Neuro)Science Matters for Ethics》, Ethics, 124, 2014, pp. 695-726.

- 조나단 하이트(Haidt, Jonathan), *바른 마음(The Righteous Mind: Why Good People are Divided by Politics and Religion)*, Pantheon Books, Nueva York, 2012.

- 윌리엄 D. 해밀턴(Hamilton, W. D.), 《이타적 행동의 진화 The evolution of altruistic behavior》, *아메리칸 내추럴리스트(American Naturalist)*, n.º 97, 1964 a, pp. 354-356.

- —, 《사회적 행동의 유전적 진화 The genetical evolution of social behavior》, *이론 생물학 저널(Journal of Theoretical Biology)*, n.º 7, 1964 b, pp. 1-52.

- 마크 하우저(Hauser, Marc D.), *도덕적 마음. 자연이 어떻게 선과 악의 감각을 발전시켰을까?(La mente moral. Cómo la naturaleza ha desarrollado nuestro sentido del bien y del mal)*, Paidós, Barcelona, 2008.

- 앨버트 허쉬만(Hirschman, Albert O.), *열정과 이해관계(Las pasiones y los intereses. Argumentos políticos a favor del capitalismo antes de su triunfo)*, FCE, México, 1978.

- 마르코 하코보니(Jacoboni, Marco), *거울 신경(Las neuronas espejo)*, Katz, Barcelona, 2009.

- 임마누엘 칸트(Kant, Immanuel), *영구 평화론(La paz perpetua)*, Tecnos, Madrid, 1985.

- 로렌스 콜버그(Kohlberg, Lawrence), 《서구의 지배적 이념으로서의 자유주의의 미래 The future of liberalism as the dominant ideology of the Western World》, *도덕 발전의 철학(The Philosophy of Moral Development)*, Harper, Nueva York, 1981.

- 닐 레비(Levy, Neil), *신경윤리학(Neuroethics)*, Camdridge University Press, Nueva York, 2007.

- 리처드 르원틴(Lewontin, Richard C.), 스티븐 로우즈(Steven Rose), 레온 카민(Leon J. Kamin), *우리 유전자 안에 없다(No está en los genes. Crítica del racismo biológico)*, Crítica, Barcelona, 1996.

- 토마스 마샬(Marshall, Thomas), *시민화와 사회 계층(Ciudadanía y clase social)*, Alianza, Madrid, 1998.

- 매튜 리아오(Liao, S. Matthew) (ed.), *도덕적 뇌. 도덕성의 신경과학(Moral Brains. The Neuroscience of Morality)*, Oxford University Press, Nueva York, 2016.

- 마빈 민스키(Minsky, Marvin), *마음의 사회(La sociedad de la mente)*, Buenos Aires, Galápago, 1987.

- 노왁(Nowak, M.)과 칼 지그문트(K. Sigmund), 《기민한 투자들 Shrewd investments》, *사이언스(Science)*, vol. 288, n.° 5.467, 2000, pp. 819-820.

- 오비디우스(Ovidio), *변신 이야기(Metamorphoses)*

- 토마스 포기(Pogge, Thomas), *세계 빈곤과 인권(La pobreza en el mundo y los derechos humanos)*, Paidós, Barcelona, 2005.

- 《신경 윤리의 현재 과제 Retos actuales de la neuroética》, *생각과 분석의 저널(Recerca. Revista de Pensament i Anàlisi)* n.° 13, 2013.

- 자코모 리촐라티(Rizzolatti, Giacomo), 코라도 시니가글리아(Corrado Sinigaglia), *거울 신경(Las neuronas espejo)*, Paidós, Barcelona, 2006.

- 바울 사도(San Pablo), *로마서(Epístola a los Romanos.)*

- 아마르티아 센(Sen, Amartya), 《합리적인 바보: 경제 이론의 행동 기반에 대한 비판 Rational fools: A critique of the behavioural foundations of economic theory》, *철학과 공공문제(Philosophy and Public Affairs)*, vol. 6, n.° 4, 1977, pp. 317-344.

- —, *발전과 자유(Desarrollo y libertad)*, Planeta, Barcelona, 2000.

- —, *합리성과 자유(Rationality and Freedom)*, The Belknap Press of Harvard University Press, Cambridge, Massachussetts/Londres, 2002.

- 애덤 스미스(Smith, Adam), *도덕 감정론(La teoría de los sentimientos morales)*,

Alianza, Madrid, 1997.

- 크리스토퍼 슐러(Suhler, Christopher), 패트리샤 처칠랜드(Patricia Churchland), 《도덕성의 신경학적 기반(The neurological basis of morality)》, Judy Illes y Barbara J. Sahakian (eds.), 옥스퍼드 신경 윤리 핸드북(The Oxford Handbook of Neuroethics), 2011, pp. 33-58.

- 찰스 테일러(Taylor, Charles), 다문화주의와 인정의 정치학(El multiculturalismo y la 《política del reconocimiento》), FCE, México, 1993.

- 윌슨(Wilson, J. Q.), 도덕감(The Moral Sense), Free Press, Nueva York, 1993.

5장 양심과 평판

- 리차드 알렉산더(Alexander, Richard D.), 도덕 체계의 생물학(The Biology of Moral Systems), Aldine de Gruyter, Nueva York, 1987.

- 로버트 아우디(Audi, Robert), 도덕적 인식(La percepción moral), Avarigani, Madrid, 2015.

- 로버드 액설로드(Axelrod, Robert), 협력의 진화(The Evolution of Cooperation), Basic Books, Nueva York, 1984.

- 앙리 베르그송(Bergson, Henri), 도덕과 종교의 두 원천(Las dos fuentes de la moral y de la religión), Tecnos, Madrid, 1996.

- 크리스토퍼 보엠(Boehm, Christophe), 도덕의 탄생(Moral origins), Basic Books, Nueva York, 2012.

- 펠립 코디나(Codina Felip), 호세 마리아(M.ª José), 따뜻한 미덕에서의 신경 교육. 하는 일과 말을 조화시키는 방법(Neuroeducación en virtudes cordiales. Cómo reconciliar lo que decimos con lo que hacemos), Octaedro, Barcelona, 2015.

- 헤수스 코닐(Conill, Jesús), 《'양심의 목소리'. 주비리에서 도덕성과 종교성의 초월적 연결. 'La voz de la conciencia'. La conexión noológica de moralidad y religiosidad en Zubiri》, Isegoría, 40, 2009, pp. 115-134.

- 아델라 코르티나(Cortina, Adela), 따뜻한 이성의 윤리(Ética de la razón cordial), Nobel,

Oviedo, 2007.

- —, 신경 윤리 및 신경 정치. 도덕 교육에 대한 제안(Neuroética y neuropolítica. Sugerencias para la educación moral), Tecnos, Madrid, 2011.

- —, 윤리는 어디에 쓰일까?(¿Para qué sirve realmente la ética?), Paidós, Barcelona, 2013.

- 패트리샤 처칠랜드(Churchland, Patricia S.), 브레인트러스트(Braintrust), Princeton University Press, Princeton, 2011.

- 찰스 다윈(Darwin, Charles), 종의 기원(El origen del hombre), Crítica, Barcelona, 2009. 이글먼(Engelmann, D.), 피쉬이바흐어(U.Fischbacher), 《실험적인 돕는 게임에서 간접적 호혜주의와 전략적 평판 구축 Indirect reciprocity and strategic reputation building in an experimental helping game》, 게임과 경제 행동(Games and Economic Behavior), 67, 2009, pp. 399-407.

- 에른스트 페르(Fehr, Ernst), 페데릭 쉬나이더(Frédéric Schneider), 《눈은 우리에게 있지만, 아무도 신경 쓰지 않는다. 눈 신호는 강한 상호 성과 관련이 있을까? Eyes are on us, but nobody care: are eye cues relevant for strong reciprocity?》, 왕립학회보(Proceedings of the Royal Society), 277, 2010, pp. 1315-1323.

- 카를로스 푸엔테스(Fuentes, Carlos), 선한 양심(Las buenas conciencias), Alfaguara, México, 2003.

- 허버트 깅티스(Gintis, H.), 《히치하이커의 이타주의 가이드: 유전자-문화 공동 진화와 규범의 내재화.(The hitchhiker's guide to altruism: Gene-culture coevolution and the internalization of norms)》, 이론생물학저널(Journal of Theoretical Biology), 220, 2003, pp. 407-418.

- 카를로스 고메스(Gómez, Carlos), 《양심 Conciencia》, 아델라 코르티나(Adela Cortina) (coord.), 윤리, 신성한 말씀의 열 가지 키워드(Diez palabras clave en ética, Verbo Divino), Estella, 1998, pp. 17-71.

- 조나단 하이트(Haidt, Jonathan), 바른 마음(The Righteous Mind: Why Good People are Divided by Politics and Religion), Pantheon Books, Nueva York, 2012.

- 힐(Hill Jr.), 토마스(Thomas E.), 《양심의 네 가지 개념 Four Conceptions of Conscience》, 이안 샤피로(Ian Shapiro)와 로버트 애담스(Robert Adams), 정직과 양심(Integrity and Conscience), New York University Press, 1998, pp. 13-52.

- 데이비드 흄(Hume, David), 인간 본성에 관한 논고(Tratado de la naturaleza humana), II, Editora Nacional, Madrid, 1977.

- 케이세 이주마(Izuma, Keise), 《평판의 사회적 신경과학 The social neuroscience of reputation》, 신경과학 리서치(Neuroscience Research), 72, 2012, pp. 283-288.

- 이토(Ito, A.), 후지(T. Fujii, A. Ueno), 코세키(Y. Koseki, M. Tashiro) 모리(E. Mori), 《사회적 평판으로 유발된 쾌적하고 불쾌한 감정의 신경 기초 Neural Basis of Pleasant and Unpleasant Emotions Induced by Social Reputation》, CYRIC Annual Report, 2010-2011, pp. 100-102.

- 리차드 조이스(Joyce, Richard), 《도덕적 판단의 기원 The origins of moral judgement》, 프란스 드 발(Frans B. M. de Waal), 패트리샤 처칠랜드(Patricia S. Churchland), 텔모 피에바니(Telmo Pievani), 스테파노 파르미기아니(Stefano Parmigiani), 2014, pp. 261-278.

- 임마누엘 칸트(Kant, Immanuel), 도덕 형이상학을 위한 기초 놓기(La fundamentación de la Metafísica de las Costumbres), Espasa-Calpe, Madrid, 1946.

- ―, 도덕형이상학(La Metafísica de las Costumbres), Tecnos, Madrid, 1989.

- 호르헤 몰(Moll, Jorge) 외, 《도덕적 감수성의 신경적 상관관계: 기본 및 도덕적 감정의 기능적 자기공명영상 조사(The Neural Correlates of Moral Sensitivity: A Functional Magnetic Resonance Imaging Investigation of Basic and Moral Emotions)》, 신경과학 저널(The Journal of Neuroscience), 22 (7), 2002, pp. 2730-2736.

- ―, 그 외 《인간의 도덕 인지의 신경적 기반 The neural basis of human moral cognition》, 네이처 리뷰 뉴로사이언스(Nat Rev Neuroscience), 6, 2005, pp. 799-809.

- 니체(Nietzsche, Friedrich), 《즐거운 학문 Die fröhliche Wissenschaft》, Kritische Studien Ausgabe. 지오르지오 콜리(Giorgio Colli)&마치노 몬티나리(Mazzino Montinari), Bd. III, De Gruyter, Berlín, 1999.

- 마틴 노왁(Nowak, Martin A.), 칼 지그문트(Karl Sigmund), 《기민한 투자들 Shrewd Investments》, 사이언스(Science), vol. 288 nº. 5467, 2000, pp. 819-820; 1998, 2005.

- 누세텔리 수산나(Nuccetelli, Susana), 게리 시어(Gary Shea)(eds.), 윤리 자연주의: 현재 토론(Ethical Naturalism: Current Debates), Cambridge University Press, 2012.

- 미카 오자칸가스(Ojakangas, Mika), 양심의 소리. 서양 윤리 경험의 정치 계보(The Voice of Conscience. A Political Genealogy of Western Ethical Experience), Bloomsbury, Nueva York, 2013.

- 세사르 오르테가(Ortega, César), 《정의에 관한 생각 자연화하기? 위르겐 하버마스의 도덕 이론에서 비판적 답변 ¿Naturalizar la idea de justicia? Una respuesta crítica desde la teoría moral de Jürgen Habermas》, 펜사미엔토(Pensamiento) 잡지, n.º 272, 2016, en prensa.

- 필립 키쳐(Philip Kitcher), 《자연화된 윤리가 가능할까? Is a naturalized ethics possible?》, 프란스 드 발(Frans B. M. de Waal), 패트리샤 처칠랜드(Patricia S. Churchland), 텔모 피에바니(Telmo Pievani)&스테파노 파르미기아니(Stefano Parmigiani), (ed.), 2014, pp. 245-260.

- 플라톤(Platón), 국가론(La República), 정치연구센터(Centro de Estudios Políticos), Madrid, 1969.

- 존 롤스(Rawls, John), 정의론(A Theory of Justice), Oxford University Press, Oxford, 1971.

- 《신경 윤리에 대한 현재의 도전 Retos actuales de la Neuroética. Current Challenges for Neuroethics》, Recerca, n.º 13, 2013.

- 안드레스 리샤(Richart, Andrés), 《도덕적 기능의 진화적 기원과 윤리를 위한 의미 El origen evolutivo de la agencia moral y sus implicaciones para la ética》, 펜사미엔토 (Pensamiento) 잡지, n.º 272, 2016,

- 세이넨(Seinen, I.)과 슈람(A. Schram), 《사회적 지위와 그룹 규범: 반복적인 도움 실험에서의 간접 상호성 Social status and group norms: indirect reciprocity in a repeated helping experiment》, 유럽 경제 리뷰(European Economic Review), 50, 2006, pp. 581-602.

- 허버트 사이먼(Simon, Herbert), 《사회적 선택과 성공적인 이타주의 메커니즘 A mechanism for social selection and successful altruism》, 사이언스(Science), 250, 1990, pp. 1665-1668.

- 트리버스(Trivers, R. L.), 《상호 이타주의의 진화 The evolution of reciprocal altruism》, Q. Rev. Biol, 46, 1971, pp. 35-57.

- 프란스 드 발(Waal, Frans M. de), 패트리샤 처칠랜드(Patricia S. Churchland), 텔모 피에바니(Telmo Pievani), 스테파노 파르미기아니(Stefano Parmigiani)(ed.), 진화된 도덕성. 인간 양심의 생물학과 철학(Evolved Morality. The Biology and Philosophy of Human Conscience), Brill, Leiden, Boston, 2014.

- 베데킨트(Wedekind, C.)와 밀린스키(M. Milinski), 《인간의 이미지 스코어링을 통한 협력 Cooperation through image scoring in humans》, 사이언스(Science), 288, 2000, pp. 850-852.

- 니콜라스 아거(Agar, Nicholas): 《자유 유전학 Liberal Eugenics》, 헬가 주스(Helga Juse)& 피터 싱어(Peter Singer)(eds.), 생명윤리. 선집(*Bioethics. An Anthology*), Blackwell, Oxford, 1999, pp. 171-181;

- 칼-오토 아펠(Apel, Karl-Otto), 철학의 변형(*La transformación de la filosofía*), II, Taurus, Madrid, 1985.

- 로버트 액슬로드(Axelrod, Robert), 협동의 진화(*The Evolution of Cooperation*), Basic Books, Nueva York, 1984.

- —, 해밀턴(William D. Hamilton), 《협동의 진화 The Evolution of Cooperation》, *사이언스(Science)*, n.º 211, 1981, pp. 1390-1396.

- 닉 보스트롬(Bostrom, Nick), 《트랜스휴머니스트 사상의 역사 A History of Transhumanist Thought》, 진화 및 기술 저널(*Journal of Evolution and Technology*), vol. 14, 1, 2005, pp. 1-30.

- 앨런 뷰캐넌(Buchanan, Allen), 인류 너머?(*Beyond Humanity?*), Oxford University Press, Oxford, 2011.

- 카밀로 셀라(Cela, Camilo J.), 프란시스코 아얄라(Francisco Ayala), 인간 진화의 길 (*Senderos de la evolución humana*), Alianza, Madrid, 2001.

- 패트리샤 처칠랜드(Churchland, Patricia), *브레인트러스트(Braintrust)*, Princeton University Press, Princeton, 2011.

- 코디나(Codina, M.ª José), 따뜻한 덕목에서의 신경 교육. 행동과 말을 조정하는 방법 (*Neuroeducación en virtudes cordiales. Cómo reconciliar lo que decimos con lo que hacemos*), Octaedro, Barcelona, 2015.

- 헤수스 코닐(Conill, Jesús), 《신경경제학 Neuroeconomía》, 아델라 코르티나(Adela Cortina) (ed.), 실천철학의 코마레스 가이드(*Guía Comares de Filosofía Práctica*), Comares, Granada, 2012.

- 아델라 코르티나(Cortina, Adela), 따뜻한 이성의 윤리. 21 세기 시민권 교육(*Ética de la razón cordial. Educar para la ciudadanía en el siglo xxi*), Nobel, Oviedo, 2007.

- —, 신경 윤리 및 신경 정치. 도덕 교육에 대한 제안(*Neuroética y neuropolítica. Sugerencias para la educación moral*), Tecnos, Madrid, 2011.

- 토마스 더글러스(Douglas, Thomas), 《도덕적 향상 Moral Enhancement》, 응용철학 저널

(*Journal of Applied Philosophy*), vol. 25, n.° 3, 2008.

- 위르겐 하버마스(Habermas, Jürgen), *인간이라는 자연의 미래(El futuro de la naturaleza humana. ¿Hacia una eugenesia liberal?)*, Paidós, Barcelona, 2002.

- 조너선 하이트(Haidt, Jonathan), 《정서적 개와 이성적 꼬리 The Emotional Dog and Its Rational Tail》, 아델라 코르티나(Adela Cortina (ed.)), *실천적 신경철학의 코마레스 가이드 (Guía Comares de Neurofilosofía práctica)*, Comares, Granada, 2012, pp. 159-215

- —, *바른 마음(The Righteous Mind: Why Good People are Divided by Politics and Religion)*, Pantheon Books, 2012.

- 윌리엄 D. 해밀턴(Hamilton, William D.), 《이타적 행동의 진화 The Evolution of Altruistic Behavior》, *아메리칸 내츄럴리스트(American Naturalist)*, n.° 97, 1964 a, p. 356.

- —, 《사회적 행동의 유전적 진화 The Genetical Evolution of Social Behavior》, *이론 생물학 저널(Journal of Theoretical Biology)*, n.° 7, 1964 b, pp. 1-52.

- 존 해리스(Harris, John), 《향상은 도덕적 의무 Enhancements Are a Moral Obligation》, 줄리안 사불레스쿠(Julian Savulescu)&닉 보스트롬(Nick Bostrom (eds.)), *인간 향상 (Human Enhancement)*, Oxford University Press, 2009, pp. 131-154.

- —, *좋아지는 방법. 도덕적 향상의 가능성(How to be Good. The Possibility of Moral Enhancement)*, Oxford University Press, Nueva York, 2016,

- 마크 하우저(Hauser, Marc D.), *도덕적 마음(La mente moral)*, Paidós, Barcelona, 2008.

- 데이비드 흄(Hume, David), *인간 본성에 관한 논고(Tratado de la naturaleza humana)*, II, Editora Nacional, Madrid, 1977.

- 올더스 헉슬리(Aldous Huxley), *계시 없는 종교(Religion without Revelation)*, London, 1927; 제임스 휴즈(J. Hughes) 인용, *시티즌 사이보그: 민주주의 사회가 재설계된 미래 인간에게 반응해야 하는 이유(Citizen Cyborg: why democratic societies must respond to the redesigned human of the future)*, Westview Press, Cambridge, MA, 2004.

- 젠슨(Jensen, K.), 조셉 콜(J. Call), 마이클 토마셀로(M. Tomasello), 《침팬지는 궁극적인 게임에서 합리적으로 최대치를 추구한다. Chimpanzees are rational maximizers in an ultimate game》, *사이언스(Science)*, 318 (5847), 2007, pp. 107-109.

- 한스 요나스(Jonas, Hans), *책임의 원칙: 기술 시대의 생태학적 윤리(El principio de la responsabilidad)*, Círculo de Lectores, Barcelona, 1994.

- 대니얼 카너먼(Kahneman, Daniel), *생각에 관한 생각(Thinking, fast and slow)*, Penguin Books, Londres, 2011.

- 임마누엘 칸트(Kant, Immanuel), 도덕형이상학(*La Metafísica de las Costumbres*), Tecnos, Madrid, 1989.

- 샤론 크라우스(Krause, Sharon R.), 시민의 열정. 도덕적 감정과 민주적 심의(*Civil Passions. Moral sentiment and democratic deliberation*), Princeton University Press, 2008.

- 닐 레비(Levy, Neil), 신경윤리학이란 무엇인가(*Neuroethics*), Cambridge University Press, Nueva York, 2007.

- 조지 E. 마커스(Marcus, George E.), 감상적인 시민: 민주 정치의 감정(*The sentimental citizen: emotion in democratic politics*), The Pennsylvania State University, 2002.

- 이그나시오 모르가도(Morgado, Ignacio), 감정들과 사회적 지능(*Emociones e inteligencia social*), Ariel, Barcelona, 2010.

- 마틴 노왁(Nowak, Martin A.), 칼 지그문트(Karl Sigmund), 《기민한 투자들 Shrewd Investments》, 사이언스(*Science*), 288, 2000.

- 마틴 노왁(Nowak, M. A.) 외 《최후통첩 게임의 공정성 대 이성 Fairness versus reason in the Ultimatum Game》, 사이언스(*Science*), 289, 2000, pp.1773-5.

- 마리아 두 세우 피레스(Pires, María do Céu), 윤리와 시민권. 아델라 코르티나와의 대화(*Ética e cidadanía. Um Diálogo com Adela Cortina*), Colibrí, Lisboa, 2015.

- 윌리엄 사피어(Safire, William), 《'신경 윤리'의 새로운 분야에 대한 비전 Visions for a New Field of 'Neuroethics'》, 마커스(S. J. Marcus), 신경윤리: 필드 맵핑(*Neuroethics: Mapping the Field*), The Dana Press, Nueva York, 2002, pp. 3-9.

- 마이클 샌델(Sandel, Michael), 완벽에 대한 반론(*Contra la perfección*), Marbot, Barcelona, 2007.

- 줄리안 사불레스쿠(Savulescu, Julian), 위험한 결정? 도전적인 생명 윤리(*¿Decisiones peligrosas? Una bioética desafiante*), Tecnos, Madrid, 2012.

- —, 닉 보스트롬(Nick Bostrom)(eds.), 인간 향상(*Human Enhancement*), Oxford University Press, 2009.

- 줄리안 사불레스쿠(Savulescu, Julian), 잉그마르 페르손(Ingmar Persson): 《도덕적 향상 Moral Enhancement》, 필로소피 나우(*Philosophy Now*), 2012년 7-8월, pp. 24-26.

- 브라이언 스카이엄스(Skyrms, Brian), 사회 계약의 진화(*Evolution of the Social Contract*), Cambridge University Press, 1996.

- 마이클 토마셀로(Tomasello, Michael), 이기적 원숭이와 이타적 인간(*¿Por qué cooperamos?*), Katz, Buenos Aires, 2010.

- 해리스 와이즈만(Wiseman, Harris), 도덕 뇌의 신화. 도덕적 향상의 한계(The Myth of the Moral Brain. The Limits of Moral Enhancement), MIT Press, Cambridge, MA, 2016.

7장 빈곤 퇴치, 불평등 감소

- 카르멘 안소테기(Ansotegui, Carmen), 페르난도 고메스-베사레스(Fernando Gómez-Bezares), 라울 고메스 파브레(Raúl González Fabre), 금융 윤리(Ética de las finanzas), Bilbao, Desclée de Brouwer, 2014.

- 아리스토텔레스(Aristóteles), 정치학(Política), 정치학 연구소(Instituto de Estudios Políticos), Madrid, 1970. (훌리안 마리아스(Julián Marías) 서문과 주석)

- —, 수사학(Retórica), 헌법 연구 센터(Centro de Estudios Constitucionales), Madrid, 1985.

- 질리언 브록(Brock, Gillian), 글로벌 정의. 코스모폴리탄지 계정(Global Justice. A Cosmopolitan Account), Oxford University Press, Nueva York, 2009.

- 플라비오 코밈(Comim, Flavio), 마사 누스바움(Martha C. Nussbaum (eds.)), 역량, 성별, 평등: 기본 권한을 향해(Capabilities, Gender, Equality: Towards Fundamental Entitlements), Cambridge University Press, 2014.

- 헤수스 코닐(Conill, Jesús), 《빈곤의 해석 경제를 위해 Por una economía hermenéutica de la pobreza》, 아델라 코르티나(Adela Cortina)와 구스타보 페레이라(Gustavo Pereira (eds.)), 가난과 자유. 아마르티아 센의 역량의 관점에서의 가난 근절.(Pobreza y libertad. Erradicar la pobreza desde el enfoque de las capacidades de Amartya Sen), Tecnos, Madrid, 2009, pp. 151-162.

- —, 윤리적 경제의 지평(Horizontes de economía ética), Tecnos, Madrid, 2004.

- —,《신경경제학 및 신경 마케팅: 합리성 극대화를 넘어서는가? Neuroeconomía y Neuromarketing: ¿más allá de la racionalidad maximizadora?》, 아델라 코르티나(Adela Cortina (ed.)), 실천적 신경철학의 코마레스 가이드(Guía Comares de Neurofilosofía Práctica), Comares, Granada, 2012, pp. 39-64.

- 아델라 코르티나(Cortina, Adela), 동맹과 계약(Alianza y contrato), Trotta, Madrid, 2001.

- ─, 소비 윤리. 전 세계의 소비자 시민권(Por una ética del consumo. La ciudadanía del consumidor en un mundo global), Taurus, Madrid, 2002.

- ─, 따뜻한 이성의 윤리(Ética de la razón cordial), Nobel, Oviedo, 2007.

- ─, 윤리는 어디에 쓰일까(¿Para qué sirve realmente la ética?), Paidós, Barcelona, 2013.

- ─, 구스타보 페레이라(Gustavo Pereira (eds.)), 가난과 자유. 아마르티아 센의 역량의 관점에서의 가난 근절(Pobreza y libertad. Erradicar la pobreza desde el enfoque de las capacidades de Amartya Sen), Tecnos, Madrid, 2009.

- ─, 헤수스 코닐(Jesús Conill):《취약점의 윤리 Ethics of Vulnerability》, 아니세토 마스페레레(Aniceto Masferrer)와 에밀리오 가르시아-산체스(Emilio García-Sánchez(eds.)), 취약한 인간의 존엄성(Human Dignity of the Vulnerable), Springer International Publishing AG Switzerland, 2016, pp. 45-62.

- 데이비드 크로커(Crocker, David A.), 글로벌 개발의 윤리. 기관, 역량 및 숙의 민주주의(Ethics of Global Development. Agency, Capability and Deliberative Democracy), Cambridge University Press, 2008.

- 진 드로즈(Drèze, Jean), 아마르티아 센(Amartya Sen), 기아와 공공정책(Hunger and Public Action), Oxford University Press, 1989.

- 마누엘 에스쿠데로(Escudero, Manuel), 호모글로벌리스(Homo globalis), Espasa, Madrid, 2005.

- 사무엘 플레이샤커(Fleischacker, Samuel), 분배적 정의의 짧은 역사(A Short History of Distributive Justice), Harvard University Press, Cambridge, Londres, 2004.

- 엔시클리카 프란시스코(Francisco, Encíclica) 찬미 받으소서(교황 프란치스코가 발표한 두 번째 회칙-역주): 공동 주택 관리에 대해서(Laudato Si': Sobre el cuidado de la casa común), 2015.

- 가르시아 델가도(García Delgado), 호세 루이스(José Luis), 앙헬라 트리게로(Ángela Triguero), 후안 카를로스 히메네스(Juan Carlos Jiménez),《제3부문과 시민사회의 만남의 장소로서의 사회적 기업가 El emprendedor social como punto de encuentro entre el tercer sector y la sociedad civil》, 경제 지중해(Mediterráneo Económico), 26, 2014, pp. 275-290.

- 도밍고 가르시아-마르사(García-Marzá, Domingo), 윤리 경영. 대화에서 신뢰로(Ética empresarial. Del diálogo a la confianza), Trotta, Madrid, 2004.

- ─:《정의의 요인? 발전의 요소로서 기업의 사회적 책임 ¿Agentes de justicia? La

responsabilidad social de las empresas como factor de desarrollo》, 아델라 코르티나 (Adela Cortina)와 구스타보 페레이라(Gustavo Pereira (eds.)), *가난과 자유. 아마르티아 센의 역량의 관점에서의 가난 근절. (Pobreza y libertad. Erradicar la pobreza desde el enfoque de las capacidades de Amartya Sen)*, Tecnos, Madrid, 2009, pp. 193-209.

• 호아킨 가르시아 로카(García Roca, Joaquín), *사회적 배제와 연대성의 계약적 문화 (Exclusión social y contracultura de la solidaridad)*, Ediciones HOAC, 1998.

• —, 호아킨(Joaquín), *기독교. 새로운 지평, 오래된 경계(Cristianismo. Nuevos horizontes, viejas fronteras)*, Diálogo, Valencia, 2016.

• 페르난도 고메스-베사레스(Gómez-Bezares, Fernando), *윤리, 경제 및 금융(Ética, economía y finanzas)*, Gobierno de La Rioja, 2001.

• 데니스 굴렛(Goulet, Denis), *개발의 윤리(Ética del desarrollo)*, IEPALA, Madrid, 1999. 위위르겐 하버마스(Habermas, Jürgen), *철학-정치 프로필(Perfiles filosófico-políticos)*, Taurus, Madrid, 1975.

• 앨버트 O. 허시먼(Hirschman, Albert O.), *열정과 이해관계(Las pasiones y los intereses. Argumentos políticos a favor del capitalismo antes de su nacimiento)*, FCE, México, 1979.

• 엔리케 이글레시아(Iglesias, Enrique), 《21세기 빈곤 퇴치 전략 Estrategia para erradicar la pobreza en el siglo xxi》, *다양한 저자 21세기 비즈니스 전략의 윤리(La ética en la estrategia empresarial del siglo xxi)*, Fundación ÉTNOR, Valencia, 2008, pp. 137-150.

• 임마누엘 칸트(Kant, Immanuel), *도덕 형이상학을 위한 기초 놓기(La fundamentación de la Metafísica de las Costumbres)*, Espasa-Calpe, Madrid, 1946.

• 에밀리오 라모 데 에스피노사(Lamo de Espinosa, Emilio), 《문화적 글로벌: 도가니, 샐러드 또는 가스파초 La globalización cultural: ¿crisol, ensalada o gazpacho》, *경제 지중해 (Mediterráneo Económico)*, n.º 26, 2014, pp. 389-407.

• 호세 펠릭스 로사노(Lozano, José Félix), *비즈니스 세계를 위한 윤리 코드(Códigos de ética para el mundo empresarial)*, Trotta, Madrid, 2004.

• 에밀리오 마르티네스(Martínez, Emilio), *마을의 발전 윤리(Ética del desarrollo de los pueblos)*, Trotta, Madrid, 2000.

• 브랑코 밀라노빅(Milanovic, Branko). *세계 불평등. 세계화 시대를 위한 새로운 접근법 (Global Inequality. A New Approach for the Age of Globalization)*, The Belknap Press of Harvard University Press, Cambridge, Londres, 2016.

- 안토니오 모렐(Morell, Antonio), *빈곤의 사회적 정당성(La legitimación social de la pobreza)*, Anthropos, Barcelona, 2002.

- 호세 앙헬 모레노(Moreno, José Ángel), 《대체 경제의 씨앗들 Semillas de economía alternativa》, 아델라 코르티나(Adela Cortina (coord.)), *시민사회의 윤리적 책임(La responsabilidad ética de la sociedad civil)*, 경제 지중해(Mediterráneo Económico), n.º 26, 2014, pp. 291-307.

- 산티아고 무뇨스 마차도(Muñoz Machado, Santiago), *빈곤과 법에 대해서(Sobre la pobreza y el derecho)* (발렌시아 대학 '명예' 박사 수여식), Valencia, 2013년 3월 7일.

- 알폰소 노발레스(Novales, Alfonso), 《경제 성장, 불평등 및 빈곤 Crecimiento económico, desigualdad y pobreza》, RACMYP(왕실 도덕 및 정치 과학 아카데미 세션 중재), 2011년 6월 21일.

- —, 《긴축과 불평등 Austeridad y desigualdad》, RACMYP(왕실 도덕 및 정치 과학 아카데미 세션 중재), 2015년 2월 24일.

- 오린토(Olinto P.), 라우라(G. Lara), 사베드라(J. Saavedra), 《덜 가난한 세상에서 빈곤 퇴치 가속화: 성장과 불평등의 역할 Accelerating Poverty Reduction in a Less Poor World: The Roles of Growth and Inequality》, *정책 연구 작업 논문 6855(Policy Research Working Paper 6855)*, 세계은행(The World Bank), 빈곤 감소와 평등 단위(Poverty Reduction and Equity Unit), 2014.

- 마르타 페드라하스(Pedrajas, Marta), 사무엘 초리츠(Samuel Choritz), *최빈국 소외계층 지원(Getting to the Last Mile in Least Developed Countries)*, UN 개발 계획(United Nations Development Program), Nueva York, 2016.

- 구스타포 페레이라(Pereira, Gustavo), *비판적 정의 이론의 요소(Elements of a Critical Theory of Justice)*, Palgrave Macmillan, UK, 2013.

- 토마 피케티(Piketty, Thomas), *21세기 자본론(El capital en el siglo xxi)*, FCE, Madrid, 2014.

- 라파엘 피닐라(Pinilla, Rafael), *시민권의 기본 소득(La renta básica de ciudadanía)*, Icaria, Barcelona, 2004.

- —, *풍요를 넘어. 증거 기반 사회 혁신으로서 시민의 기본 소득(Más allá del bienestar. La renta básica de la ciudadanía como innovación social basada en la evidencia)*, Icaria, Barcelona, 2006.

- 마틴 라발리온(Ravallion, Martin), *빈곤의 경제학. 역사, 측정 및 정책(The Economics of Poverty. History, Measurement and Policy)*, Oxford University Press, 2016.

- 다니엘 라벤토스(Raventós, Daniel), 존재할 권리(El derecho a la existencia), Ariel, Barcelona, 1999.

- —, 기본 수입. 보다 자유롭고 평등하며 자유로운 시민권을 위해(La renta básica. Por una ciudadanía más libre, más igualitaria y más fraterna), Ariel, Barcelona, 2001.

- 알랭 르노(Renaut, Alain), 개인(La era del individuo), Destino, Barcelona, 1993.

- 존 제러드 러기(Ruggie, John Gerard), 기업과 인권(Just Business. Multinational Corporations and Human Rights), W.W. Norton&Company, Nueva York, 2013.

- 제프리 삭스(Sachs, Jeffrey), 빈곤의 종말(El fin de la pobreza y cómo conseguirlo), Debate, Barcelona, 2005.

- —, 지속 가능한 발전의 시대(La era del desarrollo sostenible), Deusto, Barcelona, 2015.

- 페드로 슈워츠(Schwartz, Pedro), 《불평등: 거짓 문제 La desigualdad: falso problema》, RACMYP(왕실 도덕 및 정치 과학 아카데미 세션 중재), 2016년 2월 9일.

- 아마르티아 센(Sen, Amartya), 상품과 능력(Commodities and Capabilities), North-Holland, Ámsterdam, 1985.

- —, 《인권 이론의 요소 Elements of a theory of human rights》, 공공정책 철학(Philosophy and Public Affairs), 32/4, 2004, pp. 315-356.

- 세네카(Séneca, Lucio Anneo), 세네카 삶의 지혜를 위한 편지(Cartas a Lucilio), 제2권, 편지18 가난의 선에서(Del bien de la pobreza, Obras Completas), Aguilar, Madrid, 1966 a, pp. 470-472.

- —, 세네카 삶의 지혜를 위한 편지(Cartas a Lucilio), 제9권, 편지 53, 빈곤의 이익(Ventajas de la pobreza, Obras Completas), Aguilar, Madrid, 1966 b, pp. 610-611.

- 애덤 스미스(Smith, Adam), 국부론(Una investigación sobre la naturaleza y causas de la riqueza de las naciones), FCE, México (3.ª 개정판), 1982.

- —, 도덕감정론(La teoría de los sentimientos morales), Alianza, Madrid, 1997.

- 폴 스트리튼(Streeten, Paul) 그 외, 먼저 할 일부터. 개발도상국의 기본적인 인간 요구 충족(First Things First. Meeting Basic Human Needs in Developing Countries), Oxford University Press, 1981.

- 하이메 테르세이로(Terceiro, Jaime), 《불평등과 클리엔텔라 경제 Desigualdad y economía clientelar》, 왕실 도덕 및 정치 과학 아카데미 세션 중재(RACMYP), 2016년 6월 21일.

- 호세 M.토르토사(Tortosa, José M.), 《가난 Pobreza》, 헤수스 코닐(Jesús Conill (coord.)), 다른 문화적 사회를 위한 용어집(Glosario para una sociedad intercultural), Bancaja,

Valencia, 2002, pp. 281-288.

- 필립 반 파레이스(Van Parijs, Philippe), *모두를 위한 실질적 자유(Libertad real para todos)*, Paidós, Barcelona, 1995.

- 후안 벨라르데(Velarde, Juan), 《금융 윤리 Ética de las finanzas》, Mediterráneo Económico, 26, 2014, pp. 191-207.

- 안토니오 비베스(Vives, Antonio), *기업의 사회적 책임: 위기에 대한 접근 La responsabilidad social de las empresas: enfoques ante la crisis*, Fundación Carolina, Madrid, 2010.

- 후안 루이스 비베스(Vives, Juan Luis), *빈민 구호 조약(Tratado del socorro de los pobres)*, Pre-textos, Valencia, 2006.

- 마이클 왈저(Walzer, Michael), *해석과 사회적 비판(Interpretación y crítica social)*, Nueva Visión, 1993.

- 스테파노 자마니(Zamagni, Stefano), 《기업의 시민 책임의 도전 El reto de la responsabilidad civil de la empresa》, *경제 지중해(Mediterráneo Económico)*, 26, 2014, pp. 209-225.

8장 세계시민적 환대

- 마리아 풀리아 베르토메우(Bertomeu, M.ª Julia), 《토지의 사적 전유에서 공동 취득까지. 혁명적 정책 결과와 함께 '더 적은' 방법론적 변화 De la apropiación privada a la adquisición común originaria del suelo. Un cambio metodológico 'menor' con consecuencias políticas revolucionarias》, *이소고리아(Isegoría)*, 2004, pp. 127-134.

- 예루살렘 성서(Biblia de Jerusalén), Desclée de Brower, Bilbao, 1966.

- 엠마누엘 비셋(Biset, Emmanuel), 《자크 데리다, 폭력과 환대 사이 Jacques Derrida, entre violencia y hospitalidad》, Daimon, n.º 40, 2007, pp. 131-143.

- ―, *폭력과 정의 및 저치. 데리바의 책(Violencia, justicia y política. Una lectura de Derrida)*, Eduvim, Córdoba, 2012.

- 파트리시 칼보(Calvo, Patrici), 《따뜻한 상호주의 : 윤리적 협력 기반 Reciprocidad cordial:

bases éticas de la cooperación», *생각과 가치(Ideas y Valores)*, n.º 165, 2016

- 헤수스 코닐(Conill, Jesús), *해석 윤리(Ética hermenéutica)*, Tecnos, Madrid, 2006.

- 아델라 코르티나(Cortina, Adela), 《예비 연구 Estudio Preliminar》임마누엘 칸트 (Immanuel Kant), *도덕형이상학(La Metafísica de las Costumbres)*, Tecnos, Madrid, XV-XCI, 1989.

- *따뜻한 이성의 윤리(Ética de la razón cordial)*, Nobel, Oviedo, 2007.

- —, 《세계시민적 환대 Hospitalidad cosmopolita》, *엘 파이스(El País) 신문*, 2015년 12월 5일

- —, 헤수스 코닐(Jesús Conill), 《취약함의 윤리 Ethics of Vulnerability》, 아니세토 마스페레르(Aniceto Masferrer)와 에밀리오 가르시아-산체스(Emilio García-Sánchez(eds.)), *권리의 시대에 취약한 인간의 존엄성. 학제간 관점(Human Dignity of the Vulnerable in the Age of Rights. Interdisciplinary Perspectives)*, Springer, 45-62, 2016.

- —, 호세 이그나시오 토레블랑카(José Ignacio Torreblanca), 《난민 위기를 위한 십계명 Décalogo para la crisis de los refugiados》, 엘 파이스(El País) 신문, 2016년 3월 10일.

- 자크 데리다(Derrida, Jacques), 스타카토에서의 인터뷰(Entrevista en Staccato), 19-XII, 1991, *말! 철학적 순간들(Palabra! Instantáneas Filosóficas)*, Trotta, 2001, 49-56.

- —, 안 뒤푸르망텔(Anne Dufourmantelle), *환대에 대하여(La hospitalidad)*, Ediciones de la Flor, 2000.

- 루이-샤를 포제레 드 몽브롱(Fougeret de Monbron, Louis-Charles), *세계시민주의 또는 세계시민(Le cosmopolitisme ou le citoyen du monde, suivi de la capitale des Gaules ou la nouvelle Babylone)*, ed. par R. Trousson, Bordeaux, Ducros, 1970.

- 위르겐 하버마스(Habermas, Jürgen), 《정의와 연대성 Justicia y solidaridad》, 칼 오토 아펠 (K. O. Apel), 코르티나(A. Cortina), 드 잔(J. De Zan), D. 미첼리니(Michelini (eds.)), *의사 소통 윤리와 민주주의(Ética comunicativa y democracia)*, Crítica, Barcelona, 1991, pp. 175-205.

- —, 《영구 평화의 칸트 사상. 200년의 역사적 거리에서 La idea kantiana de la paz perpetua. Desde la distancia histórica de 200 años》, *타인의 포함(La inclusión del otro)*, Paidós, Barcelona, 1999, pp. 147-188.

- 토마스 홉스(Hobbes, Thomas), *리바이어던(Leviatán)*, FCE, México (2.ª ed. 스페인어판), 1980.

- 임마누엘 칸트(Kant, Immanuel), *칸트의 교육학 강의(Pedagogía)*, Akal, Madrid, 1983.

- ─, 영구 평화론(*La paz perpetua*), Tecnos, Madrid, 1985.

- ─, 윤리학 강의(*Lecciones de ética*), Crítica, Barcelona, 1988.

- ─, 도덕형이상학(*La Metafísica de las Costumbres*), Tecnos, Madrid, 1989.

- 에마뉘엘 레비나스(Lévinas, Emmanuel), 전체성과 무한(*Totalidad e infinito*), Sígueme, Salamanca, 1977.

- 윤리와 무한 (*Ética e infinito*), Visor, Madrid, 1991.

- 마시모 모리(Mori, Massimo), 《칸트와 세계시민주의 Kant and Cosmopolitanism》, 마누엘 카디도 피멘텔(Manuel Cândido Pimentel), 카를로스 모루하오(Carlos Morujâo), 미겔 산토스 실바(Miguel Santos Silva (eds.)): *200년간 임마누엘 칸트(Immanuel Kant nos 200 anos da sua norte)*, Lisboa, Universidade Catolica Editora, 2006, pp. 307-320.

- 알랭 르노(Renaut, Alain), 파트릭 사비단(Patrick Savidan), 《중요한 빛: 루소, 칸트, 피히테Les lumières critiques: Rousseau, Kant et Fichte》, 알랭 르노 (dir.), 정치 철학의 역사 *(Histoire de la philosophie politique)*, Calmann-Lévy, III, 1999.

- 장 자크 루소(Rousseau, Jean-Jacques), *루소 전집(Oeuvres completes)*, Gallimard, París, 1969.

- 디에고 산체스 메카(Sánchez Meca, Diego), 《동정/공감: 환대의 철학으로 Compadecer/simpatizar: Hacia una filosofía de la hospitalidad》, 모이세스 곤살레스(Moisés González (ed.)), 철학과 고통(*Filosofía y dolor*), Tecnos, Madrid, 2006, pp. 471-489.

- 프란세스크 토랄바(Torralba, Francesc), 환대에 대해서(*Sobre la hospitalidad*), PPC, Madrid, 2005.

- ─, 《환대를 잊지 마세요 No olvidéis la hospitalidad》, 신학적 탐구(*Una exploración teológica*), PPC, Madrid, 2004.

- 후안 루이스 비베스(Vives, Juan Luis), *빈곤층에 대한 구호 조약(Tratado del socorro de pobres)*, Pre-textos, Valencia, 2006.

- 조르주 블라초(Vlachos, Georges), 칸트의 정치적 생각. 질서의 형이상학과 진보의 변증법 *(La pensée politique de Kant. Métaphysique de l'ordre et dialectique du progrès)*, Presses Universitaires de France, París, 1962.

이 도서의 국립중앙도서관 출판시도서목록(CIP)은 서지정보유통지원시스템 홈페이지(http://seoji.nl.go.kr)와 국가자
료공동목록시스템(http://www.nl.go.kr/kolisnet)에서 이용하실 수 있습니다.

갑 같은포비아

거부와 혐오 사이, 민주주의를 위한 도전에 대하여

2021년 4월 1일 초판 1쇄 발행

지은이   아델라 코르티나
옮긴이   김유경

발행처   북하이브
펴낸이   이길호
편집인   김경문
편 집   최아라·양지우·황윤하
마케팅   양지우
디자인   윤성희·하남선
제 작   김진식·김진현·이난영
재 무   강상원·이남구·김규리

북하이브는 (주)타임교육C&P의 단행본 출판 브랜드입니다.
출판등록   제2020-000187호
주   소   서울특별시 강남구 봉은사로442 75th AVENUE빌딩 7층
전   화   02-590-9800
팩   스   02-395-0251
전자우편   time-editor@naver.com

©Adela Cortina
ISBN 979-11-91239-10-2(93300)